INVENTAIRE
Y² 3068

Servan (Félix de)

—

Le

sire de Coucy.

AF471436

LE

SIRE DE COUCY

OU

LA COMMUNE DE LAON

PAR

FÉLIX DE SERVAN

3055.

PARIS
AUX BUREAUX DE L'ADMINISTRATION DU *JOURNAL DE PARIS*
5, RUE COQ-HÉRON, 5

1871

LE

SIRE DE COUCY

OU

LA COMMUNE DE LAON

AVERTISSEMENT

Notre but, en écrivant cet ouvrage, n'a pas été seulement d'intéresser et d'amuser, si faire se peut, nos lecteurs, mais en même temps de jeter quelque lumière sur un point d'histoire fort important, devenu une grave question sociale, et que le parti radical en France, par ignorance ou mauvaise foi, a, dans ces derniers temps, singulièrement défiguré et tâché d'envelopper d'épaisses ténèbres. Il a avancé, par l'organe de ses journaux, après la néfaste journée du 18 mars, que, en fondant la nouvelle Commune de Paris, il ne faisait que reprendre et continuer l'œuvre du peuple français au douzième siècle : or, c'est là une opinion dénuée de toute vérité et de tout bon sens, et dont la fausseté sera, nous l'espérons, pleinement démontrée par les événements historiques qui vont se dérouler dans le récit que l'on va lire.

Rien n'a jamais moins ressemblé aux franchises communales du douzième siècle, nées sous la protection du pouvoir royal, et fruit de son inspiration et de sa sagesse, que ce foyer de saturnales démagogiques dont Paris a été le théâtre, et dans lequel on chercherait vainement la moindre trace des éléments sociaux qui font vivre plus ou moins un gouvernement quelconque, même de la pire espèce. L'état anarchique créé par l'ambition brutale et la convoitise effrénée des communeux, était précisément la négation même de tous les principes d'ordre, d'équité, et par conséquent de civilisation, contenus dans les chartes particulières dont la couronne avait doté un certain nombre de bourgs et de villes : le pouvoir municipal, établi et réglé par les priviléges de ces chartes, loin de s'attaquer au trône et de vouloir, en provoquant sa chute, marcher isolément, s'appuyait, au contraire, avec une confiance justement méritée, sur ce trône même, qui était son soutien naturel, sa force, son refuge dans le péril; et le roi, de son côté, s'appuyait sur ce pouvoir municipal qui était son œuvre, et l'aidait à repousser, d'une façon invincible, les prétentions et les révoltes de la féodalité tentant, chaque jour, d'ébranler, d'affaiblir la monarchie, pour la démembrer, s'en partager les domaines et dépouiller du même coup la bourgeoisie et les artisans qui, par l'industrie et le travail, commençaient à s'enrichir.

Telles sont, dans l'état social du douzième siècle, les trois puissances dont ce roman va retracer les actes et le caractère. Dans les situations dramatiques et rigoureusement historiques qu'elles nous fourniront en abondance, on verra la royauté aux prises avec les seigneurs féodaux, et la couronne, le peuple et la bourgeoisie, étroitement unis pour se défendre contre l'ennemi commun, et réduire à néant ses tentatives usurpatrices; on y trouvera la preuve que la monarchie et la commune étaient essentiellement liées par les mêmes vues et les mêmes intérêts, et que, du constant accord de leurs idées et de leurs sentiments, est née la société française telle qu'elle existe aujourd'hui. La récente et odieuse Commune de Paris, en sapant, par leurs bases, toutes nos institutions sociales, ne faisait donc que détruire l'œuvre même de la primitive Commune, qu'elle prétendait restaurer ou imiter.

Nous pensons que ceux qui liront cet ouvrage n'auront plus, en arrivant à la dernière page, aucun doute à cet égard.

Dans l'étude des mœurs et des luttes intestines de ces temps éloignés, une chose nous a fortement frappé, qui frappera sans doute aussi le lecteur : c'est que la démagogie joue aujourd'hui absolument le rôle anarchique que remplissait alors la féodalité, dont l'ambition turbulente, violente et désordonnée, ne voulant souffrir ni rivalité, ni égalité, ni supériorité dans l'ordre de choses établi, s'évertuait à anéantir tout ensemble les prérogatives royales et le pouvoir naissant de la bourgeoisie, afin de demeurer seule en possession des postes importants et des richesses du royaume. Si donc les membres de la prétendue Commune de Paris avaient eu quelque teinte de l'histoire de leur pays, ils auraient dû faire remonter la source de leur amour du désordre et de leur fureur spoliatrice, non au tranquille et vertueux pouvoir municipal du douzième siècle, mais aux menées sourdes, aux complots ténébreux, toujours suivis de luttes sanglantes, de la puissance féodale, cette ennemie vigilante, entreprenante, audacieuse du trône et de la civilisation.

En un mot, la démagogie a pris, dans nos mœurs actuelles, la place occupée autrefois par la grande vassalité séditieuse; et, si elle n'a pas de châteaux crénelés pour conspirer, se retrancher, et des hommes bardés de fer pour livrer bataille, elle a ses clubs, ses réunions secrètes pour comploter, et ses associations nombreuses toujours prêtes, à un moment donné, à verser le sang des citoyens, et à mettre les villes en flammes. L'élément de dissolution sociale a changé de milieu : voilà tout.

FÉLIX DE SERVAN.

I

LES MARCHANDS

Par une matinée du mois d'octobre, en 1130, une petite taverne, située sur la route de Soissons à Laon, offrait un spectacle bruyant et animé qui contrastait singulièrement avec la sombre solitude des lieux dont elle était environnée. Devant la porte de cette maison, privée de tout voisinage, et perdue, pour ainsi dire, au milieu d'une des profondes et sauvages forêts qui couvraient alors la plus grande partie du Vermandois, plusieurs groupes de buveurs étaient joyeusement attablés, riant, chantant, criant, enfin faisant de toutes manières force tapage de voix enrouées, accompagnées du choc de leurs verres aussi lestement vidés que promptement remplis; et, comme pour répandre plus de couleur pittoresque sur ce tableau, cinq chariots tout attelés et chargés de diverses marchandises se tenaient arrêtés sur la route, à quelques pas de l'habitation.

Nos buveurs étaient donc des gens qui se livraient aux doux ébats d'une halte en voyage. Cinq d'entre eux étaient coiffés d'un chaperon de laine, et portaient par-dessus leur cotte de drap un surcot de même étoffe, espèce de manteau à manches dont les marchands aisés, à cette époque, formaient le complément ordinaire de leur costume; il y avait donc lieu de croire qu'ils étaient tout à la fois les maîtres et les conducteurs des voitures; car, quant aux autres, dont le nombre montait à une quinzaine d'hommes environ, ils ne pouvaient être l'objet d'une telle supposition : armés, ceux-ci de pertuisanes, ceux-là d'arbalètes, ils avaient tous la ceinture garnie d'une épée, la tête ornée d'un casque, la poitrine couverte d'une cuirasse assez légère. Cependant, malgré cet appareil guerrier, ils laissaient, malgré eux, percer sur leurs traits, comme dans leurs manières, une expression de débonnaireté pacifique, dont l'effet le plus marquant était de les rapprocher, d'une façon étrange, du type tout bourgeois des cinq marchands.

Les chants et les rires de tous ces hommes déjà passablement avinés furent interrompus par l'apparition d'un nouveau personnage qui sortit brusquement de la taverne, et sur lequel brillait aussi un costume militaire, mais avec les insignes d'un officier : c'était le chef de la petite troupe armée; grand, sec, vif, nerveux, il s'avançait d'un air ferme, assuré, plein d'une rudesse hardie et martiale, qui donnait un puissant relief à sa physionomie au milieu des figures si peu héroïques de ses soldats.

— Dizainier! dit-il à celui qui semblait le plus particulièrement exciter les autres à faire disparaître en un clin d'œil le contenu des bouteilles, allons! vite sur pied! et reprenons notre route!

Le bas-officier auquel s'adressait cet ordre, se leva, sans que les fumées du vin parussent avoir ni troublé son cerveau, ni compromis l'équilibre de ses jambes; mais il en fut tout autrement de ses compagnons, qui, pour la plupart, ne se traînèrent que d'un pas fort chancelant jusqu'aux voitures.

Le chef regarda le dizainier en fronçant les sourcils.

— Lengly-le-Roux! reprit-il d'un ton irrité, pourquoi n'as-tu pas empêché mes hommes de se gorger ainsi de vin? On croirait vraiment que tu as tout fait au contraire pour les forcer à rester derrière nous, ivres-morts sur les chemins! as-tu donc oublié que notre halte en ce lieu n'avait pour but que de nous reposer un instant et de prendre un léger repas?

— Brave centenier! répliqua Lengly-le-Roux sans perdre contenance et d'un accent quelque peu railleur, voilà plus d'une demi-heure que nous avons expédié en deux coups de dents ce léger repas; et, comme il t'a paru agréable de faire le tien plus solide et de le prolonger jusqu'à ce moment dans l'intérieur de l'établissement, je te demande, ami Gilbert, ce que nous serions devenus si, en t'attendant, nous n'avions su dissiper nos ennuis en les noyant dans de folles chansons assaisonnées de quelques verres de bon vin?

— Eh! n'as-tu donc pas le sentiment de la dignité de notre corps? s'écria le centenier avec véhémence; de quelles risées ne serons-nous pas couverts, si la population de Laon voit les hommes de la milice bourgeoise rentrer en ville en trébuchant à chaque pas!

— Oh! oh! fit le dizainier en ricanant, nous n'en sommes pas encore là!

— C'est-à-dire, répartit Gilbert en haussant les épaules, que les trois quarts d'entre vous seront obligés de se jeter dans les chariots pour continuer leur route!... Et n'es-tu pas effrayé des terribles conséquences que leur état peut avoir pour nous durant le voyage?

— De quelles terribles conséquences veux-tu parler?

— Allons! je crois que l'ivresse t'a brouillé la cervelle au point de n'y plus laisser la moindre trace des devoirs que nous avons à remplir. Ces cinq commerçants, nos concitoyens et nos amis, ne reviennent-ils point de Paris avec de précieuses marchandises, et la commune de Laon ne nous a-t-elle pas chargés d'aller à leur rencontre, hier au soir, à Crépy, pour les escorter et les défendre de tout péril ?

— Eh bien ! répliqua Lengly-le-Roux de son même ton railleur, nous nous sommes rendus effectivement, hier au soir, à Crépy ; nous avons marché toute la nuit à côté des cinq chariots ; aucun accident n'a troublé la tranquillité du voyage ; et, comme il ne nous reste plus que quatre lieues à faire pour arriver à Laon, et que nous avons maintenant l'avantage de cheminer en plein jour, je ne conçois pas quels dangers tu peux avoir encore à redouter.

— Lengly-le-Roux ! s'écria Gilbert en frappant du pied avec colère, il faut vraiment, je te le répète, que le vin ait étrangement brouillé tes idées ! car la contrée que nous allons traverser, est justement celle où, le jour non moins que la nuit, on ne saurait s'aventurer sans être exposé aux surprises et aux périls de tous genres; et, si nous étions attaqués, à quoi nous serviraient nos hommes, incapables peut-être de se tenir debout !

— Le centenier a raison, dit un marchand qui s'était montré un peu plus sobre que les autres buveurs ; nous devons tous savoir jusqu'à quel point il est prudent de nous mettre sur nos gardes, dans ce pays, envers certains seigneurs toujours rebelles à la couronne, et qui, par conséquent, sont fort irrités contre les habitants de Laon, a cause des priviléges qu'ils tiennent de la prévoyante sagesse du roi. J'en connais un surtout qui, s'il nous savait en route aujourd'hui, n'hésiterait guère à saisir cette occasion de nous dresser des embûches et de nous faire un mauvais parti, quand ce ne serait que pour fournir une preuve qu'il n'a nulle crainte de braver les lois comme la vaillante épée du souverain !

— Assez ! assez ! dit Gilbert à demi-voix pour imposer silence à ce trop franc raisonneur.

C'est que, depuis un instant, un incident particulier attirait toute son attention : au moment où il était sorti de la taverne, un voyageur, monté sur un vigoureux cheval, avait paru sur la route, en face des joyeux buveurs ; le centenier, occupé du départ de ses soldats ivres et de sa discussion avec Lengly-le-Roux, ne songeait plus à ce passant qu'il croyait déjà fort éloigné, lorsque, se retournant par hasard, il l'aperçut immobile et en quelque sorte caché derrière le dernier chariot ; la vue de cet homme éveilla sa défiance et ses soupçons. Etait-ce un espion lancé sur la piste des commerçants laonnais pour connaître la route qu'ils devaient tenir, et la valeur des marchandises contenues dans les voitures ? Du reste, il était impossible qu'un tel personnage n'excitât pas au moins un certain sentiment de curiosité et même de surprise. Son corps, qui dépassait un peu la moyenne taille, avait, en épaisseur et en rotondité, des dimensions prodigieuses, que rendait plus remarquables encore un large surcot dans lequel était emprisonnée sa vaste circonférence ; ce surcot ressemblait exactement à ceux des cinq marchands, à cette différence près qu'il avait un capuchon dont l'inconnu s'était couvert la tête.

Ainsi affublé et demeurant sans mouvement sur son cheval, il eût fait l'effet d'une statue d'airain prête à écraser le pauvre animal, si celui-ci n'eût été lui-même constitué de manière à prouver qu'il n'avait nul souci du poids exceptionnel qui lui était confié. Maitre et coursier semblaient avoir été construits l'un pour l'autre. Enfin, ce voyageur, au torse large et robuste, laissait voir, sous son capuchon, un visage aussi très plein, mais dont les traits étaient fort beaux et empreints de l'expression d'une grande vigueur morale, mêlée à celle de la franchise et de la sérénité de l'âme. Ses regards profonds et pénétrants semblaient dédaigner la ligne oblique pour s'arrêter sur les personnes, et ne savaient pas s'en détourner pour cacher la pensée dont ils contenaient la flamme. Tout dans cet homme, qui paraissait avoir atteint l'âge de cinquante ans environ, respirait le calme uni à la force et à la confiance de lui-même.

— Que faites-vous là? lui dit Gilbert avec une brusquerie toute militaire; quand un voyageur passe devant une taverne, s'il a faim ou soif, il met pied à terre; s'il n'a ni faim ni soif, il continue sa route!

— Je n'ai ni faim ni soif, répondit tranquillement l'inconnu, et pourtant je ne continue pas ma route... j'ai pris la résolution de ne plus faire un pas qu'en votre compagnie.

— Vous avez pris cette résolution? riposta vertement Gilbert à qui ne plut nullement cette libre façon d'agir... au moins, auriez-vous dû vous assurer, avant tout, si je vous permettrais de nous suivre!

— Et pourquoi ne me le permettriez-vous pas, centenier? je viens de vous entendre dire que le chemin qu'il vous reste à faire, n'est pas sûr; un homme de plus dans vos rangs ne peut donc vous être nuisible.

— Ah! ah! je comprends! répliqua Gilbert d'un air moins défiant et en riant même, vous n'êtes pas sans peur pour votre propre personne, et vous ne sauriez résister à la tentation de vous servir de l'escorte qui se rencontre à point nommé sous votre main.

— Que j'aie peur ou non, je ne vois pas pour quelle raison vous repousseriez ma demande; comme vous, je vais directement à Laon; or, que je chemine devant vous, derrière vous ou parmi vous, c'est là une chose de nulle conséquence, et dont vous n'avez guère à vous préoccuper.

Le centenier, soit que cette courte explication eût un peu rassuré son esprit, soit qu'il en coûtât à sa patience de la prolonger, ne répondit rien, tourna les talons à son interlocuteur, et donna à sa petite troupe l'ordre du départ.

Comme il l'avait prévu, la plupart de ces hommes, à la suite de leurs copieuses rasades, furent obligés de chercher un refuge dans les chariots; les autres, ne désespérant pas tout à fait de la solidité de leurs jambes, se mirent en marche, tant bien que mal, l'arbalète sur l'épaule, à côté des marchands.

Gilbert et Lengly-le-Roux avaient chacun un cheval; ils enfourchèrent leurs montures et allèrent se placer en tête du convoi.

Alors, le voyageur inconnu sortit de son immobilité: il les rejoignit, et se disposa, de l'air le plus tranquille, à poursuivre, comme il l'avait dit, sa route en leur compagnie.

Maintenant, pour que le lecteur ait une idée bien nette des événements qui vont lui être racontés, et même pour qu'il puisse saisir parfaitement la signification de quelques détails du premier dialogue de ce récit, nous devons lui apprendre quelle était, en cette année 1130, la situation de la France sous le règne de Louis VI, dit Le Gros.

Il nous est pour cela absolument nécessaire de remonter à l'origine de la monarchie française, pour y découvrir les causes qui ont tout d'abord établi solidement à côté d'elle la féodalité, c'est-à-dire la puissance en quelque sorte rivale et ennemie, des entreprises de laquelle elle eut par la suite le plus à se garder et à souffrir.

Les peuples Germains qui conquirent les Gaules sur les Romains, y apportèrent une coutume qui semble avoir semé le germe des lois féodales dans les mœurs de la nation soumise à leur domination. Chacun de leurs princes, à l'issue d'une bataille, était dans l'usage de récompenser par des dons magnifiques ceux de ses soldats d'élite qui s'étaient le plus distingués par leur courage: quand ces braves eurent mis le pied dans les Gaules, dont les terres, soigneusement cultivées par les Romains, offraient une source inépuisable de richesses, ce furent ces terres mêmes qu'on leur distribua en reconnaissance de leurs services. Ces guerriers, subitement enrichis, devinrent bientôt puissants par l'étendue de leurs domaines.

Ainsi se formèrent les premiers fiefs.

Toutefois, le prince, par une sage mesure qui prévenait les cas d'ingratitude et de trahison, se réservait le droit de pouvoir ressaisir ces domaines, et de les donner à d'autres serviteurs plus fidèles: c'est là ce qu'on a appelé l'amovibilité des fiefs. Mais vinrent des rois qui, pensant au contraire se faire des créatures plus dévouées en affectant plus de largesse, concédèrent à leurs vassaux les fiefs pour la vie. D'autres osèrent davantage : ils en établirent l'hérédité. C'était créer, d'un trait de plume, autour du trône, autant de petits souverains qu'il y avait de domaines féodaux à distribuer. Aussi la monarchie s'aperçut-elle bientôt qu'elle allait avoir des maîtres entreprenants et audacieux dans ces seigneurs, faits par elle si puissants, et qui, dès lors, tentèrent de la tenir en tutelle, au lieu de relever de son autorité, par le serment de foi et d'hommage qu'ils lui avaient juré.

Ce fut dans cette déplorable situation que Charlemagne trouva le royaume. Son génie, sa fermeté, la sévérité de ses ordonnances, appuyés de la gloire de ses armes, rétablirent partout la subordination et la tranquillité, en forçant à l'obéissance la féodalité, qui, courbant le front, n'osa plus ni s'agiter ni conspirer.

Mais les successeurs de ce grand prince ne surent point recueillir les fruits de son œuvre : par la faiblesse de leur caractère, comme par leur incapacité, ils perdirent tout dans l'empire. L'un d'eux, Charles-le-Chauve, fit une loi en vertu de laquelle la funeste hérédité des fiefs fut désormais chose consacrée. Il s'oublia même assez pour se résoudre à affranchir ses vassaux d'une partie essentielle des engagements qui les tenaient sous la dépendance de l'autorité royale. Alors, il n'y eut plus de frein à l'ambition, à la convoitise et à la révolte des grands possesseurs de fiefs. Ils saisirent le moindre prétexte pour porter leurs armes contre le souverain, afin de démembrer les biens de la couronne à leur profit, et ils réussirent si bien dans cette entreprise que, à la mort de Louis-le-Fainéant, en 987, il ne restait plus au roi que les villes de Reims et de Laon pour tout domaine!

La monarchie se traîna ainsi, dépouillée, presque épuisée, à travers mille séditions, jusqu'au moment où la grande vassalité rencontra sur sa route un prince aussi éclairé qu'intrépide, aussi ferme que clément et généreux, Louis-le Gros enfin, qui se mit en tête d'écraser la rébellion, et de rendre à la royauté ses biens, sa puissance, sa force et son prestige. Devant ce parti pris, il ne s'éleva, du sein de la féodalité, qu'un seul cri : ce fut celui de la fureur et de la vengeance. Aussitôt les seigneurs qui comptaient le plus sur la force de leurs armes, formèrent une ligue formidable, en jurant d'anéantir sans délai les prétentions de ce roi qui osait mettre des limites à leurs usurpations criminelles. Mais, de quelque côté qu'ils cherchèrent à l'attaquer avec avantage, ils le trouvèrent toujours venant fièrement à eux, l'épée haute, le cœur inaccessible à la crainte : il semblait avoir le don de se multiplier, d'agir en tous lieux à la fois, tant ses évolutions étaient rapides, soudaines, imprévues. Durant six ans que dura sans relâche cette guerre de géants, il ne compta ses combats que par des victoires. Les seigneurs de Corbeil, de Crécy, de Puiset, de Montlhéri, qui étaient les chefs de la ligue, laissèrent entre les mains du vainqueur une partie de leurs privilèges et de leurs domaines : les forteresses des deux derniers furent rasées. Cette valeur infatigable, cette impétuosité terrible, au moyen de laquelle ce prince héroïque paraissait vouloir ne point laisser à ses vassaux turbulents le temps de respirer un instant, lui fit donner, par ses ennemis mêmes, le surnom de Louis-le-Batailleur, surnom qui, sous son règne, et surtout dans sa jeunesse, lui fut le plus communément appliqué. Néanmoins, celui de Louis-le-Gros lui est seul demeuré dans l'histoire.

Il n'est pas inutile de dire que les résultats imprévus qu'eurent, en ce temps-là, les guerres des croisades, commencées trente ans auparavant, ne furent pas étrangers à la réussite de ses entreprises; en habile politique, il sut tirer promptement parti de la position aussi nouvelle qu'inattendue, faite à la couronne par ces expéditions en Terre Sainte, qui avaient rejeté hors de ses états plusieurs des seigneurs les plus remuants et les plus rebelles.

Il attaqua sans délai ceux qui, étant restés dans leurs châteaux, n'eurent plus, pour lui résister, l'appui de leurs alliés occupés à guerroyer en Palestine. Enfin, les terres de ces derniers dont la plupart s'étaient vus contraints de vendre leurs biens pour subvenir aux frais de leur expédition lointaine, ayant été morcelées par l'effet de la vente même, devinrent, en s'amoindrissant, des fiefs moins redoutables au souverain. Le partage de ces immenses domaines changeant aussi, dans une certaine mesure, la condition de l'esclavage de la glèbe, amena peu à peu l'affranchissement d'une notable portion des serfs ; et, de ces malheureux devenus libres, le roi se fit de puissants auxiliaires pour renforcer ses troupes et fortifier son pouvoir.

Telles furent les conjonctures favorables au milieu desquelles Louis VI détruisit la fameuse ligue dont nous avons parlé. Cependant, malgré la terreur que l'éclat de cette victoire jeta dans les rangs de la féodalité, il ne lui fut pas permis de laisser longtemps son épée inactive : il n'eut que trop souvent encore l'occasion d'infliger de durs châtiments à d'autres vassaux non moins puissants et non moins coupables; quelques-uns payèrent leur défaite d'une soumission sincère, et lui demeurèrent fidèlement attachés. Mais il en rencontra qui se montrèrent insensibles à tout repentir, et dont la félonie, une fois le danger passé, tendit continuellement des piéges à sa bonne foi et à sa clémence. Parmi ceux-ci se faisait surtout remarquer Thomas de Marle, seigneur de Coucy, homme pervers, violent et sanguinaire : deux fois fait prisonnier par le roi, deux fois il avait été rendu à la liberté, sain et sauf, avec un généreux pardon qui ne le corrigea pas.

Mais n'anticipons point sur les événements que nous avons à raconter ; retrouvons maintenant le convoi des cinq marchands de Laon, s'éloignant de la taverne isolée pour s'engager dans l'épaisse forêt qui couvrait le pays, et s'y avançant avec une escorte de quinze hommes de la milice bourgeoise, dont les trois quarts dormaient ivres au fond des chariots ; rapprochons-nous surtout du centenier Gilbert, du dizainier Lengly-le-Roux, et du gros voyageur qui avait paru tenir si particulièrement à ne point se séparer d'eux pour continuer sa route.

Ainsi, centenier, dit ce dernier, peu de temps après qu'ils se furent mis en marche, vous n'êtes pas sans crainte sur les accidents qui pourraient interrompre la fin de votre voyage.

Gilbert, à ces mots, sentit rentrer dans son âme la défiance que lui avait déjà inspirée l'inconnu ; il jeta obliquement sur lui un coup d'œil soupçonneux ; puis, détournant la tête, il garda le silence.

— Tout à l'heure, reprit d'un air imperturbable l'indiscret questionneur qui ne semblait pas se laisser aisément intimider, un de ces honnêtes marchands a parlé de certains vassaux de la couronne, dont les habitants de Laon surtout auraient fort à appréhender les desseins : je ne comprends guère, moi, vraiment, qu'il y ait ainsi des seigneurs assez puissants et assez téméraires pour se montrer toujours prêts à troubler la tranquillité de ceux que protége une charte royale...vous les connaissez sans doute, ces félons chevaliers : quels sont donc leurs noms?

— Beau sire, repartit enfin Gilbert d'un ton bref et ironique, j'admire votre simplicité : ceux qui vous attaquent sur le grand chemin, ont le heaume en tête, la visière baissée ; et, n'ayant pas l'habitude de laisser voir leur visage, ils n'ont pas davantage, je pense, celle d'inscrire leurs noms, avec la pointe de leur épée, sur la poitrine des gens qu'ils couchent à terre !

— Ah ! c'est juste ! dit le voyageur sans paraître tenté de prolonger sur ce point la conversation.

Il y eut entre eux une pause d'un instant.

— Mais, reprit très vivement le centenier que stimula le besoin de mettre à l'abri de tout soupçon sa bravoure de chef militaire, vous venez de dire, je crois, que j'avais des craintes sur les dangers du chemin? Entendons-nous à ce sujet, je vous prie : si je n'ai point l'esprit en paix, ne l'oubliez pas, c'est pour ces marchands que je suis chargé de défendre, et non pour moi ! Car, quant à ce qui me touche personnellement, je ne puis m'empêcher de vous avouer que le cliquetis de deux lames d'épée qui se cherchent et se choquent, ou le fracas d'une lance qui se brise contre un haubert de bonne trempe, est une musique dont le charme caresse agréablement mon oreille et m'épanouit le cœur !... Ah ! la guerre est une belle chose, sire voyageur !

— Pour la tant aimer, sire Centenier, vous en avez donc tâté un peu ?

— Si j'en ai tâté ?...vingt fois pour une !... et, sans me vanter, je puis dire avoir, dans chaque occasion, fait mordre la poussière d'une façon un peu rude à plus d'un maudit sarrazin !

— Ah ! vous êtes allé en Terre-Sainte ?

— Il y a dix ans..., et j'y serais peut-être encore, si, un jour, je n'avais été laissé parmi les morts sur le champ de bataille, avec trois blessures dont l'une me traversait le corps d'outre en outre.

— Oh ! oh ! ami Gilbert, dit alors Lengly-le-Roux en ricanant d'un air moqueur, avais-tu envie de prétendre, en ce moment-là, que la guerre est une belle chose ?

— Eh bien ! oui, j'avais cette envie ! s'écria Gilbert en jetant un regard de mépris sur le dizainier ; car, malheur, Lengly-le-Roux, oui, malheur à celui qui, ayant endossé l'armure, n'est pas fier de mourir sur le champ d'honneur, quand sa conscience et son épée sont pures de toute trahison et de toute lâcheté !

Puis, s'adressant à l'inconnu, envers qui il semblait se relâcher peu à peu de son maintien réservé et défiant :

— Ma guérison fut longue, poursuivit-il, et elle m'obligea, après cinq ans d'absence, de regagner la France. Je revins m'établir à Laon, ma ville natale, où je repris mon ancien métier, celui de lorinier (sellier).

— Et où la milice bourgeoise, repartit le voyageur, vous fit l'honneur de vous choisir pour l'un de ses chefs.

— Il est vrai... mais, dites-moi donc, beau sire, je m'aperçois que je suis là vous racontant tout naïvement mon existence, tandis que vous ne desserrez pas les dents sur ce qui concerne la vôtre !

— C'est votre faute : pourquoi ne me questionnez-vous pas comme je vous ai questionné ?

— Eh bien ! qui êtes-vous, alors ?... Voilà ma question faite sans préambule.

— J'en conviens... et j'y répondrai aussi sans préambule, et en trois mots : Je me nomme Turvald, et j'habite Paris, où je suis heaumier (1) de mon état.

— Fort bien, sire Turvald !... et est-ce pour affaire que vous venez chevaucher ainsi dans notre pays ?

— Je porte à Laon un heaume qui m'est commandé depuis longtemps.

— Un heaume ? et où, diable ! l'avez-vous donc mis ? Je ne l'aperçois nulle part... je ne saurais certes deviner où il se trouve, à moins que vous ne lui ayez donné place sur votre tête même, affublée de cet énorme capuchon qui vous cache une partie du visage ?

— Effectivement, centenier, il est sur ma tête, j'ai pour habitude de porter de la sorte les articles de mon commerce à mes pratiques ; c'est plus commode pour le voyage.

— On ne le saurait nier, maître heaumier..... mais qu'est-ce donc que cet objet que je vois devant vous en travers sur l'arçon de votre selle ? on dirait une hallebarde enveloppée avec soin d'une étoffe de laine.

— C'est une épée qui est attendue avec le heaume.

— Une épée, dites-vous ? mais, à en juger par ses dimensions, elle paraît avoir été faite pour pourfendre des géants !

— Aussi est-elle destinée aux mains d'un homme assez vigoureusement constitué... je lui porte en même temps un haubert des plus solides.

— Un haubert ?... et où est-il donc aussi logé, ce haubert ?

— Et où voulez-vous que je l'aie logé, si ce n'est sous mon surcot, ou, pour m'exprimer plus clairement, sur ma propre personne ? Ne vous ai-je pas dit que, pour plus de commodité, j'ai pris l'habitude de me couvrir ainsi de ma marchandise ?

— En vérité, maître Turvald, repartit

(1) Qui fait des heaumes, des casques.

Gilbert en riant de bon cœur, vous me ravissez avec cette coutume incomparable qui vous permet, non-seulement de rendre moins embarrassant votre précieux bagage, mais de le dérober durant le voyage à la vue des malfaiteurs!... Tenez! je suis sûr qu'un homme dont l'esprit me paraît aussi fertile en idées ingénieuses, doit faire fortune dans son art : J'ai soupçon que vous servez les seigneurs de la cour... le roi peut être!

— Je lui ai mis plus d'une fois le heaume en tête.

— Eh bien! vous êtes un homme heureux! Je donnerais, moi, l'un de mes yeux pour le voir seulement une fois en ma vie!... Voilà un guerrier qui, je l'espère, sait faire honneur à vos heaumes et à vos hauberts! Quel bras de fer! Quel courage aussi terrible qu'infatigable? Et quel sangfroid dans le péril!... Vous rappelez-vous ce qui lui est arrivé, il y a douze ans, dans cette fameuse bataille que le roi d'Angleterre est venu lui livrer en Normandie, près des Andelys? Notre vaillant monarque, Louis-le-Batailleur, comme nous l'appelons, s'était jeté avec unetelle impétuosité dans la mêlée, qu'un solda anglais, un grand diable, haut de sept pieds, qui semait la terreur de tous côtés, parvint à saisir la bride de son cheval, et s'écria tout triomphant : « Le roi est pris! » Louis-le-Batailleur ne sourcilla pas; mais, regardant tranquillement le soldat : « Ignorant, lui dit-il, si tu connaissais le jeu des échecs, tu saurais que le roi ne se prend pas! » Sur ces mots, il l'étendit à terre d'un coup de hache d'armes, et se dégagea... Eh bien! maître heaumier, que pensez-vous d'un tel calme d'esprit, quand la mort vous serre de si près? ajouta Gilbert avec enthousiasme, et tirant son épée qu'il se mit à brandir d'un air furibond au-dessus de sa tête :

— Etes-vous pris de vertige, brave centenier? dit Turvald ; votre imagination vous aurait-elle transporté en Palestine, et verriez-vous se dresser sur vos pas l'ombre de quelque sarrasin?

— Je ne saurais définir ce qui se passe en moi! répliqua Gilbert, ce que je viens de vous raconter, a mis le feu dans mes veines, et je sens que je serais au comble de la joie, si j'étais jeté en ce moment au milieu d'une sanglante bataille ; car je n'éprouve plus que le besoin de crever des hauberts et d'enfoncer des heaumes!... Ah! la guerre est une belle chose, maître Turvald!... eh! mais quel est donc cet bruit qui se fait derrière nous?

Gilbert, entraîné par la véhémence de ses impressions, avait, depuis quelque temps déjà, fait prendre à sa monture une allure un peu rapide, de sorte qu'une distance de cent pas environ le séparait alors du convoi de marchandises. Lorsqu'il se retourna au bruit parvenu jusqu'à ses oreilles, il aperçut une lutte acharnée, engagée le long des chariots, entre leurs conducteurs, le petit nombre de miliciens qui n'étaient pas entièrement mis hors de service par l'ivresse, et une vingtaine d'hommes à cheval, puissamment armés, lesquels venaient de sortir brusquement de la forêt.

— Une embuscade! une embuscade! lui crièrent les pauvres marchands; au secours, centenier!... nous sommes perdus!

— Courage, mes amis! je suis à vous! Les brigands vont payer de leur tête cette audacieuse attaque! répondit d'une voix tonnante le belliqueux Gilbert, qui, l'épée toute tirée, l'âme enflammée de la plus héroïque ardeur, se trouvait dans les meilleures conditions pour soutenir le combat et ne doutait point par conséquent que son bras ne fit un affreux carnage dans la mêlée.

Mais, comme il lançait son cheval au galop vers le convoi, un obstacle inattendu l'arrêta court : ce fut une petite troupe de six hommes d'armes, qui, bien montés et la visière baissée, s'élancèrent à leur tour de la forêt pour lui barrer le passage.

— Sus au centenier! s'écria l'un d'eux; qu'en un clin d'œil, il soit désarmé, saisi et garrotté!... Quant à ce gros marchand que j'aperçois là, immobile et consterné de peur, un seul de nous suffit pour le faire prisonnier.

— Maître heaumier! dit Gilbert tout en faisant face aux assaillants, ceci ne vous regarde pas : c'est mon affaire et celle du dizainier... croyez-moi, bon homme, prenez vite votre galop vers Laon.

Mais le bonhomme Turvald ne se montrait nullement disposé à tenir compte d'un si sage conseil : par un mouvement plus prompt que l'éclair, il débarrassa de l'étoffe de laine dont elle était enveloppée, cette longue épée qui, posée en travers sur l'arçon de sa selle, avait si fort attiré l'attention du centenier ; puis, passant brusquement de sa tranquillité apparente à une sorte de frénésie guerrière, il se précipita par un vigoureux bond de son coursier, vers l'homme d'armes lancé contre lui, et l'envoya rouler sur le sol, la tête à peu près séparée du corps. Alors, il vola au secours de Gilbert, sur qui semblait se concentrer tout le péril ; car, quant à Lengly-le-Roux, il se tenait prudemment derrière son chef, faisant seulement avec son arme simulacre d'attaque et de défense.

Le valeureux centenier se battait avec la furie d'un lion : il écumait de colère, grinçait des dents, frappait d'estoc et de taille en accompagnant chacun de ses coups d'injures humiliantes pour ses adversaires, les appelant larrons, coupe-jarrets, lâches, les défiant de lui tirer une goutte de sang, et leur jurant de les étendre tous les cinq sur le grand chemin. Il n'avait encore blessé aucun d'eux, il est vrai ; mais il est juste de dire, à la louange de son adresse et de son honneur, qu'aucun d'eux non plus ne l'avait touché. Tout à coup, il vit tomber sur sa droite, comme une masse inerte, un homme vers lequel son épée ne s'était point dirigée : il eut le temps de tourner les yeux de ce côté.

— Que vois-je ? s'écria-t-il, c'est vous qui travaillez de la sorte, maître heaumier ? mais c'est très-bien, ça ! c'est superbe même, pour un coup d'essai !... Continuons donc ! continuons ! anéantissons tous ces scélérats !

Alors, le combat changea d'aspect : des quatre agresseurs demeurés vivants, deux abandonnèrent le centenier et se précipitèrent sur ce gros marchand qui leur avait d'abord paru si lourd et si peu redoutable. Mais il leur en coûta : l'un tomba, la poitrine effondrée par le choc foudroyant d'une masse d'armes, que Turvald avait tirée de dessous son surcot et maniait de la main gauche ; l'autre reçut sur le heaume un si terrible coup de la grande épée, qu'il chancela, le crâne à demi enfoncé ; mais, avant qu'il eût vidé les arçons, Turvald le joignit, et, l'étreignant de ses bras robustes, l'enleva prestement et le plaça sur son cheval, où il le coucha inanimé devant lui, pour le garder ainsi prisonnier dans une intention qui sera connue plus tard.

Au même instant, Gilbert frappait de mort l'un de ses deux adversaires ; mais, presque au même moment aussi, l'autre l'atteignit à la tête avec une telle force qu'il faillit le mettre dans l'état où se trouvait le prisonnier de Turvald ; l'héroïque centenier, étourdi du coup, aveuglé par le sang, ouvrit les bras, laissa tomber son arme, et celui qui l'avait ainsi traité s'apprêtait à achever son œuvre en lui arrachant la vie, lorsque la masse d'armes de Turvald, lancée d'une main puissante et sûre, siffla dans l'air, et s'abattit sur le casque de ce dernier assaillant, dont le cadavre alla rejoindre dans la poussière les corps sanglants et immobiles de ses compagnons.

— Maître heaumier ! dit Gilbert, qui commençait à recouvrer l'usage de ses sens, je crois, en vérité, que, sans vous, j'aurais assisté aujourd'hui à mon dernier combat ! Si je puis jamais vous rendre la pareille, comptez sur moi !... mais, je vous le répète, c'était là mon affaire, et non la vôtre : vous deviez périr dix fois pour une ! Aussi, pourquoi diable vous êtes-vous amusé ainsi à ferrailler après le sage conseil que je vous avais donné de prendre la fuite ?

Allons donc ! répondit rondement Turvald, est-ce qu'on laisse, à l'heure du péril, un compagnon de route dans l'embarras ?

Gilbert se mit à essuyer le sang qui inondait son visage.

— Ah ! reprit-il de son accent le plus chaleureux, n'est-ce pas, ami Turvald, que la guerre est une belle chose ?.. mais ce qui me paraît incompréhensible, c'est que je n'ai mis à mort qu'un seul de ces odieux coquins, tandis qu'un homme aussi peu habitué que vous à ces sortes d'affaires, en a pour sa part étendu cinq dans l'arène! Evidemment, depuis mon retour de la Palestine, je me suis rouillé dans mon métier de lorinier; mais encore deux ou trois rencontres comme celle-là, et je me referai la main!

— Il faut l'espérer, centenier... mais ne perdons point de temps : vos gens ont besoin de notre aide; et, si vous vous sentez la force de me suivre, courons vers eux, bride abattue!

En prononçant ces mots, le heaumier s'était tourné vers l'endroit où le convoi avait été attaqué.

— Grand Dieu! ajouta-t-il, je n'aperçois plus les chariots!

— Et voilà même mes hommes qui viennent nous rejoindre! dit Gilbert stupéfait.

Ses soldats arrivèrent épouvantés. Ils lui apprirent que la lutte s'était terminée par la mort de trois de leurs compagnons, et par le désarmement des autres; que les vainqueurs avaient ensuite jeté à bas des voitures les miliciens qui s'y étaient endormis dans leur ivresse, et qu'ils avaient aussitôt quitté la grande route pour s'enfoncer dans un autre chemin de la forêt, entraînant avec eux, au galop des chevaux, et les chariots et les cinq marchands qu'ils emmenaient prisonniers (1).

Dans une telle situation, le centenier et Turvald comprirent qu'il y aurait folie de leur part à vouloir se lancer à la poursuite d'un ennemi si supérieur en nombre. Ils ne songèrent plus qu'à atteindre au plus vite le but de leur voyage, afin de ne point laisser à cet ennemi victorieux le temps de revenir sur ses pas pour leur couper la retraite et les faire tomber dans quelque nouvelle embuscade.

En ce moment, Gilbert, en portant par hasard les yeux vers les cadavres des hommes d'armes que sa bravoure et surtout celle du heaumier avaient couchés sur le terrain de l'horrible lutte, eut son attention frappée d'un spectacle fort singulier : il aperçut le dizainier occupé très sérieusement à transpercer tous ces cadavres de son épée.

— Que signifie donc ce manége, Lengly-le-Roux ? demanda-t-il.

— Il signifie que je m'assure si l'un de ces scélérats ne fait pas le mort, et ne sera point en état de se relever quand nous aurons disparu, répondit le dizainier, dont le regard, devenu en ce moment farouche et fauve, n'osa se croiser avec celui de son chef.

— Je vois, lui répliqua dédaigneusement Gilbert, que tu es bon à achever la besogne que les autres ont commencée!

— Mais que tenez-vous donc là devant vous, maître heaumier? reprit très vivement Lengly-le Roux, dont la vue ne s'était pas encore portée sur le prisonnier de Turvald.

— C'est, répondit celui-ci, un de vos ennemis qui respire encore.

— Il respire? s'écria le dizainier d'un air presque effaré... Alors, il faut en finir avec lui comme avec les autres!

Et il fit un mouvement vers le prisonnier pour lui enfoncer son épée dans la gorge.

— Malheureux! dit Turvald d'une voix terrible et levant sa masse d'armes, laquelle venait d'être ramassée à terre par un milicien qui la lui avait rendue, si tu tiens à ta tête, ne fais point un pas de plus!

Non-seulement cette action arrêta Lengly-le-Roux, mais elle étonna singulièrement tout le monde.

— Mes amis, reprit Turvald, en désignant son prisonnier, la vie de cet homme est précieuse pour vous tous : avant de rendre le dernier soupir, ne peut-il pas recouvrer l'usage de la parole? eh bien! nous parviendrons alors sans doute à lui faire avouer quelle main mystérieuse a dirigé cette criminelle entreprise dont les infortunés marchands sont actuellement victimes.

— C'est juste! c'est juste! s'écrièrent toutes les voix autour du formidable voyageur.

— Voilà pourquoi, mes amis, ajouta-t-il,

(1) Dom Toussaint Duplessis, *Histoire de la ville et du château de Coucy.*

j'ai saisi l'occasion qui s'offrait de garder un ennemi vivant en notre pouvoir... mais, dès ce moment, ne ferions-nous pas bien d'examiner ses traits?

Turvald releva la visière de son prisonnier, dont il tourna le visage vers tous les témoins de cette scène.

— Connaissez-vous cet homme? demanda-t-il.

— Non! répondirent-ils d'une voix unanime.

— A votre tour, relevez la visière des cinq autres étendus à vos pieds.

Les miliciens firent ce qui leur était conseillé.

— Nous ne les connaissons pas davantage, dirent-ils alors... Et, comme ceux qui ont emmené les marchands et les chariots, avaient aussi la visière baissée, nul de nous ne pourrait assurer au juste à quel maitre appartiennent les bandits qui nous ont attaqués.

— Tout votre espoir, reprit Turvald, est donc dans mon prisonnier, s'il ne meurt pas avant de pouvoir s'expliquer.

— Vous avez raison! dit Gilbert... Maintenant, éloignons-nous!

Puis, se tournant vers ses hommes :

— Allons! leur cria-t-il, il vous faut de toute force dégourdir vos jambes : la prudence veut que vous preniez des ailes! Mesurez votre marche sur le trot de nos chevaux... tant pis pour ceux qui resteront en chemin!

Mais le péril par lequel venaient de passer les peu sobres miliciens, avait singulièrement secoué et dissipé leur ivresse, de sorte qu'ils furent tous en état de fournir la vitesse exigée de leur jambes.

Une heure et demie plus tard, Turvald, Gilbert et Lengly-le-Roux, n'ayant qu'à peu de distance derrière eux cette petite troupe haletante, épuisée, arrivaient sous les murs de Laon.

— Maître heaumier, dit alors Gilbert, nous allons nous rendre ensemble à l'hôtel de l'échevinage : j'ai à faire mon rapport au mayeur (maire) de Laon sur les événements qui viennent de s'accomplir; et il est essentiel qu'un étranger, témoin de ces événements, puisse certifier que je n'ai rien négligé pour les prévenir.

— Je suis tout à vous, mon intrépide centenier, répondit Turvald.

Et comme ils parlaient ainsi, ils entrèrent dans la ville.

Le prisonnier de Turvald était toujours dans le même état, donnant de temps en temps signe d'existence, mais n'ayant point encore prononcé un mot, malgré les questions qui, à plusieurs reprises, lui avaient été adressées durant la route.

II

LA JEUNE SERVE

Avant de poursuivre notre récit, il nous paraît utile, pour sa clarté même, d'entrer ici dans quelques détails historiques sur la commune de Laon.

Louis-le-Gros, élevé à l'abbaye de Saint-Denis, sous les yeux et par les soins du docte Suger, supérieur de ce monastère, était, comme nous l'avons dit, un prince non moins éclairé que brave. L'histoire des choses et des hommes de l'antiquité lui était familière; il n'ignorait rien des institutions humaines qui avaient fait plus ou moins heureusement leur chemin à travers les siècles : aussi, dans les situations les plus difficiles de son règne, les lumières de son esprit furent-elles pour lui une aussi grande ressource que sa vaillance même. Nous avons déjà vu quel parti il sut tirer de cette immense dépopulation produite en son royaume par les croisades, dépopulation qui le mit en face d'un nombre plus restreint des grands seigneurs de fiefs, et lui permit d'arrêter le cours de leurs continuelles tentatives d'envahissement et d'usurpation, dont souffraient également de toutes parts son peuple et sa couronne. Mais là ne se borna pas la rude et laborieuse tâche qu'il s'était imposée; il ne se contenta point du succès de ses armes pour assurer dans l'avenir la tranquillité du royaume; il voulut laisser à la postérité un monument plus durable de la manière dont il comprenait l'étendue des devoirs du souverain envers ses sujets; et il conçut l'idée de mettre, entre le trône et la rebellion de ses grands vassaux, entre leur tyranie et son peuple, un obstacle contre lequel la féodalité vìnt forcément se briser dans sa fureur de tout soumettre à son égoïste et sanglante domination.

Dans cette vue, il dota quelques villes importantes de priviléges particuliers qui constituèrent, pour leurs habitants, le droit et le pouvoir de se défendre contre les violences ou les vexations de leurs seigneurs, et de se faire justice eux-mêmes ; il établit, dans chacune de ces villes, un conseil municipal, un corps de magistrature, dont tous les membres, choisis parmi le peuple, étaient élus par le peuple. Celui de Laon se partageait en deux sections bien distinctes : l'une était formée d'un mayeur et de quatre jurés, qui avaient dans leurs attributions le pouvoir administratif et exécutif; l'autre se composait d'un tribunal de vingt et un échevins, dont la juridiction s'étendait sur toutes les classes, excepté sur les ecclésiastiques et les hommes des offices de la couronne. Les délits de toute espèce étaient du ressort de ce tribunal, hors ces trois chefs : le rapt, l'homicide et le crime de haute trahison. C'est ce qu'on appelait les cas royaux : le bailli seul du roi pouvait en connaître.

Laon avait, de plus, une petite armée pour assurer son indépendance : c'était la milice bourgeoise, dont tout citoyen faisait partie. Chaque paroisse de la ville et de la banlieue fournissait sa compagnie, appelée centaine, d'où venait le titre de centenier, porté par le chef qui la commandait. Cet officier avait sous ses ordres des dizainiers, lesquels marchaient à la tête du nombre d'hommes indiqué par leur nom : c'étaient les caporaux de ces temps-là. Cette milice, qui relevait immédiatement de l'autorité du mayeur, n'était pas seulement tenue à l'obligation de maintenir le bon ordre dans la ville, et de la défendre contre les attaques du dehors ; elle devait aussi se rendre à l'appel du roi, et le suivre pour un temps déterminé, soit qu'il fût en guerre avec quelque puissance étrangère, soit qu'il eût à réduire des vassaux insoumis.

On conçoit l'utilité que la monarchie pouvait tirer de cette organisation militaire qui lui laissait en tout temps sous la main un corps de troupes d'autant plus dévouées, que les bourgeois, alors, reconnaissants des moindres bienfaits du prince, n'oubliaient pas que combattre pour ses intérêts, c'était combattre pour leur propre salut, leurs foyers et leurs familles.

La charte, qui était l'âme de ce gouvernement municipal, renfermait de nombreux priviléges, tant en matière civile que criminelle ; nous ne ferons connaître ici que ceux dont les conséquences se lieront plus ou moins étroitement aux principaux faits de notre histoire.

La servitude était abolie.

Toute personne, non libre, ne pouvait être admise dans la commune, sans le consentement du seigneur dont elle dépendait.

Tout malfaiteur étranger à la commune était dénoncé à l'évêque ; s'il était noble, on lui adressait une monition juridique ; il devait donner satisfaction dans la quinzaine, sinon il demeurait abandonné à la vengeance du mayeur, des jurés et des échevins.

Quiconque, animé d'une haine mortelle contre quelque habitant de la commune, le blessait ou le tuait, donnait tête pour tête, membre pour membre ; ou bien, du consentement des dits magistrats, se rachetait au moyen d'une amende arbitrée par eux.

Enfin Laon jouissait du fameux droit de cloche : c'était le droit d'avoir une cloche au faîte d'une tour appelée beffroi, et construite pour l'ordinaire à l'une des portes de la ville. Selon la manière dont cette cloche était mise en branle ou simplement frappée, elle annonçait à la population ou un mariage, un baptême, une réjouissance publique; ou la convocation des magistrats pour une assemblée extraordinaire, ou la condamnation, le bannissement d'un citoyen coupable; ou encore une levée de la milice contre les violences et les persécutions de quelque ennemi de la commune. Dans ce dernier cas, chacun, muni de ses armes, se rendait au lieu de réunion de sa centaine.

Si le persécuteur marchait sur la ville, on se répandait sur les remparts, et on l'attendait; s'il ne faisait que passer, après avoir exercé ses cruautés sur sa route, on le poursuivait à outrance; si on l'atteignait, il était amené prisonnier, puis jugé, selon la nature du crime, par le tribunal des échevins ou celui du bailli; s'il échappait et se réfugiait dans une maison, on assiégeait cette maison; si on ne l'y trouvait pas, et qu'il réussît à se dérober à toutes recherches, les magistrats s'emparaient de ses biens, et pouvaient les détruire. Le beffroi, s'élevant solitairement dans les airs aux yeux du voyageur, était donc le signe matériel et respectacle des libertés d'une ville, comme il était le moyen donné aux habitants de s'assembler, de s'entendre, de se concerter pour leur défense (1).

On voit par ces détails que l'établissement des communes fut, pour le temps, une innovation hardie, qui, en minant dans leur base les prérogatives jusqu'alors inattaquées de la puissance féodale, en faisant pénétrer dans le cœur des opprimés le sentiment de la dignité humaine et de la légitime défense envers les oppresseurs, en relevant ainsi journellement l'homme devant l'homme, n'a pas peu contribué sans doute à changer par degrés la forme du gouvernement en France.

Reprenons maintenant notre récit, et entrons dans l'hôtel de l'échevinage, vers lequel le centenier Gilbert se dirigeait avec ses hommes et le heaumier Turvald, au moment où nous l'avons quitté.

C'était l'heure où le mayeur examinait et expédiait les affaires qui exigeaient une prompte solution, soit dans l'intérêt général de la commune, soit simplement dans celui de quelques particuliers. Il se trouvait en cet instant dans son cabinet, et seul en présence de deux femmes, dont nous ne nous occuperons qu'après avoir esquissé en quelques mots le portrait du premier magistrat de Laon : c'était un très petit homme, bien gras, bien replet de corps, avec un visage rebondi, haut en couleur, et dans l'expression duquel il semblait laisser percer à plaisir le sentiment de son importance personnelle. Il exerçait la profession de chaperonnier (marchand de chaperons, coiffures de drap communes aux deux sexes), et il s'appelait Fortin-l'Œil-d'Aigle : la monomanie, ou plutôt la fureur de cette époque, était celle des surnoms; chacun portait le sien, depuis le serf jusqu'au souverain. Fortin-l'Œil-d'Aigle donc, tout bouffi de son innocente fierté, et de sa gravité fort étudiée, mais assez peu imposante, était majestueusement assis devant une grande table couverte de divers rouleaux de parchemin. Cette table le séparait des deux femmes dont nous avons parlé, et qui, debout, immobiles, attendaient d'un air triste et résigné, que le respectable mayeur, livré en ce moment à la lecture d'une des feuilles de parchemin, voulût bien lever la tête, et leur adresser la parole.

Elles étaient toutes deux vêtues en paysannes.

L'une paraissait âgée de cinquante ans, et elle n'avait de remarquable sur son visage que cet air d'honnêteté, de franchise simple et timide, qui était alors comme aujourd'hui le fond des physionomies enfouies dans la solitude des campagnes.

L'autre méritait de fixer l'attention d'une façon toute particulière. C'était une jeune fille de dix-huit ans tout au plus, d'un air doux, candide, sincère, mais en même temps empreint d'nn sentiment de dignité étrange qu'on était étonné de rencontrer sous l'épaisse bure de ses habits rustiques. Ses abondants cheveux noirs encadraient un front haut et pur, sur lequel n'eût pas été déplacé un diadème; et, sous l'arc de ses larges et longs sourcils, brillaient des yeux dont l'éclat, tempéré par une tendre expression de sensibilitét, appelait la sympathie non moins que le respect et l'admiration.

Quand le mayeur eut terminé sa lecture, il se tourna vers ces deux femmes dont

(1) *France littéraire*, t. XI; Melleville, *Hist. de la ville de Laon.*

Il n'avait point encore eu le temps d'examiner le visage ; car il ne s'était écoulé qu'un instant depuis qu'elles avaient été introduites dans son cabinet. L'effet produit sur lui par l'aspect de la jeune fille eut quelque chose de magique : muet, embarrassé, interdit, il promena quelque temps ses regards de cette charmante personne à sa compagne, comme s'il n'eût su par laquelle des deux commencer l'interrogatoire qu'il avait à leur faire subir. Enfin, il se décida, quoiqu'à regret sans doute, à honorer de sa première parole la plus âgée de ces paysannes.

— Vous êtes bien la mère Thierri? lui demanda-t-il.

— Oui, sire mayeur, répondit la brave femme en accompagnant ces mots de la plus profonde révérence.

— Et cette jeune fille est bien Géraldine Arnould, dont vous avez été la nourrice?

— Oui, sire mayeur, répéta la mère Thierri en faisant une seconde révérence.

— Depuis un an, elle est sans père, ni mère, et vous l'avez recueillie chez vous? Enfin, l'habitation où vous viviez encore toutes deux, il y a un mois, fait partie du village de Nogent, lequel se trouve dans la dépendance d'un des fiefs de Thomas de Marle, seigneur de Coucy?

— Tout cela est la pure vérité, sire mayeur, dit la paysanne avec une troisième révérence.

— Ah! ah! fit Fortin-l'œil-d'aigle en se rengorgeant et se renversant sur le dossier de son siége, vous voyez, bonne femme, que les personnes étrangères à notre ville tenteraient une œuvre folle en cherchant à me cacher le moindre de leurs secrets ; ma perspicacité a su pénétrer au fond de toutes les existences à dix lieues à la ronde!

Et le grave magistrat, voulant juger de l'impression prodigieuse qu'un si majestueux langage ne pouvait, selon lui, manquer de produire, arrêta en silence sur les deux villageoises ce fier œil d'aigle auquel il devait son pittoresque sobriquet ; mais, grâce au prestige inséparable de toute éclatante beauté chez la femme, il lui fut bientôt impossible de détacher son regard des traits ravissants de Géraldine Arnould ; et, adoucissant la flamme de ce terrible regard, il dut céder au désir de continuer, avec la jeune fille seule, son interrogatoire si brillamment commencé.

— Ainsi, ma belle enfant, lui dit il, voilà un mois que vous avez quitté le village de Nogent, pour venir en cachette, avec votre nourrice, vous loger dans notre ville?

— En cachette? répéta Géraldine à qui ce mot parut profondément déplaire. . vous vous trompez, maître Fortin, ajouta-t-elle, la tête haute et d'un ton fort digne : nous ne nous sommes point glissées dans vos murs à la dérobée ; nous y avons fait notre apparition en plein jour, et aux yeux de tous!

— C'est vrai! c'est vrai! nous ne nous comprenons pas, ou je m'explique mal, repartit le mayeur que l'air assuré et même un peu courroucé de la jeune fille ne sembla point mécontenter... quand je dis que vous êtes venue en cachette, j'entends par là que vous n'avez pris nul soin de m'instruire de votre arrivée ; car c'est hier seulement que j'ai appris qu'il y avait dans Laon deux personnes étrangères à sa population.

— Eh! quoi! pour pénétrer dans une ville libre, répliqua Géraldine du même ton, faut-il donc s'astreindre à l'obligation d'en prévenir les autorités?

— Non, lorsqu'on ne fait qu'y passer... Mais votre intention n'était-elle pas de fixer à Laon votre demeure pour toujours?

— Je l'avoue.

— Eh bien! vous et la mère Thierri, vous êtes de condition serve : or, notre charte n'autorise aucun étranger mainmortable, aucun de ceux payant le cens par tête, en un mot, aucun individu non libre, à s'établir parmi nous, s'il n'est muni à cet effet d'une permission formelle de son seigneur... Vous n'avez certainement pas en main une telle permission?

— Nous ne l'avons pas! murmura Géraldine avec un douloureux soupir.

— Je le sais, dit le mayeur en reprenant son air d'importance... J'ai donc maintenant à vous annoncer que le sire de Coucy m'a fait parvenir une lettre, ce matin, pour vous réclamer l'une et l'autre comme ses serves.

— Grand Dieu! dit la jeune fille en pâlissant; il connait le lieu de notre retraite?

— Effectivement, puisqu'il m'a écrit la lettre dont je parle, et qui est là sous ma main.

Fortin montra cette feuille de parchemin sur laquelle nous lui avons vu les yeux attachés un instant auparavant, et dont le contenu, disons-le en passant, lui avait révélé, sur la position de Géraldine et de la mère Thierri, tous les détails secrets qu'il prétendait avoir découverts par l'effet de sa rare perspicacité et de son habileté administrative.

— Cela, continua-t-il, vous explique pourquoi, il y a une heure, j'ai ordonné qu'on vous cherchât par la ville, et qu'on vous amenât devant moi; car il me fallait sans retard vous instruire de ce que cette lettre renferme. Je la relisais avec soin au moment où vous êtes entrées, afin de bien peser la valeur des réflexions dont elle doit être à présent l'objet de ma part... je vous répète donc que le sire de Coucy exige que vous soyez toutes deux réintégrées immédiatement sur ses domaines; et, assurément, en agissant ainsi, il est dans le plein exercice de son droit; mais sa raison s'égare sur deux autres points fort essentiels de sa missive: d'abord, il accuse la commune de Laon d'être avec vous d'intelligence pour vous soustraire à sa dépendance, ce qui est moralement et matériellement faux; ensuite, il se permet de proférer, à l'égard de cette commune, des menaces que je ne dois pas vous laisser ignorer.

« Si d'ici à vingt-quatre heures, dit-il, la mère Thierri et Géraldine Arnould n'ont pas été conduites en mon château de Coucy, je fais serment d'aller moi-même les chercher dans votre exécrable et maudite ville, dont j'entreprendrai le siége dans les formes, pour ne pas laisser pierre sur pierre! »

— Vous sentez bien, mon enfant, poursuivit le magistrat en rehaussant la fierté de son langage par la mâle expression d'une contenance toute belliqueuse, vous sentez bien que le corps municipal de Laon n'a pas assez l'habitude de se montrer ému devant le péril, et compte trop sur le courage de sa brave milice, pour concevoir quelque crainte de l'issue d'une lutte sanglante avec le fougueux Thomas de Marle; mais nous ne voulons pas que le moindre tort soit de notre côté: en conséquence, vous allez être toutes deux dirigées sur le château de Coucy.

— Ai-je bien entendu? vous oseriez commettre cette cruauté? s'écria la jeune fille avec un tel élan d'indignation que Fortin-l'œil-d'aigle en frémit et en demeura un moment tout consterné.

— Pourquoi, Géraldine, reprit-il en s'efforçant de donner à sa voix un timbre grave et imposant pourquoi paraissez-vous donc si irritée contre moi? Vous oubliez que ma conduite est irréprochable en cette circonstance; car je ne fais qu'appliquer la loi à votre égard.

Géraldine, se calmant tout à coup, laissa silencieusement tomber sa tête sur sa poitrine avec une expression de profond accablement; et deux grosses larmes, que sa fierté tâcha vainement de dissimuler sous ses longues paupières, sillonnèrent son beau visage.

— Vous m'affligez, pauvre enfant! dit le mayeur réellement touché de pitié... mais voyons? que craignez-vous donc tant en retournant sous la dépendance de votre seigneur? pour quelles raisons avez-vous tenté de vous en affranchir?

La jeune fille demeura les yeux baissés, parut assez embarrassée, et ne rompit pas le silence.

— Sire mayeur, répondit pour elle la mère Thierri en faisant encore une de ses plus humbles révérences, le seigneur de Coucy veut obliger la chère petite à contracter un mariage qui n'est pas de son goût.

A ces mots, l'excellent magistrat ne put retenir un sourire malicieux, et, fixant du coin de l'œil Géraldine, il lui dit:

— Cela signifie, mon adorable enfant, que votre tendre cœur a, de son côté, déjà fait son choix, sans daigner consulter le sire de Coucy... Oh! je savais bien qu'il y avait dans cette affaire quelque amour sous jeu ! Une rapide inspection de votre physionomie m'a dès l'abord suffi pour m'éclairer sur vos sentiments... Vous rougissez? preuve donc que j'ai deviné juste... je vous le répète, il n'y a point de secret pour moi; aussi n'est-ce pas sans raison, croyez-moi, qu'on m'a surnommé l'Œil d'Aigle : mon regard pénètre jusqu'au fond des âmes!... Enfin, avez-vous l'intention de persister dans la résistance que vous opposez à la volonté de votre seigneur?

— Sire Mayeur, reprit la mère Thierri, le père de Géraldine, en mourant, lui a fait promettre de n'unir son sort qu'au jeune homme qu'il lui destinait pour époux, et auquel il l'avait déjà fiancée.

— La chose est grave, ma bonne femme! car si elle épouse ce jeune homme, c'est un cas de for-mariage.

Disons ici qu'on appelait for-mariage toute union contractée sans le consentement du seigneur, et qui par ce fait, était frappée de nullité.

L'habile mayeur reprit son sourire malicieux, puis, se tournant de nouveau vers Géraldine :

— Et quel est donc, ma belle enfant, lui demanda-t-il, cet heureux, ce gentil damoiseau auquel vous avez donné votre cœur ?

— Maitre Fortin ! répondit la jeune fille de son ton digne et ferme en levant sur l'indiscret magistrat ses chastes yeux encore humides de larmes, vous m'avez accusée tout à l'heure d'oublier que vous ne remplissez que votre devoir en appliquant la loi à mon égard : n'oubliez-vous pas maintenant vous même que vous dépassez les limites de ce devoir, en m'adressant une question sur laquelle ma conscience, qui ne relève que de Dieu seul et du respect dû à la mémoire de mon père, m'ordonne de garder le silence ?

Le perspicace mayeur fut fort étonné que ce langage, aussi hardi que sensé, sortit de la bouche d'une simple et naïve villageoise; mais il n'eut pas le temps d'y répondre, car un tumulte confus qui se fit dans une salle voisine, vint aussitôt s'emparer de son attention.

— Quel est donc, dit-il, ce singulier tapage?

A peine avait-il articulé ces mots que deux hommes se précipitèrent dans son cabinet.

L'un était le centenier Gilbert, l'autre le heaumier Turvald.

A la vue du visage ensanglanté de Gilbert, aux marques que le combat avait laissées sur son armure bossuée en maint endroit, enfin, à son air agité, à la véhémence de ses gestes, Fortin comprit qu'il venait lui apporter une nouvelle désastreuse.

— Centenier! lui dit-il en tressaillant, tu as, j'en suis sûr, un grand malheur à m'apprendre?

— Tu l'as deviné, mayeur! répondit Gilbert tout ému.

— Je devine tout! dit Fortin... le convoi a sans doute été attaqué?

— Attaqué, pris, enlevé, à quatre lieues de Laon, et conduit je ne sais où avec les cinq marchands, par une troupe d'hommes d'armes qui avaient tous la visière baissée.

— Mais tu avais vingt miliciens sous tes ordres pour repousser l'attaque !

— Les trois quarts étaient ivres!

— Pourquoi les as-tu laissés boire? repartit impétueusement le mayeur... ô rage! ô fureur! ajouta-t-il en gesticulant, piétinant, se démenant de mille façons au milieu de son cabinet, comme s'il eût été en proie à un accès de désespoir délirant ou de colère frénétique; la commune de Laon subira-t-elle cette nouvelle injure sans pouvoir en tirer vengeance?... et quels sont ces audacieux, ces infâmes ravisseurs?

— Je l'ignore.

— Quoi! n'as-tu fait aucun prisonnier?

— Je t'en amène un.

— Est-ce le gros homme que voici? demanda Fortin en contemplant l'étonnante corpulence du heaumier.

— Lui? dit Gilbert en haussant les épaules; c'est un honnête et intrépide voyageur dont j'ai fait la rencontre, et sans lequel je ne te parlerais pas à cette heure; car il m'a sauvé la vie : à lui seul, il a étendu à ses pieds cinq de ces scélérats.

— Cinq ! répéta le mayeur en arrêtant sur Turvald ses yeux avec une sorte d'ébahissement mêlé d'admiration, et il lui dit :

— Etranger! la commune de Laon n'est pas ingrate : elle saura dignement récompenser l'inconnu qui lui a rendu ce service.

Puis, se retournant vers Gilbert :

— Et où est-il donc, reprit-il, ce prisonnier dont tu parles?

— Dans la salle voisine, où je l'ai mis sous la garde de plusieurs de mes hommes.

— Il faut tirer de lui des aveux !

— Il ne peut articuler un mot : il est pour ainsi dire déjà mort.

— Oh ! je le forcerai bien à ouvrir la bouche, moi !

Et Fortin-l'Œil-d'Aigle, qui ne doutait jamais du succès, lorsqu'il avait pris une affaire en main, s'élança dans l'autre salle, suivi de Turvald et du centenier.

Il y trouva le prisonnier couché sur un banc et entouré de ses gardiens.

— Allons ! brigand, lui dit-il en le secouant rudement, ce n'est pas avec moi qu'il faut agir de ruse, et faire ainsi le mort : je n'ai pas coutume de tomber dans ces piéges-là ! réponds ! réponds-moi vite, ou tu es pendu sur l'heure !

Le hasard voulut que le moment où le prisonnier devait recouvrer un peu l'usage de ses sens, fût précisément celui où le mayeur lui tenait ce terrible langage.

— Vous allez être obéi, murmura-t-il en entr'ouvrant ses yeux à demi éteints.

Fortin, tout triomphant, promena ses yeux sur ceux dont il était environné, avec un air qui semblait leur dire :

— Hein ! qui de vous aurait opéré ce miracle ?

Il secoua de nouveau le moribond.

— Eh bien ! bandit, reprit-il, qui sers-tu ? quel est ton maître ?

— Le seigneur de Coucy.

— De Coucy ! répétèrent avec un frémissement de fureur tous les témoins de cette scène, excepté Turvald, qui, le front pensif, écoutait attentivement et demeurait silencieux.

— Vous avez un traître parmi vous, reprit aussitôt le prisonnier.

— Un traître? dit le mayeur étonné, et quel est-il ?

— Lengly-le-Roux.

— Mon dizainier !... je m'en doutai ! s'écria Gilbert.

— Et moi, je l'avais deviné ! dit Fortin de son air capable.

— C'est lui, ajouta le prisonnier, qui a prévenu le sire de Coucy qu'un convoi de marchandises devait arriver aujourd'hui à Laon ; et il lui a en même temps indiqué l'heure à laquelle ce convoi devait passer à l'endroit où il a été attaqué... nous avions reçu l'ordre de faire en sorte de ne point blesser Lengly-le-Roux dans la lutte.

— L'infâme ! le lâche ! reprit Gilbert ; je comprends maintenant sa conduite : il a enivré ses compagnons pour les rendre incapables de se défendre ; et si, après le combat, il s'est mis à achever nos ennemis mourants, c'était dans la crainte que l'un d'eux ne vînt à dévoiler sa trahison !

— As-tu encore quelques révélations à nous faire ? dit le mayeur au moribond.

Mais le malheureux avait épuisé le reste de ses forces dans les dernières paroles qu'on venait de lui entendre prononcer.

— Je me meurs, dit-il, ...que Dieu me pardonne !

Et il rendit l'âme.

— Vite, vite ! qu'on s'empare de ce misérable Lengly-le-Roux, reprit le mayeur, et qu'on le jette en prison.

Mais on comprend que le perfide et rusé dizainier avait eu assez de prévoyance en ce qui le concernait pour ne s'être point hasardé à suivre son centenier dans l'hôtel de l'échevinage.

On envoya au dehors à sa recherche plusieurs hommes de la milice.

Puis Fortin fit venir un des gens employés au service de l'hôtel.

— Va trouver, lui dit-il, notre sonneur, et porte-lui de ma part l'ordre de faire tinter la cloche du beffroi pendant une heure pour la prompte assemblée du conseil et la levée immédiate de toute la milice.

L'employé sortit, et l'actif mayeur rentra dans son cabinet avec Gilbert et Turvald, en murmurant au milieu de son trouble et de son irritation :

— Ce Thomas de Marle est le fléau du pays! aucune considération, aucune crainte ne l'intimide, ni ne l'arrête : il semble n'avoir pour but que de faire une guerre acharnée aux priviléges dont nous jouissons; — les biens des plus pauvres particuliers de notre ville ne sont pas plus à l'abri de ses entreprises que ceux des commerçants les plus riches;—depuis un an, ses nombreux actes de brigandage ont obligé deux fois l'évêque de Laon à lui adresser, aux termes de notre charte, des monitions juridiques pour le sommer de venir en nos murs faire amende honorable et réparer ses méfaits; et ces mesures rigoureuses n'ont eu d'autre effet que d'exciter son dédain, ses risées et ses insultes.

Or, quand un noble, après avoir reçu une monition, n'a pas, dans la quinzaine, donné pleine et entière satisfaction à ceux qui ont souffert des dommages par lui causés, ses biens et même ses hommes sont abandonnés à la vindicte de la commune, laquelle demeure armée du droit imprescriptible de les chasser par tous les moyens possibles. Voilà donc quelle est notre situation à l'égard du sire de Coucy : toutefois, nous n'avons rien encore tenté contre ce cruel et puissant seigneur; mais, quant à lui, il ne cherche qu'à multiplier les occasions de nous donner les plus ardents témoignages de la haine qu'il nous a jurée; ses témérités criminelles envers nous, ne font chaque jour que s'accroître (1). Aussi, grâce aux lumières de ma perspicacité habituelle, m'est-il facile de prévoir tout ce qu'un tel homme peut oser; c'est pourquoi je prends mes précautions en assemblant le conseil municipal et en appelant la milice sous les armes... car ne m'a-t-il pas menacé, ce matin même, de venir raser notre ville?

— Est-il possible? dit Turvald.

(1) Dom Toussaint Duplessis, *Hist. du château et de la ville de Coucy.*

— Voici la lettre dans laquelle il me fait cette menace, répliqua Fortin-l'Œil-d'Aigle en présentant la missive à son interlocuteur.

Le heaumier la prit et parut la lire avec un vif intérêt.

— Mais, reprit-il, vous avez sans doute l'intention de renvoyer vers lui, dans les vingt-quatre heures, les deux serves dont il est ici question?

— Assurément, j'ai cette intention, repartit le majeur, et c'est pour la leur communiquer que je les ai fait comparaître ce matin devant moi... Ces deux serves sont la jeune fille et la pauvre femme que vous apercevez, là, silencieuses et immobiles dans un coin de la salle.

— Eh bien! à votre place, je les ferais conduire à l'instant même auprès de leur seigneur; car, moins vous tarderez à éviter toute occasion de donner prise à ses griefs contre votre commune, plus vous vous sentirez tous forts pour repousser ses violences.

— Et vous aussi, mon Dieu! vous êtes cruel envers nous! dit Géraldine en faisant un pas vers Turvald... Vous paraissez pourtant si bon, vous!

— C'est à dire que je n'ai pas l'air bon, moi! reprit brusquement le mayeur..... Allons! allons! ma petite raisonneuse, n'espérez, ni par vos finesses de langage, ni par vos pleurs, changer quelque chose à votre sort. Du reste, avant votre arrivée en ces lieux, j'avais déjà résolu que, dès ce matin, vous quitteriez Laon; aussi ai-je tout préparé pour votre départ; vous trouverez dans la cour de l'hôtel quatre mules; deux sont pour vous et votre nourrice, les deux autres sont pour les hommes que j'ai chargés de vous accompagner jusqu'au château de Coucy. Ainsi, résignez-vous à accepter, bon gré, mal gré, l'époux que votre seigneur vous destine.

Géraldine tressaillit, et de nouvelles larmes roulèrent sur ses joues. Le heaumier semblait la regarder avec compassion.

— Eh bien! mon enfant, lui dit-il, il y a peut-être moyen de rendre la tranquillité à votre esprit : je connais ce sire de Coucy; l'état que j'exerce m'a permis de lui être quelquefois utile; il me doit même d'assez grands services, dont il est inutile de vous parler, et il serait ingrat, s'il ne s'en souvenait pas. Je vais lui écrire deux mots qui le décideront, je l'espère, à vous laisser toute votre indépendance.

— Hélas! beau sire, répondit la mère Thierri, sans oublier sa révérence, que pourront deux mots de votre main sur un homme sans cœur et sans entrailles?

— Je suis sûr qu'ils feront sur lui quelque impression, répliqua Turvald.

Et il alla, d'une façon fort délibérée, s'installer à la table du mayeur, en s'emparant de l'escabelle même sur laquelle, un instant auparavant, le digne magistrat siégeait dans toute sa gloire. Il aperçut sur cette table plusieurs feuilles de parchemin non noircies d'encre; il en prit une, et il se mit à écrire.

Fortin-l'Œil-d'Aigle, tout en examinant les mouvements de Turvald avec curiosité, s'était glissé à l'écart dans un angle de la salle, et il y avait entraîné le centenier.

— Gilbert, lui dit-il tout bas à l'oreille, tu sais si j'ai l'œil fin et perçant?

— Personne n'en doute, mayeur.

— En ce cas, veux-tu que je t'apprenne quel est, au moral, ce gros voyageur?

— Oui... eh bien! quel est-il?

— Un pauvre diable dont le cerveau est dérangé... car il ne saurait l'avoir ni sain, ni lucide, celui qui s'imagine pouvoir exercer quelque empire sur la volonté de Thomas de Marle! autant vaudrait-il qu'il se butât à l'idée de prétendre enchaîner la tempête!... Puis, as-tu remarqué son étrange accoutrement?

— C'est un fabricant d'armures : son casque et son haubert sont destinés à quelqu'un de la ville.

— Et il s'en affuble!... Il est fou à lier!... Je te dis que j'ai l'œil fin... mais regarde-le donc en ce moment : vois-tu avec quel aplomb, avec quel sang-froid comique il roule sa feuille de parchemin maintenant couverte de sa respectable écriture! Il agit vraiment aussi libre de toute gêne et de tout embarras que s'il était chez lui, et que s'il s'occupait de faire parvenir ses ordres à l'un des employés de son commerce... Le pauvre homme! en conscience, il commence à exciter vivement ma pitié!

Turvald ayant donc terminé et roulé sa lettre, la cacheta (à l'insu du mayeur qui ne remarqua rien de ce détail) avec la cire et le sceau du conseil municipal, qui se trouvaient sous sa main, puis il la donna à Géraldine.

Fortin se rapprocha alors de lui.

— Mon brave ami, lui dit-il du ton doucereux et compatissant dont on parle à un esprit malade, on m'apprend que vous avez affaire dans la ville : chez qui allez-vous donc?

— Chez le sire Guy de Rochefort.

— Le gouverneur militaire de Laon!... eh bien! je me rends moi-même auprès de lui avec le centenier Gilbert; nous ferons route ensemble.

— Très volontiers! dit Turvald.

— Il est nécessaire qu'il soit instruit sans retard de l'affreux événement de ce jour, reprit le mayeur; et j'ai à me concerter avec lui sur les mesures à prendre pour la sûreté de la ville, et, s'il se peut, pour le salut des cinq bourgeois, prisonniers du sire de Coucy.

— Il m'est justement venu à ce sujet, dit Turvald, une idée que je vais communiquer au gouverneur, et cette idée pourrait bien amener la délivrance de ces infortunés marchands.

Fortin fit au centenier, en se frappant le front, un signe d'intelligence qui signifiait.

— Hein! me suis-je trompé? la tête n'y est plus?

— Puisque le terrible Thomas de Marle, ajouta le heaumier, vous menace de raser votre ville, ne vous serait-il pas agréable de lui annoncer aussi que vous allez raser son château?

— Un château imprenable! s'écria le mayeur... mais c'est égal : avec vous, je vois qu'il ne faut douter de rien. Vous êtes, j'en suis sûr, un habile sorcier!... Eh bien! allons, bonhomme, allons faire part de cette merveilleuse idée à monseigneur de Rochefort.

Fortin-l'œil-d'Aigle sortit suivi de toutes les personnes qui se trouvaient avec lui. La mère Thierri et Géraldine Arnould, arrivées dans la cour de l'hôtel, y aperçurent les quatre mules dont il leur avait parlé, et les deux hommes chargés de les reconduire sur les terres de leur seigneur; elles furent aussitôt placées sur leurs montures, puis dirigées par leurs compagnons de route vers l'une des portes de la ville, tandis que le mayeur, Gilbert et Turvald prenaient le chemin du Palais-Royal, où logeait le gouverneur de Laon.

Depuis un instant, le tintement sinistre de la cloche du beffroi s'élevait dans les airs, et avait mis toute la population en émoi : les artisans quittaient leurs ateliers, les marchands leurs boutiques; tout travail avait cessé. Les femmes, inquiètes, frémissantes, et surtout impatientes de donner un libre essor à leur fécond babil, se précipitaient de l'intérieur des maisons sur le seuil des portes, et formaient de toutes parts des groupes animés, où était racontée, de mille manières différentes, la grande et épouvante nouvelle du jour. Les hommes prenaient leurs armes, et chacun d'eux courait au lieu du rassemblement de sa centaine. Le bruit des voix, le retentissement des pas, les cris de rage et de vengeance poussés contre Thomas de Marle, frappaient de tous côtés les oreilles d'un impétueux tumulte, pareil au grondement d'un orage, et que dominait seul le son lugubre de la cloche d'alarme.

Pendant que les Laonnais étaient dans cette agitation, un cheval, lancé bride abattue à une lieue de leurs murailles, entraînait, sur la route du château de Coucy, un homme qui, ne cessant d'éperonner vigoureusement sa monture, avait soin de retourner par moments la tête pour voir s'il n'etait pas poursuivi.

— Oui, c'en est fait! murmurait le cavalier dont le visage était caché par le capuchon de son surcot, oui, Lengly-le-Roux dit adieu pour jamais à son ingrate et abominable ville, pour le sort de laquelle il ne forme plus qu'un vœu : c'est de voir fondre sur elle toutes les calamités de ce monde ! car, que n'y a-t-il pas souffert par l'imbécillité de ses concitoyens? Depuis cinq ans, il a tout tenté, tout entrepris, tout osé, a eu recours à toutes les manœuvres imaginables, d'abord pour s'élever au grade de centenier, ensuite pour se faire élire mayeur — Eh bien! qui le croirait? personne n'a su rendre justice à son mérite, à son dévouement, si bien qu'il n'est encore que dizainier; les ambitieux, les intrigants, l'ont emporté sur lui.

Dans cette humiliante situation qu'ils lui ont faite, la vengeance ne devenait-elle pas pour son cœur un droit légitimement acquis?... Enfin, il y a un mois, deux paysannes étrangères à la ville, viennent y établir leur demeure : l'une, aussi belle que les anges, lui fait perdre la raison; il conçoit l'idée de se consoler auprès d'elle; il découvre alors qu'elle est serve du sire de Coucy; mais il l'assure qu'il obtiendra facilement de ce châtelain, partout si redouté, la permission de l'épouser, et il lui parle de mariage... Eh bien! le croirait-on encore! Il a vu ses généreuses offres repoussées par elle avec hauteur, avec dédain, avec mépris! Ah! c'en était trop! la fureur de Lengly-le-Roux a éclaté : il a dénoncé la fière Géraldine Arnould à son seigneur, qui ignorait où elle se tenait cachée, et il a en même temps indiqué à cet implacable ennemie de notre commune, le chemin que devaient suivre, ce matin, cinq riches bourgeois de Laon revenant de Paris avec de précieuses marchandises... De la sorte, Lengly-le-Roux a su se venger tout à la fois et de ses stupides concitoyens et de celle qui a méprisé son amour!

Arrivé à cette conclusion assurément fort logique des choses énoncées par lui, notre cavalier se tut, pour laisser errer sur ses lèvres un atroce sourire de joie triomphante; puis, au bout d'un instant, il continua l'examen approfondi de ses actions en ces termes :

— Ma foi! tout bien considéré, tout bien pesé, je dois m'applaudir vraiment d'avoir obéi à toutes les inpirations de mon ressentiment et de ma vengeance? En effet, ne m'eût-il pas fallu tôt ou tard fuir de Laon, où chaque jour accroissait les embarras, les soucis de mon existence? Le métier de chaussier (qui fait des chaussures, des bas, des culottes), que j'y exerçais, loin de m'avoir jeté sur le chemin de la fortune, n'a abouti qu'à me couvrir de dettes et à déchaîner contre moi une légion de créanciers ! J'ai donc agi avec un louable discernement en tâchant de me créer une position auprès du sire de Coucy ; car, depuis un an que je ne cesse de l'éclairer sur tout ce qui se passe en notre odieuse commune, il m'a toujours largement récompensé de mes services. Aussi, suis-je certain de le trouver aujourd'hui tout disposé à me donner dans l'un de ses châteaux quelque emploi commode, agréable, brillant peut-être, qui me permettra de vivre désormais tranquille, et sans travailler... je compte même être assez avancé dans ses bonnes grâces pour obtenir de lui qu'il forcera Géraldine à devenir ma femme, si toutefois, comme je l'espère bien, il n'a pas déjà, en faveur de quelque autre, disposé du sort de son orgueilleuse serve : il me doit bien cela, après ce que j'ai fait pour lui !

Ainsi, à la manière de la plupart des ambitieux mécontents, le perfide dizainier, descendant par la pensée dans les replis tortueux de sa conduite, ne savait y trouver que prudence et circonspection, pour laisser en paix sa conscience, et charmer en même temps les ennuis de son voyage précipité.

III

LE SEIGNEUR SUZERAIN

Comme les événements vont nous mettre en présence de Thomas de Marle, le lecteur ne trouvera peut-être pas sans intérêt une courte notice sur l'origine du château de Coucy et de l'illustre famille qui en a porté le nom.

Les premières traces que ce domaine, nommé en latin *Codiciacus* ou *Codiciacum*, et, par contraction, *Cociacus* ou *Cociacum*, ait laissées dans nos annales, remontent à l'époque du baptême de Clovis, c'est-à-dire au commencement du sixième siècle. C'était alors une terre sans château ; mais le village de Coucy, et non la ville, existait déjà. Ses habitants, souffrant de lourdes redevances qu'ils étaient obligés de payer au fisc, conçurent l'espoir de les voir diminuer, s'ils obtenaient qu'elles fussent transportées de l'Etat à Saint-Remy, archevêque de Reims. Le prélat, sollicité par eux, fit une démarche auprès du roi, atteignit le but désiré, et abaissa le taux de leurs contributions. Il resta ainsi jusqu'à sa mort en possession de cette terre, qu'il légua par testament à son église.

Hervé, l'un de ses successeurs, au diocèse de Reims, fit bâtir, dans les premières années du dixième siècle, une forteresse à une demi-lieue environ du village de Coucy : c'était une construction que rendaient nécessaire les ravages causés dans le pays par les nombreuses factions du royaume, et par les incursions des barbares. Ce château donna plus tard naissance à la ville qui en retint le nom, et c'est précisément celui là même dont nous avons à nous occuper dans cette histoire. Le domaine de Coucy demeura encore dans les mains de deux archevêques, Séculfe et Hugues, successeurs d'Hervé ; puis il passa en la puissance de Bernard, comte de Senlis, et il ne cessa plus dans la suite d'être possédé par des laïques. Durant près d'un siècle, il fut tenu par des chevaliers appartenant à différentes familles, et dont les noms, à l'exception de deux ou trois seulement, n'ont point été transmis jusqu'à nous par la plume des chroniqueurs.

Enfin, sous le règne de Henri Ier, apparait, dans une charte de l'an 1,079, un Albéric, seigneur de Coucy, qui doit être considéré comme la tige de sa race. Son fief, dont l'hérédité date probablement de cette époque, devint le patrimoine de tous ses descendants. L'histoire ne fait aucune mention de ses enfants : elle ne parle que de son petit-fils, Enguerrand, qui joignit à son nom seigneurial, le titre de comte d'Amiens. Les domaines d'Enguerrand étaient immenses, et il les augmenta encore par son alliance avec Ade, fille de Létard de Roucy, qui lui apporta en dot les puissantes seigneuries de Marle et de la Fère. Ade mourut jeune, laissant héritier de ses biens un fils nommé Thomas, lequel prit d'abord le surnom de La Fère, puis celui de Marle, qui lui resta. Ce Thomas est le personnage qui va bientôt apparaître dans notre récit. Un écrivain auquel on doit de laborieuses et curieuses recherches sur la maison de Coucy, fait de lui, en quelques lignes, ce portrait énergiquement esquissé, mais peu flatté :

« Cet homme, accoutumé de longue main au meurtre et au pillage, ne mettait point de bornes à ses violences ; il n'épargnait ni les gens d'église, ni la noblesse, ni les marchands, ni les pèlerins, ni le menu peuple. Toute la province, accablée de ses vexations, gémissait sous sa tyrannie; les scélérats trouvaient un asile sûr auprès de lui, et il semblait se faire un point d'honneur de prêter main-forte à quiconque voulait commettre quelque crime (1). »

Déshérité par son père, homme loyal, humain et généreux, qui voulait réprimer ses brigandages, il osa entrer en campagne contre lui. Il porta le fer et la flamme sur toutes les terres de ce vieillard, si justement indigné, et infligea les dernières tortures à ceux de ses vassaux que le sort des armes lui livra. Deux faits donneront une idée de ses cruautés : il creva, en un seul jour, les yeux à dix de ses prisonniers ; une autre fois, il leur fit percer le cou, et, les enfilant avec une corde dont il attacha l'extrémité à une voiture, il se servit d'eux comme de bêtes de trait, et les força de traîner cette voiture jusqu'au moment où l'épuisement et la mort vinrent les délivrer de leur supplice.

Thomas était alors un seigneur presque aussi puissant qu'Enguerrand, son père : outre les deux fiefs qu'il tenait de sa mère, il avait reçu, d'une de ses parentes éloignées, qu'il avait épousée en secondes noces, la terre et le château de Montaigu en Laonnais, et d'une troisième femme, nommée Milesende, fille de Guy de Crécy, les forteresses de Crécy et de Nogent, situées sur le territoire de deux paroisses dont le domaine appartenait à l'abbaye de Saint-Jean-de-Laon ; mais, à la faveur même de ces deux nouvelles forteresses, il se rendit bientôt maître de la contrée, et usurpa à son profit les biens, les revenus et les droits de l'abbaye.

Ses forfaits, ses atrocités dans le crime avaient fait de tous côtés tant de victimes qu'un concile fut tenu à son sujet par les évêques de France à Beauvais : il y fut excommunié, dégradé de l'ordre de chevalerie, et déposé de tous ses honneurs, comme vassal infâme, félon et homicide. Pendant que ses juges ecclésiastiques fulminaient contre lui des sentences d'excommunication, le roi Louis-le-Gros employait, pour le réduire, les moyens de répression les plus énergiques; il assiégeait ses châteaux de Crécy et de Nogent, les prenait et les faisait raser. Au milieu de ces événements, Enguerrand mourut, et son indigne fils n'eut guère à s'effrayer de la destruction de deux de ses châteaux, car il se vit aussitôt en position de se rendre plus redoutable que jamais, en héritant des terres de Coucy, de Boves et de la comté d'Amiens. Mais Louis le-Gros ne le perdait point de vue : il se jeta dans cette dernière place, et la fit aussi démolir. Il rendit ensuite un décret qui priva Thomas de Marle et ses descendants à perpétuité du domaine de la ville.

Le vaincu, irrité, courut se retrancher dans son château de Marle, où il pouvait longtemps tenir tête aux troupes royales. Mais, soit crainte, soit plutôt artifice et hypocrisie, il fit sa soumission, en implorant la clémence du souverain. Celui-ci, aussi doux, aussi conciliant après le combat qu'il était impétueux et terrible sur le champ de bataille, ne savait jamais refuser son pardon au repentir ; mais, éclairé, par une dure expérience, sur le peu de bonne foi de ses grands vassaux, il exigea cet e fois des preuves d'un repentir sincère. Thomas ne se montra point avare de promesses : il fit serment de réparer tous ses torts envers une infinité d'hommes de toutes les classes, dont il avait offensé, maltraité la personne, saisi les biens, et de leur restituer le fruit de ses spoliations. A ces conditions, il obtint du roi une grâce entière, et on leva l'excommunication prononcée contre lui.

Mais à peine ce double pardon avait-il

(1) Dom Toussaint-Duplessis, *Hist. du Château et de la ville de Coucy.*

couvert ses crimes, que son audace et sa cruauté prirent un nouvel essor, et semèrent partout encore l'épouvante et la désolation. Deux choses surtout excitaient au suprême degré sa fureur : l'une était la charte octroyée à la ville de Laon, dont les priviléges contrebalançaient sa puissance, et paralysaient quelquefois son action dans le mal ; l'autre était la perte de la comté d'Amiens, à laquelle il tenait beaucoup. Il ne dissimulait en rien à cet égard son ressentiment contre le roi. Déjà même, il avait, par une voie détournée, montré tout ce que pouvait entreprendre, dans cette affaire, son caractère violent et vindicatif : la comté qui était l'objet de ses regrets avait été demandée à Louis-le-Gros par Aimeri, seigneur de Chaumont-en-Vexin ; Aimeri s'attira par là toute la haine de l'ancien titulaire, et il trouva bientôt la mort dans un guet-apens ; mais la victime laissait un frère, Raoul, comte de Vermandois, qui s'empressa d'instruire le roi de cet événement, en jurant de ne prendre aucun repos, tant qu'il n'aurait pas tiré une vengeance éclatante de l'assassin.

Ce dernier se croyait hors de toute atteinte derrière ses féodales et profondes retraites : les cinq forteresses, ou, selon le style du temps, les cinq fertés de Coucy, de Boves, de Marle, de La Fère, de Montaigu, couvraient ses vastes domaines et étaient défendues par de nombreuses garnisons, composées de gens aguerris, téméraires, déterminés, ardents au meurtre comme à la rapine. Celle de Coucy, où il se tenait renfermé avec des troupes d'élite, était peut-être la plus redoutable : assise au sommet d'une assez haute montagne, sur l'emplacement même du second château dont on voit encore aujourd'hui les ruines, et qui n'a été construit qu'à la fin du douzième siècle (1), elle frappait l'imagination d'une certaine terreur par l'aspect sombre et menaçant de dix grosses tours, d'inégale hauteur et disposées circulairement autour de l'édifice. Chacune de ces tours avait son nom : nous citerons seulement, pour exemple, celles du Donjon, du Grand-Veneur, des Prisons et du Guet. Cette dernière était la plus élevée, et, de ses créneaux, la vue s'étendait au couchant à plus de huit lieues sur tout le pays. L'enceinte tracée par les bâtiments circulaires formait une immense cour, au centre de laquelle était creusé une sorte de large puits où l'on descendait par des degrés, et qui conduisait à des souterrains dont quelques-uns s'étendaient à plus d'un mille dans la campagne. D'autres souterrains, partant de divers points, aboutissaient seulement hors de la forteresse, à peu de distance des murailles, et pouvaient recevoir des hommes d'armes montés sur leurs chevaux.

Quant aux abords de la place, ils avaient été rendus inaccessibles par les chausses-trappes, les fosses invisibles, les piéges cachés, qu'on avait multipliés de toutes parts dans les chemins, dans les futaies et les fourrés impénétrables dont le château était entouré ; car il y avait alors une forêt de Coucy : plusieurs écrivains parlent de bêtes sauvages qui, ayant établi leur repaire dans cette forêt, ravageaient au loin la contrée (1).

Voyons maintenant quelle était en cet inexpugnable château la situation morale de Thomas de Marle, le jour même où il avait fait prisonniers les cinq marchands de Laon.

Retiré, deux heures avant la nuit, dans une tour avec les principaux chefs de ses troupes, il tenait conseil au sujet d'une décision à prendre après le grave affront qu'il prétendait avoir essuyé dans son expédition de la matinée ; ce qu'il appelait affront, c'était la perte de ses six hommes qui avaient trouvé la mort dans la lutte. Il écumait de rage à la pensée d'un tel échec, qui excitait au plus haut point sa surprise. Son avis et celui de ses officiers furent qu'une vengeance immédiate était rigoureusement exigée par l'honneur de ses armes comme de son nom, et que le siége et le sac de la ville de Laon devaient être le but de cette vengeance.

(1) Par Enguerrand le Grand qui avait Thomas pour bisaïeul.

(1) Lalouette, *Traité des nobles*; Jovet, *Histoire des seigneurs de Coucy*.

En conséquence, brûlant du désir de presser l'exécution de cette importante entreprise qui repondait si parfaitement à la brutalité dévastatrice de ses penchants naturels, et voulant réunir sous sa main toutes les forces dont il avait besoin pour en assurer le succès, il dépêcha aussitôt des courriers vers ses quatre autres fertés, pour porter à leurs commandants l'ordre de venir le joindre, dans la nuit même, avec l'élite des troupes de leurs garnisons.

Le moment où ces courriers sortirent du château de Coucy, fut celui-là même où y arriva Lengly-le-Roux, qui avait quitté sa ville natale en jurant de ne la jamais revoir, et que nous avons laissé en route, semant à chaque pas tant de haineuses imprécations contre ses concitoyens.

Il fut introduit immédiatement auprès du puissant seigneur dont il était l'espion.

Thomas de Marle avait une physionomie d'ordinaire repoussante par l'expression naturelle de sa férocité; mais, en cette circonstance, la fureur dont il était animé, faisait de ses regards irrités et enflammés, de ses muscles contractés, de son corps tout palpitant d'une sanguinaire ardeur, de ses mouvements fougueux et menaçants, un spectacle qui eût glacé d'effroi quiconque l'eût alors rencontré pour la première fois. Le dizainier lui-même, bien qu'accoutumé à son visage, ne put lever les yeux vers ce visage ainsi bouleversé, sans tressaillir.

— Allons! Lengly-le-Roux, rassure-toi, lui dit le farouche châtelain, tu n'es ni la cause ni l'objet du courroux qui m'agite; je reconnais au contraire que tu m'as fidèlement servi : le convoi de ces maudits marchands est bien passé, ce matin, sur la route de Laon, à l'heure qui m'avait été désignée par toi. Je n'ai donc qu'à te louer de ton zèle à mon égard... néanmoins, tu m'avais assuré que le centenier Gilbert serait le seul homme redoutable de sa troupe; pour cette raison, six de mes gens avaient été chargés de l'attaquer; mais ils l'ont trouvé suivi d'un compagnon invincible, si bien qu'ils ont tous péri dans le combat... tu ne m'avais rien dit de ce terrible athlète!

— Comment, Messire, aurais-je pu vous parler de lui? répliqua Lengly; ce guerrier sans pareil n'appartient pas à la milice bourgeoise de Laon : c'est un voyageur inconnu que le hasard a jeté sur nos pas.

— En vérité? dit Thomas fort étonné... et tu ne soupçonnes pas quel peut être cet inconnu?

— Il se nomme Turvald, et se dit heaumier de son état... mais, dans ma conviction, ce doit être le diable en personne, si j'en juge par la manière dont son épée et sa masse d'armes faisaient disparaître ses ennemis : à lui seul, et en un clin-d'œil, monseigneur, il a abattu, écrasé, foudroyé, cinq de vos braves serviteurs sur les six dont vous avez à déplorer la perte.

— Cinq? .. à lui seul? dit le châtelain stupéfié.

— Et je ne doute pas, continua l'espion, qu'il n'en eût assommé trente, s'il en avait eu trente à combattre!... Mais ce qu'il y a eu, en outre, de grave dans cette affaire, c'est que, parmi les six hommes mortellement frappés, il s'en trouva un qui respirait encore! Cet endiablé voyageur l'a placé devant lui sur son cheval, et transporté à Laon.

— Eh bien! c'est cela qui te tourmente? répartit Thomas de Marle en ricanant et levant les épaules.

— Beau sire, ne songez-vous donc pas que ce prisonnier, s'il recouvre l'usage de ses sens, pourra faire des révélations?

— Et que m'importe?... je suis décidé maintenant à marcher le front haut dans toutes les entreprises que je ne cesserai désormais de tenter contre le repos de la commune de Laon : je veux entrer en guerre ouverte avec elle! D'ailleurs, elle n'eût pas manqué cette fois d'apprendre bientôt la vérité par la bouche même des marchands enlevés, ce matin, avec leurs chariots, et renfermés en ce moment dans les cachots de Coucy.

— Quoi! Messire, repartit le dizainier d'un air aussi cruel qu'étonné, votre intention est donc de leur rendre la liberté?

— Cela dépendra de la rançon qu'ils consentiront à me payer; et celle que j'exigerai, sera, je te l'affirme, la plus forte possible; car j'entends faire sentir à leur sotte ville ce qu'il doit lui en coûter d'avoir des priviléges qui me lèsent dans tous mes anciens droits; et je prétends mettre aussi Louis-le-Gros, mon plus mortel ennemi, dans la nécessité de se convaincre que ce n'est pas impunément qu'on me jette ainsi de tous côtés des ennemis sur les bras!

— Certes, messire, repartit Lengly-le-Roux du ton d'un souple courtisan, votre nouvelle ligne de conduite ne peut être ni trop admirée, ni trop louée : elle est digne de l'âme d'un puissant seigneur que les plus grands dangers, même ceux venant du trône, ne sauraient intimider, et je conçois fort bien à présent que vous n'ayez aucun souci des aveux qui pourraient être obtenus de votre pauvre serviteur emmené prisonnier à Laon; mais il en est tout autrement pour moi : s'il parle, il n'a besoin que d'un mot pour m'exposer au ressentiment de tous mes concitoyens et mettre ma vie en péril! La prudence m'a donc conseillé de ne point attendre ses révélations : j'ai pris la fuite, et je viens, messire, demander un refuge à votre générosité.

— Eh bien! Lengly-le-Roux, répondit le châtelain qui avait accueilli avec un sourire d'orgueil flatté les louanges hyperboliques de son espion, demeure l'esprit en paix ici, où je saurai te défendre envers et contre tous. Je te prends dès ce moment à mon service; et je te promets de saisir la première occasion qui s'offrira de récompenser ton zèle et ton attachement à ma personne, comme ils le méritent.

— Cette occasion, répliqua le traître d'un ton chaleureux, se présente dès aujourd'hui même à votre seigneurie.

— Explique-toi : je suis prêt à tenir ma promesse.

— Vraiment, beau sire? et même dans le cas où la grâce que j'aurais à vous demander, concernerait une jeune fille qui s'est justement attiré votre ressentiment en ne craignant pas de s'affranchir des liens de votre dépendance, et de se mettre sous la protection de la commune de Laon?

— Quoi! veux-tu parler de Géraldine Arnould?

— D'elle même, messire... La voir et l'aimer à en perdre la raison fut pour mon cœur l'affaire d'un instant : c'est donc sa main que je vous supplie de vouloir bien m'accorder.

— J'avais déjà fiancé cette jeune serve à l'un de mes plus fidèles serviteurs.

— Qu'entends-je? s'écria Lengly-le-Roux en pâlissant.

— Mais rassure-toi : ta bonne fortune te comble aujourd'hui de ses faveurs; ce serviteur dévoué est un des hommes tombés sous les coups de ton voyageur inconnu et du centenier Gilbert.

Lengly-le-Roux respira, et mit la main sur son cœur, pour en comprimer l'ardente et enivrante sensation.

— C'est ce mariage que je voulais lui faire contracter, reprit Thomas de Marle, et qu'elle avait en horreur, qui a déterminé la fuite de cette serve fière et rebelle... dès qu'elle sera replacée sous mon pouvoir, elle sera ta femme.

— O généreux et gentil sire, vos bontés sont inépuisables à mon égard!

— Je ne ferai en cela que te donner ce qui t'est dû, puisque, sans toi, je n'aurais su où retrouver Géraldine Arnould.

— J'ai malheureusement à vous prévenir, reprit Lengly-le-Roux, qu'il faut vous attendre à une vive résistance de sa part; je ne crois pas lui avoir jusqu'à présent inspiré quelque chose qui ressemble précisément à de l'amour.

— Nous la forcerons bien de t'épouser, et même de t'aimer.

— Il est vrai que rien n'est impossible à Votre Seigneurie, dit le dizainier en se courbant jusqu'à terre.

— Mais, ajouta vivement le sire de Coucy, sais-tu l'effet produit par la lettre que j'ai envoyée au mayeur de Laon, au sujet de cette petite révoltée?

— Non, Messire...., mais il ne peut entrer dans mon esprit que le mayeur, les jurés et les échevins, perdent assez la raison pour oser se permettre d'avoir, en cette circonstance, une autre volonté que la vôtre.

— Enfin, qu'ils l'osent ou non, sois tranquille : Géraldine, je te le répète, sera ta femme ; car si on ne l'a pas remise en mes mains aujourd'hui même, je l'aurai reprise de vive force avant que quarante-huit heures se soient écoulées.

— Que voulez-vous dire, puissant seigneur ?

— Je veux dire que demain même, je livrerai l'assaut à ta ville exécrée, et que, dans deux jours, il n'y aura plus d'elle qu'un monceau de ruines, et, de sa stupide commune, que le souvenir ridicule qu'elle aura laissé dans toutes les mémoires !

— Ah ! messire, de quelle douce et indéfinissable impression vous remplissez en ce moment mon cœur ! repartit l'espion au comble du ravissement. Je ne puis m'empêcher de vous l'avouer : l'un des plus beaux, des plus joyeux jours de ma vie sera certainement celui où l'on mettra tout à feu et à sang dans cette ville pleine de sots, d'égoïstes et d'intrigants, qui, par ambition ou jalousie, m'ont toujours laissé au dernier rang, quand je méritais de briller au premier, tout aussi bien, ce me semble, que le centenier Gilbert et le mayeur Fortin-l'Œil-d'Aigle.

— Ton raisonnement est juste, Leng'y-le-Roux ; aussi, as-tu fait preuve de bon sens et de résolution en te jetant dans mon parti : là du moins on saura reconnaitre tes qualités ; car, je te le jure, je veux, en toutes choses, être pour toi un bon et généreux maître.

Le perfide dizainier sortit de cet entretien, le cerveau plein des plus délicieux rêves sur l'existence qu'il allait mener au château de Coucy, se voyant déjà le mari heureux, quoique détesté, de la fière Géraldine, et s'extasiant d'avance à l'idée du réjouissant et magnifique spectacle que devait lui offrir sa ville natale, sa ville ingrate, réduite en cendres.

Une heure environ plus tard, Géraldine Arnould et la mère Thierri, sa nourrice, arrivaient sous les murs du château, dans lequel elles furent promptement introduites. Alors, les deux hommes qui avaient été chargés par le mayeur de les accompagner, tournèrent bride à la hâte, et se rejetèrent, au galop de leurs mules, sur le chemin de Laon, entraînés par la crainte fort légitime qu'il ne prît fantaisie au seigneur du lieu de les arrêter au passage, pour exercer envers eux le genre d'hospitalité peu désirable dont les cinq marchands, leurs concitoyens, étaient en ce moment même précisément l'objet.

Géraldine n'avait point cet air abattu qu'on pouvait, dans sa triste position, s'attendre à trouver sur son visage. Elle avait fini, durant le voyage, par fortifier son âme contre son malheur, en élevant constamment ses pensées vers celui de qui découle la source de toutes les destinées humaines. Elle entra dans la sombre forteresse, d'un pas ferme, le front haut, ayant le regard, le maintien, le geste, empreints de cette résignation, digne, courageuse, et en quelque sorte héroïque, qu'une conscience pure et forte oppose toujours aux cruautés inexplicables des hommes, en ne comptant plus que sur l'appui de la justice divine.

Conduite avec sa nourrice auprès de Thomas de Marle, elle ne perdit rien de l'expression calme et presque imposante de sa physionomie : elle regarda le terrible châtelain sans frémir ; quant à lui, il ne fut pas maître de sa joie triomphante.

— Enfin, s'écria-t-il au milieu d'un ricanement ironique, cette fière, cette superbe commune de Laon a donc tremblé devant mes menaces ! elle a compris qu'il lui fallait respecter ma volonté, et me rendre mon bien : elle s'est empressée de te remettre entre les mains de ton Seigneur.

Étonné de voir que la jeune fille l'écoutait sans témoigner la moindre émotion :

— Mais quoi ! ajouta-t-il brusquement avec l'élan d'un violent dépit, tu es bien calme !... et je crois vraiment, petite effrontée, que tu oses braver ma colère !... A te voir si tranquille, je suis presque tenté de m'imaginer que tu m'apportes quelque message foudroyant du respectable mayeur, Fortin-l'œil-d'aigle : viens-tu donc m'apprendre, par hasard, que l'invincible milice de Laon est en marche vers ma Ferté, et doit, cette nuit, l'emporter d'assaut?

— Le mayeur ne m'a chargée d'aucun message, répondit nettement Géraldine du ton qu'elle aurait pu prendre envers son égal..., mais, ajouta-t-elle, j'ai une lettre qu'un brave homme m'a donnée pour vous. La voici.

Et elle présenta la lettre que Turvald, le heaumier, avait écrite.

— Un brave homme, dis-tu? répliqua fort dédaigneusement le seigneur de Coucy; serait-ce un des échevins de cette redoutable commune?

— Non.

— Quel est-il donc?

— Je l'ignore.

— Alors, garde sa missive, petite sotte! je n'ai point coutume de prendre connaissance de ce que le premier venu peut avoir la hardiesse ou l'insolence de m'écrire.

— Il m'a bien assuré, cependant, que vous ne resteriez pas indifférent au contenu de sa lettre.

L'impassibilité de Géraldine et la témérité de cet inconnu qui avait osé prendre la liberté d'adresser quelques lignes à Thomas de Marle, intriguèrent l'orgueilleux seigneur et piquèrent la curiosité.

— Allons! donne vite! dit il en arrachant brutalement la lettre des mains de la charmante enfant.

Et il déroula le parchemin.

A peine en eut-il aperçu l'écriture, que son visage prit une expression de stupéfaction extraordinaire; ses yeux cherchèrent vite la signature, puis, étincelants de fureur, ils retombèrent sur la jeune fille.

— Tu me trompes! s'écria-t-il, tu sais quel est l'homme qui t'a remis ceci!

— Je ne le sais pas, répondit avec fermeté Géraldine fort étonnée de cet étrange effet produit par la simple vue de l'écriture du heaumier.

Alors, Thomas de Marle reporta les yeux sur la missive. A mesure qu'il en parcourait le contenu, ses gestes, le frémissement des muscles de son visage, un sourd grondement qui sortait par instant de sa poitrine, témoignaient des ardentes impressions dont son âme était agitée. Quand sa lecture fut achevée, l'orage qu'il gardait en lui éclata dans toute sa force.

— Enfer! s'écria-t-il, on ose me tenir ce langage menaçant!... et je ne m'en vengerai pas? Oh! c'est ce qu'on ne tardera pas à savoir!

Puis, comme il voyait l'étonnement de Géraldine redoubler :

— Tiens, écoute! dit-il en couvrant ces mots d'un nouveau ricanement assez semblable au cri d'une bête fauve... je veux que tu connaisses la tempête que tu viens de déchainer contre ton maitre et seigneur!

— Moi? répondit la jeune fille en cherchant à comprendre la signification de ces paroles.

— Ecoute, te dis-je! reprit Thomas de Marle d'une voix tonnante.

Et il lut tout haut, sur le parchemin, les lignes suivantes :

« Sire de Coucy,

» La commune de Laon ne songe nullement à vous contester le droit de rappeler Géraldine Arnould sous votre dépendance : elle fait donc reconduire cette jeune fille sur les terres de vos domaines.

» Mais, à mon tour, j'use de mon droit de suzerain envers mon vassal, comme vous avez usé de votre droit de seigneur envers votre jeune serve : du moment où vous aurez déroulé ce parchemin, Géraldine Arnould sera affranchie de toute espèce de servitude; je vous enjoins donc de la considérer comme étant désormais et à tout jamais de condition libre. En conséquence, vous la renverrez immédiatement à Laon, et elle devra être accompagnée des cinq commerçants de cette ville que, par un acte de brigandage, digne du dernier supplice, vous avez attaqués aujourd'hui sur le grand chemin et faits prisonniers, pour les mettre à rançon et capturer leurs chariots et leurs marchandises. Il est bien entendu que vous êtes tenu de leur laisser reprendre leur route avec tout ce qui leur appartient.

« Faute par vous d'obtempérer sur l'heure aux présentes sommations, vous serez poursuivi à outrance, assiégé par les armées royales, traité comme coupable de félonie, de rebellion et de haute trahison; et votre château de Coucy sera brûlé, puis rasé jusqu'en ses fondements, comme l'ont été déjà vos fertés de Crécy et de Nogent. »

— Eh bien! reprit alors le farouche châtelain, avec l'écume de la rage sur les lèvres, que penses-tu de cette lettre?

— Mon Dieu! qui a donc pu vous l'écrire? dit Géraldine stupéfiée.

— Quoi! ne le sais-tu pas? Ne t'ai-je point lu la signature?

— Non, répondit tout court Géraldine, qui semblait affecter de ne donner aucun signe honorifique au sire de Coucy.

— Alors, vois, toi-même! répliqua le châtelain.

Et, froissant le parchemin dans son effroyable colère, il mit la signature sous les yeux de la jeune serve.

— Louis VI! lut-elle tout effarée.

— Ah! tu sais lire? reprit Thomas de Marle... Il paraît que les communautés religieuses, situées sur mes domaines, commencent à répandre les lumières de l'esprit parmi mes serfs: c'est encore là un abus pernicieux, digne fruit des idées de celui qui gouverne la France! J'y porterai remède.

Mais Géraldine n'entendait absolument rien de ce que disait son seigneur; tout entière à sa surprise, elle murmurait, comme se parlant à elle-même :

— Louis VI!... le roi!... oh!... c'est impossible!

— Impossible?... et pourquoi?

— Parce que celui de qui je tiens cet écrit, est un bon et gros homme ayant la tournure et portant les habits d'un simple bourgeois.

— Et c'est précisément à de tels signes que tu aurais dû reconnaître Louis-le-Batailleur. Ignores-tu qu'une des habitudes les plus envieillies de ce prince trop vigilant, est de se glisser de temps en temps sous un déguisement parmi son peuple, pour voir ce qui se passe, et entendre ce qu'on dit de lui?

— Mais je vous affirme moi, que c'est un modeste artisan qui exerce l'état de heaumier; et ce qui le prouve, c'est qu'il a été rencontré, ce matin, portant tout seul quelques articles de son commerce à Laon, par le centenier Gilbert, à qui il a sauvé la vie en lui prêtant, contre vos gens, l'aide de son bras vigoureux.

— Qu'entends-je? s'écria le châtelain exaspéré, serait-ce donc là le voyageur dont on m'a parlé, et qui a tué de sa main cinq de mes hommes?

— Oui, cinq! je me rappelle avoir entendu raconter ce détail, dit résolûment Géraldine à qui la fureur croissante de son seigneur semblait causer un extrême plaisir.

— C'est lui! c'est le roi de France qui a défait l'élite de ma troupe envoyée contre ces ridicules et sots marchands de Laon! Lui, l'être que j'exècre le plus en ce monde! lui qui médite chaque jour de consommer ma ruine par tous les moyens possibles! reprit Thomas de Marle en frappant du pied dans un accès de rage frénétique... Et dans quel but vient-il dans ces provinces? Il ne peut y être amené que par quelque nouvelle entreprise contre mes seigneuries et ma personne! mais croit-il donc me faire trembler, comme il a fait trembler jusqu'ici tant de vassaux faibles et pusillanimes qui n'ont pas eu honte de se courber sous son joug? Non! non, qu'il ne l'espère pas; il doit me connaître! Il doit savoir qu'il trouvera toujours, entre lui et moi, sur sa route, ma haine et mon épée!

Puis, se tournant vers Géraldine :

— Tiens! continua-t-il, veux-tu être juge du respect et de la terreur que m'inspirent sa lettre et tout ce qu'elle renferme?

Et, dans le délire de sa fureur, il mit en pièces le parchemin, dont il foula les morceaux sous ses pieds.

— Ah! poursuivit-il, il me menace d'assiéger, de raser mon château de Coucy! Eh bien! c'est moi qui irai l'assiéger, la nuit prochaine, dans Laon; et je jure de ne déposer les armes, qu'à l'heure où cette turbulente ville qu'il protége, ne sera plus que cendre et poussière, qu'à l'heure où tous ses habitants seront passés au fil de l'épée, et où j'aurai fait prisonnier ce monarque si valeureux et si redouté! Alors, nous réglerons nos comptes, lui et moi! et il apprendra quel abîme peut être creusé dans la destinée de mes ennemis, par le poids de mon ressentiment et de ma vengeance!

La violence des impressions du sire de

Coucy était telle qu'il fut obligé de suspendre l'expression de sa colère, pour reprendre haleine : sa voix ne sortait plus de son gosier desséché.

Après une courte pause, il ajouta :

— Quant à toi, ma serve rebelle, tu porteras la peine des nouveaux embarras que tu me causes.

— Moi? dit Géraldine, de quoi suis-je donc coupable?

— N'est-ce point pour toi que le roi m'a écrit cette lettre menaçante? or, je ne t'affranchirai point... mais, demain, tu seras unie à l'époux que je te destine.

Géraldine tressaillit.

— Rassure-toi pourtant, reprit Thomas de Marle ; celui de mes serviteurs à qui je t'avais promise, a cessé de vivre ; il est une des victimes du combat de ce matin ; mais je t'ai trouvé un autre mari, qui, du reste, ne t'est pas inconnu : c'est Lengly-le-Roux.

— Horreur! s'écria Géraldine avec la pâleur de la consternation sur le visage.

Puis, soudain, levant une main vers le ciel :

— Dieu seul, reprit-elle, dispose de nos cœurs selon ses vues cachées ; si vous agissez contrairement à sa justice en me forçant de contracter une alliance qu'elle réprouve, c'est de sa main toute-puissante que j'attendrai ma vengeance!

— Mais, décidément, repartit le châtelain en mêlant un mouvement de surprise aux gestes véhéments de son courroux, tu te permets d'avoir des idées et de raisonner sur toutes choses! à te voir et à t'entendre, ne dirait-on pas que je suis en face d'une princesse qui cherche à m'intimider par ses grands airs et la hardiesse de son langage? mais tout cela ne changera rien à ma résolution : demain, au point du jour, le châtelain de Coucy bénira ton mariage avec Lengly-le-Roux.

— Quoi! répliqua la jeune fille indignée, ne frémissez-vous pas à l'idée des dangers que vous attirez sur votre tête par un tel acte de désobéissance aux ordres du roi, votre maître?

Thomas de Marle répondit à cette innocente et judicieuse observation par un immense éclat de rire, qui siffla, comme le mugissement d'un ouragan, entre ses dents serrés par la rage.

— Serve querelleuse et entêtée! s'écria-t-il, ne comprends-tu donc pas le sens de ma conduite? Ne vois-tu point que, loin d'être effrayé des menaces de celui que tu appelles le roi mon maître, je suis au contraire enchanté de saisir cette occasion de lui prouver jusqu'à quel point il a le droit et le pouvoir de mettre obstacle à mes volontés et à mes desseins?... Mais, ne souffle plus mot; je ne t'ai que trop entendue! Va te joindre aux femmes du château, avec lesquelles tu es maintenant destinée à vivre; car apprends que ton mari a dit un éternel adieu à la ville de Laon : il demeure attaché à ma personne, et ne sortira plus de mes domaines.

Géraldine se retira, l'oreille assourdie par la voix tonnante du cruel châtelain, et l'œil fatigué de se porter sur son visage rendu hideux par l'expression de sa férocité.

A peine avait-elle franchi le seuil de la salle où elle le laissait seul, qu'elle sentit une main se poser doucement sur son bras, et que ces paroles, prononcées avec une tendre émotion, lui furent adressées :

— Pauvre enfant! j'ai tout entendu : votre affreuse position me brise le cœur! Sur vos traits charmants se reflètent les candides et purs sentiments d'une belle âme : une force irrésistible, qui est une inspiration divine sans doute, m'entraîne vers vous ; venez! suivez-moi! je tâcherai d'adoucir vos maux!

A cette voix, Géraldine se retourna toute surprise, el se trouva en face d'une jeune femme aux blonds cheveux, aux yeux bleus et compatissants, au sourire doux et caressant, et dont la subite apparition lui fit l'effet d'une vision céleste, dans ce sombre château où ses sens n'avaient été jusqu'alors saisis que d'épouvante et d'horreur.

Cette angélique créature était la châtelaine même de Coucy, la femme de Thomas de Marle.

Comme elle voyait Géraldine la contempler en silence d'un air stupéfait :

— Mes traits vous sont inconnus, n'est-ce pas? reprit-elle, mais peut-être avez-vous entendu parler de moi : je m'appelle Milesende.

— O noble et belle dame, répondit la jeune fille, pardonnez-moi mon étonnement et mon trouble! je ne savais, en vous apercevant, si je rêvais ou si j'étais éveillée; mais votre nom me rend à la réalité; chacun ne le prononce qu'avec respect et vénération; vos louanges sont sur toutes les lèvres, vos chagrins font gémir tous les cœurs.

— Il est vrai, charmante enfant, je souffre bien, moi aussi! mais j'oublie vite mes souffrances à la vue de celles des autres. Ah! que je voudrais venir efficacement à votre secours! Malheureusement je suis ici sans pouvoir, et peut-être aussi esclave que vous-même. Toutefois, je vous garderai près de moi, si mon époux et seigneur me le permet. Dans nos entretiens secrets, nous mêlerons nos chagrins et nos pleurs : deux cœurs qui se rapprochent et s'entendent, savent encore, même dans la plus profonde affliction, trouver quelques heures consolantes et chères; c'est un bonheur caché et discret, que Dieu, dans sa miséricorde, a voulu laisser en ce monde aux infortunés, et que les méchants ne peuvent leur enlever... venez! venez!

Et Milesende entraîna la jeune serve pour lui donner un refuge dans son appartement.

IV

LE DÉFI

Vers neuf heures du soir, une vaste salle du château de Coucy offrait un spectacle animé et pittoresque des mœurs du temps, spectacle qui se retrouvait alors invariablement dans tous les manoirs seigneuriaux. Devant une immense cheminée, dont l'âtre avait au moins quinze pieds de largeur, se tenaient vingt hommes environ, assis en demi-cercle et goûtant les douceurs du repos à la clarté d'un feu alimenté par des troncs d'arbres tout entiers.

Le milieu de ce demi-cercle était occupé par le cruel Thomas de Marle, placé entre son aumônier et un pèlerin qui, arrivé depuis un instant, avait encore son bourdon à la main. Le reste des personnages se composait de quelques chevaliers au service du châtelain, de plusieurs pages, de fauconniers et de veneurs. Une seule voix s'élevait en ce moment : c'était celle du pèlerin, qui, religieusement écouté, faisait le récit de ses longs et pénibles voyages; car il revenait de la Palestine, et quiconque, à cette époque, avait pu, même de loin, jeter les yeux sur les murailles de Jérusalem était l'objet d'une curiosité si vive et d'une vénération si profonde, que l'avide empressement avec lequel on recueillait chacune de ses paroles ne laissait plus place dans les âmes aux autres intérêts de la vie.

Derrière le pieux conteur et ses auditeurs silencieux, plusieurs servantes faisaient, avec le moins de bruit possible, les apprêts du souper sur une longue table à laquelle pouvaient aisément s'asseoir soixante convives. Milesende elle-même, la compatissante châtelaine aux yeux bleus, au doux sourire, s'occupait activement de ces apprêts; car il est à remarquer qu'une maîtresse de maison alors, par un contraste frappant avec la poétique mais fausse idée qu'on se fait généralement des mœurs de ces siècles chevaleresques, donnait la plus large part de son existence aux soins du ménage : les gâteaux, les confitures, les friandises de toute espèce étaient l'ouvrage de ses mains, et elle ne dédaignait nullement de se mêler à ses gens pour les aider dans quelques-uns de leurs travaux.

La salle où se passait, tant autour de la table qu'au coin du feu, la scène de mœurs que nous décrivons était la principale du logis : elle servait non-seulement aux repas, mais encore aux réunions du jour, aux causeries du soir et à la réception des hôtes passagers que les hasards et les fatigues du voyage amenaient pour une nuit dans le château. Son ameublement ne présentait aucun luxe, chose alors inconnue : il se composait uniquement de bahuts et d'escabelles en bois de chêne grossièrement sculpté.

Un seul objet attirait particulièrement

l'attention : c'était une bannière bleue, au bâton doré, suspendue toute déployée dans l'endroit le plus apparent de la salle, de manière à frapper les regards de ceux qui entraient.

Cette bannière constituait un signe glorieux indiquant que le sire de Coucy avait porté les armes contre les infidèles : en effet, sous Philippe Ier, en 1096, il avait fait partie de la première expédition en Terre-Sainte. Mais le besoin de tyranniser ses vassaux, l'avait presque aussitôt ramené dans ses foyers. Tous les chevaliers, en arrivant de la Palestine, tenaient à honneur de mettre ainsi en évidence, dans leurs châteaux, la bannière sous laquelle ils avaient marché au combat. Ils ne tardèrent pas à prendre l'habitude de faire représenter, sur cette bannière, les actions d'éclat par lesquelles s'était illustrée leur bravoure : les dames, les damoiselles du manoir, brodèrent à l'envi, sur la précieuse étoffe, soit un créneau, une arche, une cuirasse, un heaume, soit un reptile, un dragon, une bête féroce, qui retraçaient à la mémoire, d'une manière abrégée, une tour, un pont vaillamment défendus, une armure enlevée à l'ennemi, un animal sauvage et redoutable, tué dans quelque forêt par la main du chevalier. L'écu de ce chevalier se couvrit aussi des mêmes emblêmes. Telle est l'origine des armoiries et des devises héraldiques, dues, comme on le voit, à la guerre des Croisades. D'un autre côté, cette guerre, il ne faut pas se le dissimuler, eut sur les mœurs des conséquences heureuses, qui en changèrent par la suite le caractère en les conduisant insensiblement à des sentiments plus doux, plus tendres, plus généreux, en les colorant d'nne poésie animée et pittoresque dont elles s'étaient montrées jusqu'alors entièrement dépourvues : l'intérêt attaché au récit de hauts faits parfois presque fabuleux, accomplis en des pays lointains, les adieux que se faisaient dans les larmes le chevalier et sa dame, au moment de se séparer pour toujours peut-être, donnèrent naissance aux trouvères qui allaient de château en chateau chanter en strophes cadencées, œuvre de leur imagination, ces évènements héroïques ou intimes, et aux ménestrels qui, s'inspirant des mêmes objets, accompagnaient leur mélopée du son des instruments. De ce moment, en effet, se répandent de toutes parts, aux regards de l'observateur, cet esprit de galanterie, cet amour passionné des aventures, cette humeur ardente, fière et chevaleresque, qui ont si puissamment remué, travaillé, pénétré de leur souffle, tantôt bienfaisant, tantôt funeste, toutes les générations du moyen-âge.

La voix du pélerin, comme nous l'avons dit, s'élevait seule dans la spaciense salle du château de Coucy : tout à coup, le narrateur, aux lèvres duquel toutes les âmes semblaient être suspendues, cessa de parler, et parut prêter l'oreille à un bruit indécis et lointain. Ses auditeurs, puis Milesende et les servantes, se mirent à écouter comme lui : le pétillement seul du feu dans l'âtre troublait par intervalles le silence profond dans lequel chacun, immobile, la tête penchée, attendait que ce vague bruit se fît entendre de nouveau. Il ne tarda pas, en effet, à se produire une seconde fois, mais plus distinct, plus saisissable, et l'on reconnut le son d'un cor perçant, de sa note prolongée et mélancolique, la solitude des bois dont était environnée la féodale demeure.

— Sans doute, dit Thomas de Marle, l'écuyer d'un chevalier arrêté à la porte du château, sonne de ce cor pour annoncer la venue de son maître aux sentinelles chargées de la garde du pont-levis... dans un instant, je vais donc avoir près de moi de nouveaux hôtes.

En achevant ces paroles, le sire de Coucy, tourna machinalement les yeux vers la table.

— Quoi ! ajouta-t-il avec une brusque rudesse, cette serve rebelle et entêtée n'est pas ici ! Qu'on se hâte de l'aller chercher ! je veux qu'elle commence, dès ce soir, à apprendre son service parmi mes gens.

— Messire, répondit timidement Milesende, vous ignorez, je le vois, que Géraldine est souffrante ; ses tristes impressions l'ont fort accablée ; j'ai laissé la pauvre enfant se reposer un peu dans ma chambre.

— La pauvre eufant, dites-vous ! repartit Thomas de Marle, dont la brutale impétuosité ne fit que croître ; oublieriez-vous donc vos devoirs de châtelaine jusqu'à protéger contre ma juste colère cette petite effrontée ; jusqu'à lui donner, dans votre appartement, une position privilégiée, pour l'entourer de consolations et de caresses ? Non ! non ! cela ne sera pas; j'entends, j'exige que Géraldine Arnould soit amenée ici sans retard !

Milesende ne répliqua pas, et sortit, pour obéir à l'ordre de son terrible époux.

Cinq minutes après, un chevalier, armé de toutes pièces, et conduit par un des varlets du sire de Coucy, entra dans la salle : c'était celui dont le son d'un cor venait d'annoncer l'arrivée.

Agé de vingt-cinq ans environ, cet étranger ne pouvait manquer d'appeler vivement l'attention sur lui : son regard était à la fois assuré, calme et fier ; ses traits, remarquables par la pureté des détails, portaient dans leur ensemble l'expression saisissante de la franchise et de la loyauté ; ses cheveux blonds tempéraient, de leur teinte douce et de leurs flots soyeux, la mâle vigueur de sa physionomie ; son corps, qui s'élevait un peu au-dessus de la moyenne taille, empruntait une distinction pleine de charme à ses mouvements souples et dégagés. On devinait aisément en lui l'intrépidité unie à une conscience sans remords, la force des muscles jointe à l'énergie de l'âme. Son armure, qui était d'acier mat, ne frappait les yeux que par sa modeste simplicité; elle n'offrait que deux ornements : la cuirasse était traversée d'une croix, indiquant par là qu'elle couvrait la poitrine, d'un guerrier de la croisade ; et le casque était surmonté d'un cimier représentant une bête monstrueuse, qui, la gueule, béante et rendant le dernier soupir, donnait à entendre que ce guerrier avait été, dans ses voyages, aux prises avec un animal d'espèce inconnue, qu'il avait mis à mort. La même devise se taisait remarqueer sur l'écu pendant au bras gauche du chevalier, qui, de sa main droite, tenait sa lance.

A son apparition, tous ceux qui étaient assis devant la cheminée, se levèrent dans un commun transport d'enthousiasme et de curiosité.

— Un croisé ! s'écria vivement Thomas de Marle,

Et il s'inclina devant le jeune homme, qui lui rendit respectueusement son salut.

— Sire chevalier, reprit-il, que votre venue soit un présage de bonheur pour ma maison ! C'est toujours un moment béni du ciel que celui qui nous donne pour hôte un héros de la guerre sainte ; puissiez-vous, durant de longues nuits, dormir en paix sous mon toit !

— Sire châtelain, répondit le chevalier je ne viens demander qu'une nuit de repos à votre hospitalité. Je suis tellement pressé d'atteindre le but pour lequel je fais route, que je n'aurais point suspendu ma marche, même un instant, si, m'étant égaré, je n'eusse été amené par le hasard sous vos murailles : alors, au lieu de continuer à errer aveuglément dans un pays dont les chemins me sont inconnus, j'ai cru sage de chercher ici asile pour attendre le jour, et j'ai sonné du cor pour me faire entendre des sentinelles qui veillent à la porte de votre puissante ferté.

— J'avais d'abord pensé, beau sire, que c'était un écuyer qui m'annonçait ainsi l'arrivée de son seigneur et maître ; mais cette lance et cet écu, que vous portez vous même, m'apprennent qu'aucun de vos serviteurs n'accompagne vos pas.

— Mon écuyer est tombé malade, ce matin, et j'ai dû le laisser derrière moi dans une hôtellerie.

— Eh bien ! gentil chevalier, daignez maintenant prendre votre place à mon foyer ; car j'ai hâte, je l'avoue, de vous entendre raconter les événements accomplis par votre valeur et celle de vos frères d'armes en Terre Sainte... Déjà, depuis une heure, nos oreilles étaient, charmées par les récits de ce pieux pélerin, arrivé, comme vous, de la Palestine.

— Noble châtelain, répondit le jeune preux, je satisferai avec d'autant plus d'empressement à votre désir que je comprends tout l'intérêt qui doit s'attacher particulièrement pour vous à chacune de mes paroles : je vois que, vous aussi, vous avez tiré l'épée contre les infidèles.

Et, en parlant ainsi, le chevalier désigna la bannière appendue au mur de la salle.

— Oui, dit Thomas de Marle, non sans une remarquable expression de fierté, j'ai combattu, il y a trente-quatre ans, dans les rangs des premiers croisés.

— Pardonnez-moi donc, messire, reprit le jeune homme, pardonnez-moi l'impatience que j'éprouve de connaître le nom du vaillant chevalier dont ma bonne fortune m'a fait l'hôte : je suis sûr que ce nom va rappeler à ma mémoire un des plus illustres guerriers qui aient porté la terreur dans l'armée des Sarrasins.

— Beau sire, répondit le châtelain avec l'accent de l'orgueil flatté, celui qui a l'honneur de vous recevoir ce soir, dans une de ses fertés, est Thomas de Marle, seigneur de Coucy.

A ces mots, le jeune croisé, comme saisi d'horreur, recula de trois pas ; puis, faisant fortement retentir le bois de sa lance à ses pieds, il se mit à regarder Thomas de Marle avec non moins de mépris que de courroux.

Sous le coup de cette muette insulte, l'irritable châtelain frémit comme un lion qu'un trait inattendu viendrait frapper dans son antre : ses yeux s'injectèrent de sang, et allèrent chercher, dans ceux du téméraire chevalier, la cause d'une telle provocation.

Tous les témoins de cette scène incompréhensible étaient dans la consternation, et attendaient en tremblant l'explication qu'elle devait nécessairement amener entre le sire de Coucy et le jeune croisé ; mais, avant qu'un mot eût été prononcé par ces derniers, une porte s'ouvrit, et Milesende se présenta dans la salle avec Géraldine.

A la vue de la jeune fille, le chevalier inconnu jeta un cri d'indéfinissable surprise.

— Géraldine ? dit-il en la regardant fixement, l'âme haletante et craintive, comme s'il eût cru être en face d'une vision qu'un souffle allait dissiper.

A cette voix, Géraldine, qui marchait les yeux baissés, les leva.

— Roger ! s'écria-t-elle.

Et, transportée d'une joie délirante, elle courut se jeter dans les bras du chevalier.

— O mon Dieu, merci ! ajouta-t-elle avec une angélique douceur entrecoupée par ses larmes, votre Providence ne m'a pas abandonnée : Elle m'a envoyé un défenseur ! Que dis-je ? Un sauveur ! Car le bras de Roger est invincible !

— Un sauveur ? répéta Roger en portant ses yeux de la jeune fille au châtelain, un sauveur ? De quel danger, Géraldine, es-tu donc menacée ?... Mais où ai-je l'esprit ? Notre rencontre si imprévue aurait-elle troublé ma raison ? tu es dans le manoir du sire de Coucy, et je te demande pour quelles raisons tu fais appel à mon dévouement ? La perfidie, la trahison, la cruauté, la lâcheté même, sont ici les pièges que tu as dû trouver sous chacun de tes pas ! Mais rassure ton cœur : de ce moment où le ciel nous réunit, tu peux te considérer comme délivrée, si ta liberté est en péril ; comme vengée, si ta dignité et ton honneur ont souffert quelque injure !

Thomas de Marle écumait de rage. Les poings fermés, l'œil en feu, frappant du pied, il dit au chevalier :

— Qui es-tu donc, jeune audacieux qui ne crains pas de m'outrager ainsi dans ma demeure, et t'imagines être assez puissant ou assez redoutable, pour protéger une de mes serves contre mes légitimes droits et le châtiment qu'elle a mérité ?

— Quoi ? répliqua énergiquement Roger, tu oses appeler une de tes serves, Géraldine de Bohémard ?

— De Bohémard ! répéta le châtelain atterré.

— Ah ! ce nom jette le trouble et le désordre dans ton âme ! reprit le jeune homme... mais, avant de t'apprendre comment la fille de Bohémard se trouve sur tes domaines, je dois répondre à la question que tu m'as faite sur moi-même, et te dire qui je suis.

— Alors, presse tes paroles ; car il me tarde de savoir si l'insolent étranger qui a franchi, ce soir, le seuil de mon manoir, est par sa naissance et sa réputation, digne de ma colère !

— Prends patience, sire de Coucy, répliqua le fier chevalier avec un dédaigneux sourire ; peut-être regretteras-tu bientôt d'avoir témoigné tant d'impatience de m'entendre !

— Parle ! parle vite ! s'écria Thomas de Marle hors de lui ; quand l'insulte m'a frappé, ma vengeance ne sait pas attendre !

Roger, tenant toujours, avec une noble assurance, son regard arrêté sur le fougueux châtelain, reprit en ces termes, d'un ton froid et sévère :

— Sire de Coucy, as-tu gardé souvenir du comte d'Arvelles ?

— Puis-je l'avoir oublié ? Nous sommes partis ensemble pour la guerre sainte.

— Tu as raison, tu ne peux l'avoir oublié, répliqua Roger avec un sourire ironique ; car, dès ton premier combat en Palestine, tombé entre les mains des infidèles, tu n'as obtenu ta liberté qu'en trahissant ton compagnon d'armes, qu'en livrant aux ennemis des chrétiens le secret des opérations militaires du comte d'Arvelles, et en leur fournissant ainsi le moyen de dresser des embûches sur ses pas, d'accabler ses troupes, et de le faire prisonnier.

— Tu en as menti par la gorge ! s'écria le sire de Coucy, ivre de fureur... Aventurier sans titre et sans renommée, tu n'as pas connu le comte d'Arvelles !

— Je ne l'ai pas connu, dis-tu ?... Je suis son fils !

— Son fils ? répéta le châtelain stupéfait.

— Mon père, par l'effet de ta lâche trahison, poursuivit Roger, a langui sept ans dans la servitude et dans les fers : au bout de ce temps, une victoire des croisés le rendit à la tendresse de sa femme, qui l'avait suivi en Palestine. Deux ans après sa délivrance, je vins au monde dans la ville de Jérusalem, sous le gouvernement du valeureux Baudoin, frère et successeur de Godefrod de Bouillon. Quinze ans plus tard, le comte d'Arvelles mourut au milieu des camps, épuisé par les suites des cruels traitements que lui avaient fait subir les Sarrasins. Sa mort prématurée était donc ton ouvrage, sire de Coucy : aussi, en lui fermant les yeux, ai-je juré en mon âme de tirer vengeance de ta perfidie, si jamais ma destinée me conduisait en France !

— Insolent chevalier ! repartit Thomas de Marle avec un nouveau mouvement de défi.

— Ecoute encore, reprit le jeune homme sans s'émouvoir ; j'ai à peine commencé mon récit... Ma mère, consumée par le chagrin, ne tarda pas à suivre son époux dans la tombe. Je restai sans famille, sans soutien, et n'ayant pour tout héritage que l'épée de mon père ; car, à l'exemple de beaucoup d'autres croisés, le comte d'Arvelles, avant de quitter la France, s'était dépouillé de tous ses biens pour contribuer aux dépenses de la première guerre en Palestine. Or, cette glorieuse épée n'est pas restée un instant inactive dans mes mains ; je n'ai cessé de vivre comme j'étais né, au milieu des combats et des périls. La guerre devint ma passion : les jours de bataille étaient pour mon jeune âge des jours de fête. Mais l'ardeur avec laquelle je me plaisais en toute occasion à chercher le danger quand il semblait m'éviter faillit bientôt m'être fatale ; il y a cinq ans, dans un des plus sanglants combats que les chrétiens aient eu à soutenir contre les Musulmans, m'étant jeté à travers la mêlée sur un point où la victoire demeurait indécise, je fus subitement enveloppé par une troupe de trente Sarrasins ; je soutins seul, durant une demi-heure, le poids de cette lutte inégale, non sans avoir étendu dans la poussière plusieurs de mes adversaires mortellement frappés ; mais, épuisé, blessé, perdant mon sang, j'allais périr accablé par le nombre, lorsqu'une voix ferme et imposante, s'écria derrière moi : « Courage, jeune homme ! courage ! nous venons à ton secours ! »

Et aussitôt quelques chevaliers francs

fondirent sur les infidèles, et les mirent en fuite. Mais déjà je ne distinguais plus rien de la bataille, un nuage couvrait mes yeux, et je perdis connaissance. Le chevalier qui m'avait adressé la parole me reçut dans ses bras, me plaça sur l'arçon de sa selle, et m'emporta... Quand je recouvrai l'usage de mes sens, je me vis dans une tente : un chevalier, dont la tête était blanchie par l'âge, et dont le noble visage m'était inconnu, me tenait une main ; mon autre main se trouvait dans celles d'une jeune fille de douze à treize ans, douée d'une angélique beauté, et qui, de ses doux et chastes yeux, humides de larmes, semblait chercher avec anxiété dans les miens si la lumière de la vie s'y était éteinte... Ce fut sa bouche qui s'ouvrit la première pour me demander à quelle famille j'appartenais : je me nommai en ajoutant que j'étais orphelin. « Jeune » preux, me dit alors le vénérable vieil» lard, l'indomptable courage que tu as » déployé sur le champ de bataille a ga» gné mon cœur : tu n'es plus désormais » sans famille ; je serai ton père, et ma » fille sera ta sœur. » Or, Thomas de Marle, ce vieillard, auquel je devais la vie, était le sire de Bohémard, le père de Géraldine, de cette prétendue serve que je retrouve dans ton château, et qûe tu vois maintenant placée sous la protection de mon épée !

— Nous saurons bientôt ce que vaut cette protection, invincible chevalier ! interrompit le sire de Coucy avec son ricanement accoutumé... Mais achève ta merveilleuse histoire.

— Ma guérison fut longue, continua Roger, sans daigner relever les menaçantes et ironiqûes paroles du châtelain... Le sire de Bohémard profita des jours que je passai sous sa tente pour me raconter ses aventures. Voici le récit qu'il me fit ; sous le vain prétexte que ses domaines avaient autrefois relevé d'un de tes fiefs, tu as exigé de lui le serment de foi et d'hommage, qu'il ne te devait pas, et qu'il te refusa. Alors, tu courus l'attaquer dans son château, tu parvins à l'en chasser, et tu pris possession de toutes ses terres. Trop faible pour te résister par les armes, il voulut avoir recours à la justice du roi ; mais, dans l'une de tes nombreuses révoltes contre la couronne, tu trouvas moyen de perdre le sire de Bohémard dans l'esprit de ton souverain, en l'accusant d'avoir été le premier instigateur de ta rébellion, et d'avoir joint ses vassaux aux tiens pour la faire réussir. Le roi, irrité, envoya des troupes vers lui pour le faire arrêter : dans cette conjoncture, forcé à la fois de se soustraire à la colère du monarque et aux noirs desseins que tu méditais contre sa vie, afin de te débarrasser de celui qui pouvait un jour prouver la fausseté de tes accusations, le sire de Bohémard n'eut que le temps de s'échapper avec sa fille, et il alla chercher un refuge en Asie, parmi les croisés. Quant à toi, tu n'eus pas honte de garder ses biens, usurpés par la fraude et la trahison !

— Je me suis saisi de ses domaines, parce qu'il ne voulait point me reconnaître pour son suzerain, repartit Thomas de Marle : j'ai usé de mon droit.

— Aucun suzerain n'a ce droit : et, d'ailleurs, tu n'étais pas le sien... Mais je n'ai point à discuter avec toi ; je poursuis donc : il t'est facile de comprendre quelles furent pour mon cœur les conséquences des soins dont je fus l'objet de la part du sire de Bohémard et de sa fille ; comme le généreux vieillard me l'avait promis, il ne cessa d'avoir pour moi l'affection du meilleur des pères ; et l'on ne saurait comparer la tendresse de la sœur la plus douce et la plus dévouée à celle dont Géraldine me donna de jour en jour des preuves plus marquées. Mais d'autres sentiments que ceux d'un frère durent bientôt naître et s'enraciner pour elle dans mon âme. Ramené sans cesse auprès d'elle dans la tente de son père, au retour de chaque combat, destiné ainsi à voir, dans notre charmante intimité, sa beauté, déjà si pure, se développer avec les années, et prendre un éclat qui éblouissait tous les regards, je laissai l'admiration et la reconnaissance lui donner, dans mes pensées et dans mes rêves, la place qui, au milieu des événements auxquels nous devions de nous connaître, semblait lui avoir été préparée par le ciel même : je ne respirai plus que pour elle et pour son père, et, de son côté, Géraldine ne comprit plus la vie que par le besoin de partager son cœur entre son père et moi. Enfin, le sire de Bohémard, qui, dans notre bonheur mettait tout entier le sien, nous fiança quand sa fille eut atteint l'âge de dix-sept ans.

— Pauvre père ! dit Géraldine en soupirant.

— Nous étions dans cette situation, et notre mariage allait être célébré lorsque des revers inattendus furent essuyés par l'armée des Croisés. Une nouvelle nation musulmane, celle des Turcs, qui n'avait point encore paru sur le théâtre de la guerre, vint se joindre aux Sarrasins, et, alors, des troupes innombrables d'ennemis inondèrent les plaines de la Palestine. Les chrétiens, malgré l'élan de leur ardente bravoure, se trouvèrent dans l'impossibilité de soutenir avec succès le choc de ces immenses armées : des défaites sanglantes, des pertes irréparables de vaillants guerriers, les mirent dans le plus grand péril, sans toutefois rien affaiblir de leur courage intrépide. Enfin, les victoires des infidèles, augmentant de jour en jour, jetèrent dans les plus vives alarmes tous ceux qui, parmi les croisés, ayant avec eux leurs femmes et leurs filles, les voyaient à chaque instant menacées d'être enlevées et réduites en esclavage. Or, c'est à cet état de choses que Géraldine doit de se trouver en ce moment dans le château de Coucy.

— Comment cela? dit brusquement Thomas de Marle.

— Quoi ! reprit le jeune preux, ne comprends-tu pas que le sire de Bohémard, au milieu d'une telle situation, s'émut profondément pour le sort de sa fille? car il ne pouvait la laisser plus longtemps en Palestine sans l'exposer à des dangers qui devaient remplir d'épouvante le cœur d'un père. Il avait auprès de lui un brave et vieux serviteur : il le chargea de ramener Géraldine en France, et de la conduire secrètement chez Madeleine Thierri, femme discrète et dévouée, qui avait été sa nourrice. Au bout de quelques mois, le fidèle serviteur était de retour dans le camp de son maître, à qui il venait rendre compte de l'heureux succès de son voyage... de ce moment, le sire de Bohémard, qui croyait Géraldine en sûreté, et dont l'âme pure et l'esprit élevé ne pouvaient supporter le révoltant spectacle des désordres de tous genres qui anéantissaient l'armée des croisés, n'eut plus qu'un projet en vue ; ce fut de rentrer en France avec moi, et de couronner sa vieillesse par le bonheur trop longtemps différé de me voir uni à sa fille. Mais pour cela, Thomas de Marle, il lui fallait ouvrir les yeux au roi sur son innocence et sur ta perfidie, et obtenir, par un ordre de Louis le Gros, la restitution de ses biens usurpés. Déjà, il avait, dans ce but, écrit à deux ou trois amis qui lui restaient à la cour, pour les engager à user en sa faveur de leur influence auprès du monarque, lorsqu'il fut subitement fait prisonnier par les Sarrasins.

— O ciel ! mon père au pouvoir des infidèles ! s'écria Géraldine en pâlissant.

Et, se voilant de ses mains le visage, elle laissa sa douleur éclater en sanglots.

— Tranquillise-toi, chère âme de ma vie ! lui dit Roger en la pressant tout éplorée sur son cœur, si tu me vois dans la patrie de mes pères, dans cette France bien-aimée dont je foule le sol pour la première fois, c'est que je viens demander à la générosité des amis du sire de Bohémard la rançon nécessaire à sa délivrance : les Croisés sont actuellement si pauvres, et cette rançon exigée par les infidèles, se monte à une somme si forte, que je ne puis me la procurer qu'en France, auprès de ceux qu'attendrira l'infortune du vénérable prisonnier. Heureusement, les nobles cœurs n'y sont pas rares, et j'aurai bientôt dans les mains ce que je viens chercher... Rassure-toi donc, je te le répète, Géraldine ! et, maintenant que tu connais les événements qui nous ont réunis de nouveau, apprends-moi le péril dont on te menace en ces lieux.

— Le seigneur de Coucy, qui me regarde comme sa serve, répondit Géraldine, veut me forcer à épouser l'un de ses plus vils serviteurs !... Ai-je besoin, Roger, de te donner d'autres détails ?

— Non ! celui-là me suffit, repartit Roger d'un ton bref et résolu.

Puis, relevant son front fier et audacieux, et regardant le châtelain en face, il lui dit :

— Thomas de Marle, tu sais à présent de quelle illustre maison est la jeune fille sur le sort de laquelle tu te croyais le droit d'exercer un des actes ordinaires de la tyrannie et de ta cruauté; fais-moi donc ouvrir sur l'heure la porte de ton château, afin que j'en sorte avec Géraldine de Bohémard, ma fiancée ! Demain, au lever de l'aube, tu me retrouveras devant le pont-levis, et prêt à accepter toute espèce de combat qu'il te conviendra de m'offrir.

— Chevalier aussi insensé que présomptueux ! répliqua le sire de Coucy avec un éclat de rire effroyable, qui retentit comme un coup de tonnerre sous les voûtes de la salle, tu oublies que si la fille de Bohémard n'est point ma serve, elle demeure du moins ma vassale, puisque son père relevait de ma suzeraineté : je la retiens donc en mon pouvoir, comme vassale; et, puisque tu m'as tenu, toi, son fiancé, un si insolent langage, je ne renonce pas au projet de lui donner un époux de mon choix.

— C'est à mon épée, ou plutôt au jugement et à la volonté de Dieu qu'elle devra sa délivrance ! reprit Roger tout palpitant d'indignation... Thomas de Marle, seigneur de Coucy, écoute-moi : je té déclare à haute voix déloyal, pervers, traître envers le comte d'Arvelles, mon père ; spoliateur effronté du sire de Bohémard ; coupable de rapt et de violence tyrannique envers Géraldine, ma future épouse, coupable de félonie et de rébellion envers le roi, ton maître, couvert de toutes les lâchetés, de toutes les infamies, de tous les crimes ! et, pour ce, te demande le combat en champ clos et à outrance, afin de te châtier de tous tes forfaits, et obtenir par ta mort la liberté de ma fiancée, jurant sur les saints évangiles et sur la foi du baptême de ne prendre ni plaisir ni repos, de me condamner à un jeûne rigoureux, et de porter cilice, si je retire jamais un mot de la présente déclaration, et si je ne mets à exécution ce que je fais serment d'accomplir, sans avoir sur moi ni en mes armes, charmes, incantations ou maléfice !

Et, à peine Roger avait-il achevé ces dernières paroles, qu'il jeta son gantelet aux pieds du châtelain, en ajoutant avec l'accent d'un mépris railleur :

— Auras-tu seulement le courage d'accepter mon défi sans hésitation?

Le sire de Coucy était en proie au vertige de la fureur; sa physionomie bouleversée glaçait d'effroi tous ceux dont il était entouré.

Il se précipita sur le gantelet avec le rugissement d'une bête féroce qui s'élance sur sa proie ; puis, l'ayant relevé et le tenant d'une main frémissante et crispée, tendue par un geste de menace vers le jeune croisé :

— Misérable aventurier, s'écria-t-il, vil imposteur, ou fils réel du comte d'Arvelles, qui que tu sois enfin, je t'accorde le combat en champ clos et à outrance, et je jure, moi, de n'envoyer ton âme en enfer qu'après t'avoir arraché ta langue affamée de calomnies, de mensonges et d'injures, et en avoir, à la vue de tous mes gens, battu trois fois tes joues !

— Tu te vantes ! tu es trop peu sûr de ta force et de ta valeur pour que cette œuvre de bourreau augmente jamais le nombre de tes sanglantes prouesses !... A demain donc, chevalier sans foi et sans honneur : tu me retrouveras, au lever du soleil, comme je te l'ai dit, devant le pont-levis de ton château.

— Je ne te comprends pas ! où vas-tu? reprit Thomas de Marle en voyant Roger faire un mouvement pour se retirer.

- Saurais-je rester un instant de plus sous le toit d'un châtelain maudit du ciel et des hommes?

— Tu t'y trouves ; tu y demeureras ! répliqua le sire de Coucy d'une voix étranglée qui ressemblait au sifflement d'un serpent... j'aurais trop à craindre, en te laissant partir, de ne point te voir revenir. L'arrogant aventurier dont je veux abaisser l'orgueil en champ clos, est sous ma main ; je ne le lâcherai pas !

— Aurais-tu l'intention de me retenir

ici malgré moi? Ta perfidie m'y tendrait-elle un piége?

— Je n'ai, je te le répète, d'autre intention, en te gardant près de moi, que de t'ôter tout moyen d'éviter le combat.

— Puisque ta défiance est telle à mon égard, je consens à ne pas m'éloigner..... en ce cas, qu'on me conduise dans la chambre où je dois passer la nuit.

— Mais oublies-tu que tu es mon hôte, et que tu as maintenant, avant toutes choses, à prendre ta part à mon souper?

— Le fils du comte d'Arvelles ne saurait s'avilir au point de s'asseoir à la table de Thomas de Marle.

Atteint au cœur par cette nouvelle insulte, le châtelain frémit, et se mordit les lèvres jusqu'au sang. Néanmoins il parvint à contenir sa rage, et reprit en ricanant :

— Ah ! il te plait de laisser ton estomac vide? est-ce ainsi que tu comptes réparer les forces dont tu auras besoin pour la lutte de demain?

— Quel pauvre chevalier es-tu donc? repartit Roger avec un mouvement de souveraine pitié; t'imagines tu qu'un guerrier, un croisé, endurci aux fatigues des camps, habitué aux privations de toute espèce, sente ses forces épuisées, parce qu'il aura passé une soirée sans porter un morceau de pain à ses lèvres?... Tiens! lève tes yeux vers mon heaume, et contemple ce qu'il supporte.

Chacun, dans la salle, arrêta ses regards sur la représentation de l'animal qui formait le cimier de ce casque.

— Lorsque je rencontrai ce monstre dans la forêt de Saron, reprit Roger, il y avait trois jours que, n'ayant ni bu, ni mangé, j'errais seul au hasard à travers les déserts de la Palestine, pour rejoindre mes compagnons d'armes, dispersés par une défaite : cette bête redoutable, avait, par ses nombreuses victimes, répandu tellement la terreur dans la contrée, qu'aucun ouvrier n'osait plus s'aventurer dans la forêt pour couper le bois nécessaire à la construction de nos machines de guerre. Elle m'attaqua : neuf fois, je roulai à terre avec elle, et neuf fois je lui plongeai mon épée jusqu'à la garde dans la gorge ; un dixième coup d'épée l'étendit morte à mes pieds. Aujourd'hui on marche sur sa dépouille dans la tente du sire de Bohémard... Voilà, châtelain de Coucy, ce que, après trois jours d'un jeûne absolu, j'accomplis contre un monstre auquel il était arrivé un jour, d'écraser, de broyer, sous ses dents et ses griffes, cinq hommes d'armes qui avaient voulu le combattre : comprends-tu maintenant si tu trouveras demain devant toi un adversaire dont les forces seront épuisées, parce qu'il n'aura pas touché à ton repas de ce soir ?

Et, se dirigeant vers la porte, le jeune preux ajouta :

— Que l'on m'indique donc le chemin de ma chambre !

Thomas de Marle fit signe à un page d'accompagner Roger, et lui dit tout bas :

— Dans la tour du veneur!

Le page et le jeune chevalier sortirent ensemble de la salle.

Rien ne saurait traduire l'impression produite sur le sire de Coucy par le récit que son adversaire venait de lui faire : la pâleur dont son visage était couvert, et la vague inquiétude peinte dans ses regards, annonçaient assez que ce n'était point sans appréhension qu'il songeait à son combat en champ clos avec ce terrible athlète dont la valeur opérait de si étonnants prodiges au milieu des plus effrayants périls. Quant à ses chevaliers, ses pages, ses serviteurs, ils n'avaient pu, malgré la présence imposante du maître, s'empêcher de contempler le vaillant croisé jusqu'à sa sortie avec une expression non équivoque de curiosité flatteuse et de chaleureux enthousiasme. La miraculeuse victoire qu'il avait remportée sur une hideuse et formidable bête féroce, enchantait leur imagination, et lui donnait à leurs yeux les proportions d'un héros qui ne touchait plus à l'humanité. Dans ces temps de mœurs simples et naïves autant que grossières et barbares, on prenait presque toujours, pour des monstres vomis par l'enfer, les animaux d'espèce alors inconnue, dont les populations épouvantées faisaient par hasard la rencontre, et une sorte de vénération superstitieuse ne manquait jamais de se mêler à l'admiration qu'inspirait la bravoure des chevaliers qui les avaient combattus et mis à mort.

Après la sortie de Roger, ce fut Géraldine qui devint l'objet de l'attention de tous : ses aventures, ses malheurs, l'amour candide et profond qui liait son existence à celle du vaillant chevalier, la situation affreuse dans laquelle elle était menacée de retomber, si, le lendemain, son fiancé ne sortait pas victorieux du champ clos, attiraient le plus tendre intérêt sur elle, et la rendaient chère à toutes les âmes. Milesende eût été heureuse de la presser dans ses bras et de la consoler; mais la présence de son terrible époux la forçait de laisser sa sensibilité inactive et muette. Thomas de Marle s'aperçut de cet attendrissement général en faveur de celle qu'il appelait maintenant sa vassale : ses sourcils se froncèrent, et un seul de ses regards enflammés de colère, fit baisser tous les yeux.

Mais, soudain, il se mit à réfléchir, et il parut prendre une résolution importante; car, sombre, silencieux, la tête penchée, et ayant toute la physionomie d'un homme dont l'esprit médite un projet sinistre, il sortit de la salle, dès qu'il y eut vu rentrer le page qui avait été conduire Roger dans la tour du veneur.

V

LA TOUR DU VENEUR

Le sire de Coucy se rendit dans la cour du château, et fit appeler Lengly-le-Roux.

— On m'a souvent parlé, lui dit-il, de la réputation que tu t'es faite dans la ville de Laon par ton adresse à tirer de l'arbalète; parle-moi sans forfanterie : cette réputation est-elle méritée?

— Messire, répondit l'ancien dizainier, je puis prendre l'engagement de tuer, à cinquante pas, sous les yeux de Votre Seigneurie, neuf passereaux sur dix.

— Bien! répliqua Thomas de Marle d'un air satisfait.

Et il rentra dans les bâtiments du château, entraînant avec lui l'espion, qu'il introduisit dans une salle d'armes.

— Prends une des arbalètes accrochées à cette muraille, et quelques traits bien acérés, lui dit-il, et suis-moi.

Lengly-le-Roux, ayant obéi à cet ordre, se mit de nouveau à marcher sur les pas de son maître, qui retourna dans la cour et le mena au pied d'une des dix grosses tours dont le château était entouré.

— Un chevalier inconnu, reprit alors le sire de Coucy, est venu, ce soir, me demander l'hospitalité : l'as-tu vu?

— Oui, messire.

— Mais vu de près, et de manière à avoir ses traits et sa tournure bien gravés dans ta mémoire?

— J'étais tout à côté de lui dans la cour, lorsqu'il est descendu de cheval, et j'ai pu parfaitement examiner son visage à la lumière d'une lampe qu'un page tenait pour l'éclairer : c'est un beau jeune homme aux cheveux blonds, au corps souple, robuste, et couvert d'une armure d'acier mat.

— Alors, tu serais sûr de le reconnaître, s'il passait une seconde fois devant toi?

— Je le reconnaîtrais entre mille!

— C'est tout ce que je désire savoir... Maintenant, écoute : ce chevalier, qui, à peine arrivé, vient de se rendre coupable envers moi d'outrages dont ma dignité me fait un devoir de tirer vengeance, occupe une chambre dans la tour du Veneur, sous les murs de laquelle nous sommes en ce moment; et, comme j'ai besoin d'avoir une dernière explication avec lui, cette nuit, et que je veux être certain de le trouver sous ma main quand il me conviendra de monter dans sa chambre, il est nécessaire que je prenne mes mesures contre toute tentative d'évasion de sa part.

— Eh! Messire, ne put s'empêcher de repartir vivement Lengly-le-Roux, il faudrait avoir le diable dans ses chausses pour venir à bout de s'évader d'une ferté comme celle-ci, dont toutes les issues ont triple porte, puis des herses et des ponts-levis gardés par de vigilantes sentinelles!

— Mais tu ne songes pas qu'on peut

s'ouvrir un chemin à travers tous ces obstacles avec l'aide de la trahison.

— De la trahison !... ici, Messire?

— Oui, je me suis aperçu de l'intérêt que ce jeune chevalier a inspiré tout à l'heure à plusieurs de mes gens : qui sait si quelques-uns d'entre eux ne seraient pas disposés à favoriser son évasion pour le soustraire aux effets de mon juste ressentiment?

— Ah! Messire, voilà qui change singulièrement ma façon de penser!

— Si donc tu vois un ou plusieurs de mes gens pénétrer cette nuit dans la tour et en ressortir avec ce chevalier, il te sera bien prouvé qu'ils n'auront d'autre but que de le faire échapper?

— Evidemment, Messire.

— Enfin, il peut encore arriver que ce jeune homme sorte seul : dans ce cas, sa conduite indiquerait qu'il cherche à se glisser dans l'ombre jusqu'à moi pour mettre à exécution quelque dessein criminel contre celui qui lui donne l'hospitalité.

— Tout cela est clair, Messire.

— Eh bien! retiens ceci : je te constitue son gardien; et, s'il sort de la tour, seul ou non, tu l'arrêteras au passage.

— L'arrêter?... Oui, s'il est seul; mais s'il est accompagné de quelques traîtres, ils l'arracheront de mes mains; et, pour m'empêcher de donner l'alerte, ils m'assassineront!

— Tu ne me comprends pas : n'as-tu point ton arbalète, et ne m'as-tu pas assuré que tu es sûr de ne pas manquer un moineau à la distance de cinquante pas? Or, il n'y aura que cinq ou six pas entre ce chevalier et toi! et la poitrine d'un homme est plus facile à atteindre, ce me semble, que le corps d'un moineau!

— Ah! je saisis maintenant votre idée, messire, c'est-à-dire que je serai caché, et que, quand il passera, je l'abattrai raide mort, sans qu'on puisse soupçonner de quel côté est parti le trait.

— Tu m'as compris cette fois... et voilà justement l'endroit où tu pourras te placer sans courir risque d'être aperçu.

Le châtelain conduisit l'ancien dizainier vers trois gros marronniers qui s'élevaient fort près de la porte de la tour, et derrière lesquels il était en effet facile à un homme de se dérober à tous regards.

— Le poste est vraiment bien choisi, dit Lengly-le-Roux; car les rayons de la lune éclairent justement la porte qui va devenir l'objet de mon attention, tandis qu'ils ne peuvent pénétrer sous cet épais feuillage, où ils me laisseront dans la plus complète obscurité.

— Pour t'engager à redoubler de vigilance, reprit Thomas de Marle, je dois t'apprendre une chose importante : c'est que le chevalier placé sous ta garde est le fiancé de la jeune fille que je t'ai promis de te faire épouser.

— Le fiancé de Géraldine? s'écria Lengly d'une voix étouffée par la surprise et la rage... Mais, quoi! est-il possible qu'un chevalier se mette en tête d'unir son sort à une serve?

— Géraldine n'est point serve; j'ai découvert, ce soir, le secret de sa naissance : elle est de sang noble.

— De sang noble! répéta l'espion en regardant le châtelain avec une sorte d'effroi.

— Rassure-toi, Lengly; sa naissance ne change rien de mes dispositions à ton égard; si Géraldine cesse d'être ma serve, elle devient ma vassale, et comme elle est actuellement en mon pouvoir, je la forcerai bien d'accepter qui je voudrai lui donner pour époux. Je t'ai dit que, demain au matin, un prêtre vous unirait : je tiendrai ma parole.

— O Messire! ô mon puissant maître! je verse des larmes de reconnaissance en vous entendant parler ainsi! Vous avez le cœur aussi généreux, aussi magnanime que juste!

— Tu es donc plus intéressé que personne à ôter à ton rival tout moyen de s'échapper de mes mains; car songe à ce qui arriverait si, par un hasard miraculeux, il recouvrait sa liberté : il irait aussitôt implorer la protection du roi qui est en ce moment à Laon.

— Le roi, à Laon?

— Oui... et tu l'y as vu toi-même aujourd'hui.

— Je l'y ai vu?

— Sans doute! et je te dirai plus tard dans quelles circonstances... je continue : il irait donc trouver le roi, qui a peut-être derrière lui de nombreuses troupes ; il le déciderait à faire le siége du château de Coucy, se mettrait à la tête de la milice de Laon, dont il saurait enflammer l'ardeur, et par là doubler les forces ; et, s'il était vainqueur, tu perdrais Géraldine, et tu serais pendu par les mains de tes anciens concitoyens.

— Messire, s'écria Lengly-le-Roux en frémissant de fureur, je n'ai plus maintenant qu'un désir, c'est que cet exécré chevalier sorte de la tour, et je vous jure que je lui décocherai le trait qui lui percera le cœur de part en part, quelle que soit l'épaisseur de sa cuirasse!

— Vraiment, Lengly, ta confiance en ton adresse me tranquillise et m'enchante. Je vois d'après cela que je n'ai pas besoin de fermer la porte de la tour à la clef, et de te donner cette clef.

— Oh! non, messire! il vaut mieux laisser au chevalier ses mouvements entièrement libres jusqu'à moi. S'il tente de sor tir, on ne ferait, en opposant des obstacles à ses pas, que m'enlever l'occasion si désirée de pouvoir, du même coup, me débarrasser de mon rival, et vous venger des insultes de votre hôte.

— Tes raisonnements sont sans réplique. Je te quitte... Mais, à propos, tu n'as pas soupé?

— Non, Messire; et, je l'avoue, je me sens l'estomac délabré par une horrible faim.

— Dans un instant, je t'enverrai ici un excellent repas qui réparera tes forces.

Sur ces mots, Thomas de Marle s'éloigna, se disant en lui-même :

— Assurément, Roger d'Arvelles ne pouvait être mieux gardé que par Lengly-le-Roux; la jalousie et la haine ne sont-elles pas sœurs de la vigilance?

Mais laissons le châtelain retourner dans la salle qu'il venait de quitter, et retrouvons le jeune croisé.

La chambre où Roger avait été conduit était située au troisième et dernier étage de la tour du Veneur. Dès qu'il s'y vit seul et put s'abandonner librement aux émouvantes réflexions que devaient lui inspirer les événements de la soirée, d'inquiétantes appréhensions sur les intentions du sire de Coucy à l'égard de Géraldine, ne tardèrent pas à assiéger son esprit : il songea aux perfidies, aux noires trahisons, aux infâmes cruautés dont Thomas de Marle avait coutume d'entacher presque tous les actes de sa vie, et il se demanda si cet homme pervers, vaincu dans le combat du lendemain, tiendrait réellement ses engagements, et remettrait la fille de Bohémard en liberté. Sa pensée alla encore plus loin, en se portant sur la façon avec laquelle il avait été retenu malgré lui au château : sa vie y était-elle maintenant en sûreté? Son déloyal adversaire ne pouvait-il pas trouver plus prompt et plus commode de se défaire de lui par un crime, que de remettre le soin de sa vengeance au sort des armes?

Ces idées lui firent prendre la résolution de ne pas se coucher, et de se tenir toute la nuit sur ses gardes.

Il y avait une heure environ que, pensif, rêveur, tout retiré en lui-même, il se promenait à grands pas dans sa chambre, lorsqu'il s'arrêta subitement en entendant un bruit sec, produit à la fenêtre de la tour par un des vitraux qui se brisa, et qu'un projectile, après avoir frappé le plafond, vint tomber à ses pieds. Il le ramassa : c'était un trait d'arbalète, autour duquel un parchemin avait été roulé et solidement attaché au moyen d'un fil.

Fort surpris de cet incident, et n'en comprenant point la cause, il déroula vite le parchemin, vit qu'il contenait plusieurs lignes tracées par une main de femme; et voici ce qu'il lut dans ces lignes :

Noble et courtois chevalier,

Vers minuit, des assassins doivent pénétrer dans votre chambre et attenter à vos jours. Peut-être vous reste-t-il encore une chance de salut : mon devoir envers Dieu est de vous l'offrir.

Descendez promptement dans la cour, mais avec précaution et sans bruit. Sous les marronniers que vous apercevrez devant vous en sortant de la tour, a été posté un homme armé d'une arbalète et chargé sans doute de tirer sur vous si vous tentiez de vous échapper : cet homme sera profondément endormi. Vous passerez près de lui pour gagner, sur votre gauche, une petite porte cintrée, pratiquée presque à l'encoignure des bâtiments, et ayant au-dessus de ses arceaux une niche renfermant la statue de saint Hubert : je serai derrière cette porte ; vous n'aurez qu'à la pousser pour vous trouver près de moi. Là, vous connaîtrez tout ce qu'il m'est possible de faire pour vous mettre hors de danger.

Que le ciel vous protége !

Milesende, châtelaine de Coucy.

Lorsque Roger eut achevé cette lecture, son attendrissement égala sa stupéfaction.

— Pauvre châtelaine ! murmura-t-il, la sensibilité et la grandeur de votre âme seraient-elles donc le refuge des malheureux qu'un sort funeste entraîne dans ces sombres et sanglantes murailles? Dieu, pour n'y point laisser sans secours l'humanité en péril, y a-t-il placé un de ses anges à côté d'un démon, la vertu même à côté du crime?

Le jeune croisé n'eut pas plutôt prononcé ces mots, que, en chevalier circonspect et généreux, il s'empressa de brûler à la lumière de sa lampe le billet de Milesende, dans la crainte que sa mauvaise fortune ne le destinât à périr sous le fer de ses assassins, et que ce billet, trouvé sur lui, n'exposât la noble et hospitalière châtelaine au ressentiment de son barbare époux.

Ce soin accompli, il sortit à la hâte de sa chambre, en emportant la lampe, non moins pour se garder des embûches que pour guider sa marche dans l'escalier étroit de la tour : il l'éteignit, en arrivant au bas de cet escalier ; puis, l'épée au poing, il mit pied résolûment dans la cour.

Il se glissa aussitôt sous les trois marronniers; il y aperçut Lengly-le-Roux, assis au pied d'un de ces arbres, le dos appuyé au tronc, la tête lourdement inclinée sur sa poitrine, et paraissant plongé dans ce sommeil paisible, plein et tenace, qu'on dit être ici-bas seulement le partage du juste ; à côté du traître, gisaient sur le sol son arbalète, et les débris d'un souper, parmi lesquels se faisait remarquer une bouteille renversée, dont il avait sans doute absorbé avec amour le délicieux contenu. Le chevalier, sans perdre un instant à prêter son attention à ce spectacle fort peu intéressant pour lui, se dirigea vers l'angle du château, et s'arrêta devant une porte en ogive, qu'il reconnut, à la statue de Saint-Hubert, dont elle était surmontée, pour celle qui lui avait été indiquée.

Il la poussa, en franchit le seuil, et elle fut aussitôt refermée derrière lui par une main qui, pour le moment, lui demeura invisible; car, dans le lieu où il s'était ainsi introduit, régnait la plus profonde obscurité. Mais, tout à coup, les rayons d'une lueur nébuleuse et indécise, déchirant les ténèbres dont il était enveloppé, dessinèrent vaguement à ses yeux les murs voûtés d'une longue galerie, et Milesende lui apparut tenant une petite lanterne sourde dont elle venait de tourner subitement le foyer vers lui.

— O très haute et charitable dame, dit-il, par quels termes vous exprimer mon admiration et ma reconnaissance pour votre noble et généreuse action !

Mais la châtelaine mit vivement un doigt sur ses lèvres pour imposer silence au chevalier, et lui fit signe de la suivre.

Elle l'entraîna jusqu'au bout de la galerie : là, posant sa main sur un des piliers sculptés qui soutenaient le plafond cintré, elle pressa un ressort caché; et une partie du pilier s'ouvrant, démasqua l'entrée d'un escalier souterrain, dont elle descendit les premiers degrés, toujours accompagnée du jeune preux. Alors, refermant la porte secrète, elle se tourna vers Roger, et lui dit tout bas :

— Ici, nous pouvons parler sans crainte; le son de nos voix y demeurera perdu pour toutes les oreilles. Laissez-moi, brave et magnanime chevalier, vous faire connaître au juste les desseins qu'on avait conçus à votre égard : ce sera vous expliquer en quelques mots les raisons impérieuses de ma conduite. Sans doute, il m'en coûte d'aborder ce sujet, car il me faut forcément accuser les sentiments d'un homme dont la destinée est, par un saint nœud, unie à la mienne, et dont mon devoir est, par conséquent, de voiler à tout le monde, autant que possible, les égarements et les fautes; mais, à côté de ce devoir, Dieu semble m'en avoir indiqué un autre plus sacré encore : j'ai songé bien souvent que, en m'imposant la dure nécessité de souffrir les affreux chagrins dont le poids est près de m'accabler ici chaque jour, il n'avait voulu, au milieu des maux de toute espèce qui s'y commettent sans cesse, que m'offrir l'occasion de les réparer quelquefois, ou d'en arrêter le cours, en répandant autour de moi le peu de bien qu'il est en mon pouvoir de faire.

— Telle est la pensée même qui occupe mon esprit tout entier, depuis que j'ai lu votre billet, répondit Roger.

— Que cette pensée soit donc mon excuse auprès de vous, et me fasse pardonner la franchise du langage que je suis obligée de tenir en ce moment sur le châtelain qui est mon époux!... Le sire de Coucy, vous ne l'ignorez pas, est aussi fier qu'irritable, et vous l'avez profondément offensé ce soir; il était probablement de bonne foi lorsqu'il a accepté le combat en champ clos que vous lui avez proposé; mais, depuis, il a réfléchi; ces hauts faits, fruits de votre valeur, dont vous lui avez fait le récit, ont produit sur son âme une vive impression; l'idée d'une lutte à armes égales a pu dès lors lui faire craindre une défaite; or, il aime les vengeances promptes et sûres : il a donc pris le parti de faire pénétrer, cette nuit, des meurtriers dans votre chambre.

Ces meurtriers ont déjà reçu ses ordres; parmi eux se trouve heureusement un honnête et loyal serviteur, qui s'est associé à la difficile tâche que j'ai entreprise de venir en aide aux malheureux innocents qu'un danger imminent menacerait dans ce château; ce serviteur m'a révélé tout ce qui avait été résolu... Un instant plus tard, une de mes femmes fut chargée de se rendre dans la cour avec les apprêts d'un souper destiné à un nommé Lengly-le-Roux, qui venait d'être posté, près de la tour du veneur, sous les trois marronniers : le caractère de ce traître, qui est bien l'homme le plus vil qui se puisse rencontrer, me fit comprendre la nature de l'œuvre qu'il aurait à consommer, si vous vous présentiez devant lui; je glissai dans la bouteille de vin qu'on allait lui porter une poudre puissamment soporifique; et votre arrivée en ces lieux me prouve que cette poudre a produit les effets que je devais en attendre.

— Ce Lengly-le-Roux, quand je suis passé près de lui, répondit le jeune croisé, n'avait plus que l'apparence d'une masse inerte.

— Bien! reprit Milesende... je poursuis : après le souper, et quand tout le monde se fut levé de table, je sortis de la salle, et je vous écrivis le billet que vous avez reçu : je confiai au fidèle serviteur qui m'avait instruite de tout, le soin de vous l'envoyer par le moyen d'un trait d'arbalète, décoché dans votre fenêtre.

— Ah! généreuse châtelaine, dit Roger, tout, dans votre délicate entreprise, a jusqu'ici, grâce au ciel, complétement réussi; mais ses suites répondront-elles à cet heureux commencement?

— En ce lieu même où nous sommes, répondit Milesende, se borne tout ce que je puis faire pour votre salut : le reste, vaillant chevalier, regarde votre bonne étoile et votre épée.

— Comment cela?

— Ecoutez-moi : le serviteur dévoué dont je viens de vous parler, a passé l'âge mûr; il a servi, dans sa jeunesse, Enguerrand de Coucy, père de Thomas de Marle, mon mari. Enguerrand, seigneur bon et vertueux, avait en lui une confiance sans limites; il lui avait fait connaître un passage souterrain dont nul autre de ses gens ne soupçonnait même pas l'existence. Constamment forcé de repousser, dans son château, les attaques de son propre fils, avec qui il ne cessa d'être en guerre jusqu'à son dernier jour, et redoutant la trahison parmi ses défenseurs mêmes, il s'était ménagé cette route inconnue et sûre, pour le cas où, vaincu, il serait obligé de prendre la fuite. Il fit jurer à son serviteur, devenu son confident, que, après sa mort, il ne révèlerait point à Thomas de Marle l'existence de ce souterrain, afin de pouvoir s'en servir en faveur de ceux qui seraient opprimés par le nouveau maître du château. Celui de qui il exigeait ce serment lui tint parole; mais il crut devoir, dans mon intérêt, n'avoir rien de caché pour moi, et il m'indiqua l'entrée du souterrain. Or, vous trouverez ce chemin secret au bas de cet escalier. Quand vous aurez atteint son extrémité, vous apercevrez dans la muraille, en face de vous, et à une hauteur de cinq pieds, une pierre triangulaire et rougeâtre qui fait légèrement saillie sur les autres; vous la pousserez fortement de droite à gauche, elle s'ébranlera, fera mouvoir un ressort; une porte s'ouvrira, vous la franchirez, et vous mettrez ainsi pied dans les rochers de la Chênaie, situés à un mille du château de Coucy, et au milieu de la forêt épaisse qui l'environne.

— Mais jusque-là, demanda Roger, quels sont donc les dangers dont auront seules à me garder ma bonne étoile et mon épée?

— C'est alors qu'ils peuvent se présenter, et ils sont de deux sortes : nuit et jour, des sentinelles sont dispersées sur plusieurs points de la forêt de Coucy; si vous tombiez sur les pas de l'une d'elles, un cri qu'elle pousserait en amènerait dix autres, que vous auriez à combattre.

— Eh bien! je les combattrais! dit le jeune preux d'un ton fier et assuré; puis, la lutte terminée, je retrouverais devant moi le chemin libre!

— Vous vous trompez : d'autres pourraient encore se rencontrer sur votre route... Mais ce n'est point là le plus grand péril que vous ayez à courir : je vous ai dit qu'il en existait de deux sortes; vous connaissez le premier; quant au second, il peut à la fois mettre en défaut et votre prudence et votre bouillante intrépidité.

— Quel est-il donc?

— Quand vous apercevrez des sentiers dans la forêt, ne les suivrez pas : vous y trouveriez une mort certaine. Sous leur sol apparent, des fosses hérissées de pieux aigus et de lames d'épée, ont été creusées de distance en distance : des trappes invisibles, recouvertes de gazon, vous précipiteraient dans ces gouffres profonds! Cependant, la direction de votre marche peut vous mettre dans la nécessité de traverser l'un de ces sentiers : dans ce cas, ayez soin de frapper, du bois de votre lance, la terre à quelques pas devant vous; si elle résiste, vous pourrez passer outre, sans inquiétude. Prenez aussi cette précaution, de temps en temps, même à travers les fourrés et les futaies; car, là encore, dans certains endroits, des fosses pareilles existent, mais en moins grand nombre... maintenant, héroïque preux, que vous voilà averti de tous les dangers dont est semée la seule route que j'aie à vous offrir pour vous rendre à la liberté, séparons-nous vite, car mon époux pourrait avoir à me parler, et il y aurait à craindre que ma disparition de ma chambre n'éveillât ses soupçons sur ce que j'ai osé tenter pour assurer votre évasion.

— De grâce, noble dame, reprit Roger devenu subitement pensif et soucieux, un mot encore!

— Je vous écoute.

— Puis-je donc consentir à m'éloigner sans Géraldine, sans ma fiancée? Vous qui connaissez le tendre lien qui nous unit, comment ne l'avez-vous pas amenée ici? Ne devions-nous pas, elle et moi, nous échapper ensemble, ou mourir ensemble?

— Chevalier, répondit tristement la châtelaine, je ne suis libre ni de mes mouvements, ni de mes volontés; il a fallu des circonstances particulières et toutes favorables à mes desseins, pour qu'il me devînt possible de vous introduire dans ce souterrain; quant à la pauvre fille du sire de Bohémard, elle n'est plus sous ma garde; on s'est défié de l'intérêt qu'elle m'inspirait, on l'a retirée de mes mains, et je ne sais même pas qui veille en ce moment sur elle.

— En ce cas, répliqua vivement Roger, je rentre dans la tour du veneur! j'aime mieux recevoir la mort dans ce château, que d'en sortir en y laissant celle dont l'existence m'est mille fois plus chère que la mienne !

— Généreux sire, reprit Milesende d'un doux accent de reproche, si vous réfléchissiez un peu, vous ne me tiendriez pas ce cruel langage : votre fin tragique dans les murs de Coucy, changerait-elle quelque chose au sort dont votre fiancée est menacée? Vous mort, elle vivrait encore, et on la forcerait d'en épouser un autre ; mais, libre, ne pouvez-vous saisir quelque heureuse occasion de la secourir? Enfin, si votre tentative d'évasion réussit, elle m'épargnera, à moi, l'affreux, l'horrible souvenir d'un acte criminel, commis par le seigneur de Coucy sur la personne de son hôte?

Le jeune croisé se frappa le front, et poussa un profond soupir.

— Oh ! pardon ! répondit-il, pardon, vertueuse et incomparable dame ! oui, je méconnaissais mes devoirs envers vous et envers Géraldine en m'abandonnant à cet élan de désespoir !... Je pars !... mais me promettez-vous de chercher tous les moyens de tirer ma chère et malheureuse fiancée de cette terrible situation ?

— Je vous jure d'épuiser, dans ce but, toutes les ressources et tous les efforts de mon imagination et de mon courage, quand je devrais sacrifier ma vie au succès d'une telle œuvre !

— Oh ! vous n'êtes pas de ce monde ! s'écria Roger avec enthousiasme ; je le répète : Vous êtes un ange du ciel !... Adieu !

— Prenez cette lumière pour éclairer vos pas, dit Milesende en présentant sa lanterne sourde au chevalier ; moi, je n'en ai nul besoin pour sortir d'ici.

Roger, muni de la lanterne, s'apprêta à descendre l'escalier du souterrain.

— Sublime et infortunée châtelaine, reprit-il alors, que Dieu veuille amener bientôt la fin de votre douloureux martyre en ce séjour de la foi mentie et du crime, et qu'un bonheur sans nuage brille ensuite sur toute votre vie !

— Illustre chevalier, répondit Milesende, que la protection du Tout-Puissant vous accompagne dans votre périlleuse route !

Et, tandis que Roger s'entonçait dans la profondeur du souterrain, la généreuse châtelaine remonta l'escalier pour rouvrir la porte secrète qui donnait dans la galerie.

Au moment où elle se séparait ainsi du jeune croisé, le sire de Coucy était sous le coup d'événements imprévus qui doivent maintenant occuper toute notre attention.

VI

LES CRUAUTÉS DU CHATELAIN

On se rappelle que, vers la fin du jour, à la suite d'une délibération à laquelle avaient pris part ses principaux officiers, Thomas de Marle s'était déterminé à aller le lendemain faire le siége de Laon, et qu'il avait, à cet effet, expédié des courriers vers ses quatre fertés de Boves, de La Fère, de Marle et de Montaigu, pour porter à leurs garnisons l'ordre de se rendre à Coucy dans la nuit même. Or, deux de ces courriers, réunis à leur retour par le hasard sous les murs du château, venaient d'y rentrer en même temps, épuisés, hors d'haleine, et se présentèrent devant leur maître le visage défait et consterné. Les nouvelles qu'ils lui apportaient avaient une telle importance, qu'ils demandèrent à lui parler en particulier, et il s'enferma dans une salle avec eux et quatre ou cinq officiers dévoués, qui composaient ordinairement son conseil dans les situations graves.

— Messire, dit l'un des courriers, il m'a été impossible de pénétrer dans votre ferté de Boves, vers laquelle vous m'aviez envoyé.

— Et qui vous en a donc empêché ?

— Je l'ai trouvée cernée par les troupes royales.

— Que m'apprenez-vous ? répliqua Thomas de Marle en frémissant de colère ; Louis-le-Batailleur est-il déjà tout préparé à la guerre ? Ah ! je me doutais bien que son arrivée à Laon n'avait pour objet qu'une nouvelle expédition contre mes domaines !

— Après avoir failli deux fois être fait

prisonnier par ces troupes, reprit le courrier, je me suis rejeté, bride abattue, sur le chemin de Coucy, pour vous rendre promptement compte de l'état des choses.

— Et vous, demanda le châtelain en se tournant dans une fiévreuse anxiété vers le second courrier, quel récit avez-vous à me faire ?

— Messire, les faits dont j'ai à vous instruire sont exactement les mêmes que ceux qui viennent de vous être racontés.

— Qu'entends-je?... c'est vous, je crois, qui deviez vous rendre à Montaigu : ce château serait-il donc aussi investi?

— Oui, messire.

La colère du sire de Coucy devint du délire : il frappa du pied avec un tel élan de rage que l'armure de fer dont tout son corps était couvert, rendit un bruit formidable qui eût pu glacer d'effroi ceux dont il était entouré, s'ils n'avaient été quelque peu familiarisés avec ses frénétiques mouvements de fureur.

— Ainsi, s'écria-t-il pouvant à peine articuler ses paroles, tant il était hors de lui, ainsi le roi, avant de se présenter dans ce pays, avait déjà pris toutes ses mesures : son armée avait reçu ses ordres et était prête à tout événement! Il a commencé par investir quatre de mes fertés, afin de condamner leurs garnisons à l'inaction; je dis quatre, car je suis certain que les mêmes forces ont été déployées autour de celles de Marle et de La Fère.

— On n'en saurait douter, messire, répondit le second courrier; et ce qui malheureusement le prouve, c'est que ceux qui ont été dépêchés vers ces fertés, ne sont pas encore de retour ; probablement ils seront tombés dans les mains de l'ennemi.

— Eh bien! qu'une guerre acharnée, sans pitié, sans relâche, une guerre d'extermination éclate donc entre Louis-le-Batailleur et moi! Demain, sans doute, je le verrai venir sous les murailles de Coucy... que dis-je? il n'osera jamais accepter ici la lutte! ou, s'il l'ose, c'est qu'il ignore les ressources dont je dispose pour faire périr, dans la forêt qui m'environne, son armée tout entière!

— En ce cas, messire, il l'ignore, reprit le même courrier; car il est actuellement dans cette forêt.

— Parlez-vous sérieusement? repartit Thomas de Marle.

— Messire, pour vous expliquer ce qui cause votre étonnement, il me reste à vous raconter les choses dont j'ai été témoin durant ma marche, à mon retour.

— Mais hâtez-vous donc! s'écria violemment l'impétueux seigneur, hâtez-vous donc! Vous devriez m'avoir déjà tout appris!

— Comme je m'approchais de la grande avenue du château de Coucy par un chemin creux dans lequel je ne pouvais être aperçu, dit le courrier, un bruit de chevaux et d'armures, s'élevant d'une route qui bifurquait avec ce chemin, frappa mon oreille; je n'eus que le temps de pousser ma monture dans un enfoncement de terrain, pratiqué sur ma gauche, et je demeurai là, avançant un peu la tête pour avoir l'œil sur la route dont je parle. Je n'en étais séparé que par quelques pas seulement, et les rayons de la lune l'éclairaient.

Bientôt, j'y vis défiler une avant-garde composée d'hommes d'armes qui s'avançaient en rangs serrés et la lance au poing; au bout d'un instant, m'apparut derrière eux un personnage dont l'épaisse corpulence le faisait distinguer entre tous les chevaliers dont il était accompagné; il adressa la parole à l'un d'eux, qui lui répondit : « Sire, soyez tranquille, nous sommes dans le bon chemin ».

— C'était lui! c'était le roi! s'écria Thomas de Marle, de plus en plus agité par ses fougueuses impressions.

— Et je reconnus à la voix le chevalier qui lui avait répondu, ajouta le courrier.

— Quel est donc ce chevalier?

— Le comte de Vermandois.

— Mon mortel ennemi! dit le sire de Coucy avec une nouvelle explosion de fureur... et les troupes qui suivaient le roi, étaient-elles en grand nombre?

— Elles ont mis un quart d'heure à passer sous mes yeux.

— Vers quel endroit se sont-elles dirigées?

— Elles sont entrées dans la forêt, comme pour faire route vers les rochers de la Chênaie.

Le châtelain poussa une féroce exclamation de joie.

— Le roi et le comte de Vermandois sont perdus, s'écria-t-il.

— Perdus? répétèrent toutes les voix autour de lui.

— Eh! sans doute! cette partie de la forêt n'est-elle pas la plus dangereuse pour eux? Les fosses et les chausses-trapes y sont multipliées de toutes parts : ils n'y sauraient faire cinquante pas sans y trouver la mort... peut-être même, en ce moment, suis-je déjà débarrassé des deux ennemis les plus acharnés à ma ruine!

— Messire, fit observer le courrier, ils semblaient s'avancer d'un pas si ferme et si assuré, qu'on doit supposer qu'ils ont avec eux un guide qui connaît parfaitement les lieux.

— Et qui donc, excepté mes gens et mes chevaliers, pourrait indiquer au roi les piéges cachés au milieu desquels il est venu se jeter? En tous cas, s'il a su en éviter quelques-uns jusqu'à présent, j'ai un moyen sûr de le faire tomber dans ceux que personne n'a jamais pu découvrir.

— Et quel moyen, messire? dirent les officiers.

— C'est de sortir du château avec une cinquantaine d'hommes seulement, et de gagner, par un chemin souterrain, les rochers de la Chênaie; là, paraissant à l'improviste, nous simulerons une brusque attaque contre le roi même : enhardi par notre petit nombre, il s'élancera à la tête de ses chevaliers, avec son impétuosité accoutumée contre ses assaillants; et nous manœuvrerons de façon à l'attirer dans un précipice (1).... Approuvez-vous ce plan?

— Oh! oui, messire! répondirent d'une commune voix les officiers.

— C'est celui que j'allais vous proposer, dit l'un d'eux; je suis certain de sa réussite.

— En vérité, reprit Thomas de Marle, avec son atroce ricanement, c'est Satan lui-même, je crois, qui m'a rendu ses bons offices aujourd'hui, en inspirant au roi l'idée d'arriver par ces rochers pour assiéger le château de Coucy! Après tout, je comprends que ce monarque intrépide, mais prudent, n'a pu songer à se présenter par la grande avenue : il la sait trop bien fortifiée et trop soigneusement gardée; il a cru s'exposer à moins de dangers en venant m'attaquer par les derrières du château, et c'est justement par là qu'il court à sa perte!... Ainsi, je touche au terme de ma longue et pénible guerre contre Louis-le-Batailleur! Ainsi, j'aurai la gloire d'avoir délivré la féodalité de ce terrible destructeur de ses droits et de ses prérogatives!... Allons, chevaliers, tenez-vous prêts, avec cinquante hommes, à me suivre dans une heure : j'ai besoin de ce temps pour m'occuper de deux ou trois affaires, que je veux terminer avant mon départ.

Thomas de Marle sortit alors de la salle avec les chevaliers et les deux courriers.

Il gagna vite la cour et se rendit seul dans une sorte de corps-de-garde, situé dans un des coins les moins apparents des bâtiments, et dont l'intérieur était plutôt enfumé qu'éclairé par la vacillante lumière d'une lampe suspendue au plafond.

Là étaient réunis douze hommes, armés les uns de haches ou de masses-d'armes, les autres de lourdes épées, et remarquables, pour la plupart, par l'expression farouche et froidement cruelle de leur visage. Ainsi groupés et à demi effacés dans la pénombre qui les enveloppait, ils avaient moins l'air de gens attachés au service d'un château féodal, que de bandits blottis au fond d'une caverne. Mais rien ne surprendra du spectacle sinistre qu'offraient leurs physionomies, quand on saura que, à l'exception de deux ou trois, ces hommes étaient ceux que le sire de Coucy avait coutume d'employer pour faire périr dans les tortures les pri-

(1) Cette embûche est un fait historique. (Voir Daniel, Dupleix, *Hist. de France*; et Toussaint Duplessis, *Hist. de la ville et du château de Coucy*.

sonniers dont il voulait se défaire, soit pour un intérêt quelconque, soit par pure cruauté. En un mot, c'étaient ses bourreaux.

Ils se trouvaient rassemblés en ce lieu par son ordre sans doute, et ils devaient attendre son arrivée ; car leur redoutable maître ne leur adressa pas une parole : il se contenta de leur indiquer par un signe qu'ils eussent à le suivre, puis il remit pied dans la cour. Il les entraîna rapidement sur ses pas, marchant en silence, prenant soin de raser les murailles des bâtiments pour se tenir dans l'ombre, comme s'il eût craint lui-même d'être aperçu dans sa mystérieuse expédition nocturne par les autres gens du château.

Il arriva sous les trois marronniers où il avait placé Lengly-le-Roux en sentinelle.

La vue de son espion assis au pied d'un de ces arbres et profondément endormi, le jeta d'abord dans un étrange étonnement.

— Misérable ! lui dit-il d'un ton irrité, quoique à voix basse, oserais-tu bien te livrer ici au sommeil ?

Mais, ne l'entendant pas répondre et ne le voyant point bouger, il le saisit par le bras, et le secoua si rudement qu'il finit par le tirer de son espèce d'état léthargique.

— Qui est là ? où suis-je ? murmura Lengly-le-Roux en se frottant les yeux.

Puis, apercevant devant lui une troupe de gens armés, et reconnaissant le châtelain dans celui qui était placé à leur tête, il fit avec épouvante un effort pour se relever ; mais ce fut pour retomber aussitôt lourdement sur le sol.

— Tu es ivre, je crois ? reprit la voix courroucée de son seigneur.

— Moi, ivre ? balbutia-t-il, en parvenant cette fois à hisser son corps sur ses jambes le long du marronnier, au tronc duquel il se tint tant bien que mal appuyé, comme un homme dont les facultés physiques seraient complétement engourdies, moi, ivre, messire ? Assurément, je n'ai vidé que cette bouteille que vous voyez là, à vos pieds !

— Lâche coquin, quand on ne se sent pas la force de vider une bouteille, on ne la boit pas, surtout dans une position où l'on a de rigoureux devoirs à remplir.

— Messire, répliqua Lengly-le-Roux en tremblant et en se frottant de nouveau les yeux, je vous affirme que je ne sais ce qui s'est passé : le diable, à coup sûr, doit être pour quelque chose là-dedans !

— Eh bien ! le diable te traitera comme tu le mérites, par la main du bourreau, si ta désobéissance à mes ordres et ton ivrognerie ont eu, pour ce qui me touche, la moindre conséquence fâcheuse !... Suis-nous maintenant !

Et, comme le malheureux demeurait immobile, toujours appuyé au tronc du marronnier.

— Entraînez-le ! dit le sire de Coucy à ses gens.

Puis, il entra avec eux dans la tour du Veneur.

Là, il s'arrêta un instant pour attendre que l'un des hommes de cette bande sinistre, lequel semblait en être le chef, eût allumé une lanterne. Alors, il le fit passer en avant, ainsi que quatre ou cinq de ses compagnons, et il se mit à monter derrière eux l'escalier de la tour.

Quoiqu'ils fussent tous couverts d'une armure d'acier dont le frottement des diverses pièces pouvait, durant la marche, trahir leur approche, ils gravirent les degrés avec de telles précautions que leurs oreilles mêmes saisissaient à peine le bruit de leurs mouvements.

Thomas de Marle, arrivé au troisième étage de la tour, et apercevant la clef restée en dehors, à la porte de la chambre où, deux heures auparavant, Roger d'Arvelles avait été conduit, fit un signe au chef des assassins : celui-ci tourna promptement la clef, et toute l'horrible troupe s'élança dans la chambre avec l'orageuse impétuosité d'une vague houleuse qui se précipite et se répand, menaçante et terrible, au-delà de la digue qu'elle a rompue. Chacun, son arme à la main, cherchait la victime qu'il devait frapper.

Ils s'arrêtèrent tous consternés en trouvant la chambre déserte.

Le sire de Coucy bondit furieux vers Lengly-le-Roux.

— Traître! s'écria-t-il d'une voix qui éclata, comme un coup de tonnerre, tu t'es joué de moi! tu as fait évader le chevalier!

— Moi, messire? balbutia l'ancien dizainier frissonnnant de tous ses membres.

— Si tu ne me dis ce qu'il est devenu, si tu ne me nommes tes complices (car tu n'as pu te charger tout seul de l'exécution d'une telle entreprise) je te jure de te faire subir, cette nuit même, tous les supplices de l'enfer!

— Mais, messire!... mais, messire! essaya de répondre l'espion dont la langue ne rendait plus que des sons inarticulés, je suis innocent!

— Ah! vil suppôt de Satan, je ne te croyais pas si rusé! après avoir contrefait tout à l'heure l'ivrogne endormi, tu simules maintenant la naïveté, l'étonnement, pour tâcher de me persuader que tout s'est accompli à ton insu; mais tu apprendras bientôt quelle récompense doivent attendre l'habileté et l'audacieuse effronterie que tu déploies dans le rôle périlleux dont on t'a chargé!

Puis, le châtelain, se tournant vers ceux qui entouraient Lengly-le-Roux:

— Tenez bien ce gibier de potence, leur dit-il; que je le retrouve dans vos mains, quand j'aurai à m'occuper du châtiment que je veux lui infliger!... mais, avant tout, visitons avec soin toute la tour du haut en bas: qui sait si Roger d'Arvelles a déjà eu le temps de s'en échapper?

Le sire de Coucy se transporta donc dans toutes les chambres, dans tous les coins et recoins des autres étages de la tour; voyant ses recherches inutiles sur ce point, il en fit promptement lui-même de nouvelles encore dans le reste des bâtiments du château, et dans la cour, en un mot, partout où il pouvait supposer que Roger eût trouvé un refuge momentané. Enfin, il appela auprès de lui les officiers qui commandaient, cette nuit-là, dans les divers corps-de-garde de sa ferté, et les interrogea sur la disparition du jeune croisé: leur réponse nette et ferme sur la certitude qu'ils lui donnèrent que cette évasion n'avait pu avoir lieu, ne le convainquit point de leur innocence; il se dit qu'il y avait évidemment des traîtres parmi eux. Néanmoins, il n'osa, en cette conjoncture délicate, laisser éclater sa colère. Il fut condamné par le sentiment même de sa propre sûreté: il songea que si quelques uns d'entre eux, mus par la pitié, avaient été assez hardis pour ménager une issue secrète au chevalier, ils pourraient bien, s'ils se sentaient trop vivement atteints par les accusations et les violences de leur maître, se trouver tout disposés à fomenter quelque sédition parmi les hommes de sa garnison. Cette réflexion, dans un moment où, menacé par les entreprises du roi, il avait plus que jamais besoin de leur dévouement et de leur épée, fit taire son ressentiment.

Mais, forcé de se contraindre de ce côté, il porta alors toute sa rage sur Géraldine, sur la fiancée de ce jeune preux qui n'avait pas craint de l'offenser, de l'outrager devant ses gens, d'une façon si téméraire et si sanglante. Ne pouvant plus songer à l'unir à Lengly-le-Roux, il renonça au projet de l'humilier en lui imposant une autre alliance qui fût également au-dessous de sa naissance: cette vengeance lui paraissait maintenant trop petite, et même trop incertaine; car il pensa qu'une fois devenue l'épouse d'un homme de condition serve, elle ne serait peut-être que l'objet d'une plus tendre pitié, d'un intérêt plus vif aux yeux de Roger d'Arvelles qui mettrait sans doute alors tout en œuvre pour entreprendre de la délivrer de la servitude, de faire casser ce mariage et de lui donner ensuite son nom. Il se mit donc à rêver pour elle une position où elle pût être accablée à la fois du dédain de son fiancé et du mépris public. Son imagination, si fertile en ressources ingénieuses quand il s'agissait d'accumuler les maux sur la tête des personnes qu'il haïssait, ne le laissa pas longtemps dans l'embarras sur le parti qu'il avait à prendre pour atteindre son but.

Il ordonna qu'on amenât aussitôt Géraldine en sa présence; et il alla l'attendre dans la salle où nous l'avons vu s'entretenir avec les deux courriers qui lui avaient apporté de si funestes nouvelles.

La charmante enfant y arriva escortée de deux servantes à la physionomie dure et renfrognée, deux espèces de mégères sous la garde desquelles il l'avait placée, et qui veillaient sur elle avec d'autant plus de rudesse et d'animosité qu'elles étaient fort laides, très vieilles et non mariées.

— Géraldine, lui dit-il en affectant un air doux et compatissant, j'ai eu des torts envers vous; après mûres réflexions, je suis forcé de les reconnaître : je veux les réparer.

— Parlez-vous sérieusement? répondit la jeune fille en levant sur le châtelain son candide regard, peu habitué à démêler les perfides pensées dans l'expression du visage des hommes.

— Vous allez vous en convaincre vous-même, répliqua le sire de Coucy... le roi, votre maître et le mien, m'a sommé, par la lettre que vous m'avez remise en arrivant ici, de vous rendre libre; dès ce moment, vous cessez d'être sous ma dépendance.

— Qu'entends-je? N'est-ce point un rêve? s'écria Géraldine avec un élan irrésistible de reconnaissance; le repentir a touché votre cœur, messire! Oh! Dieu vous tiendra compte de cette bonne action, dans ce monde et dans l'éternité!

— Je vais donc vous renvoyer à Laon, ainsi que le roi me l'a ordonné; mais, comme j'ai à répondre envers lui de votre personne, tant qu'il n'aura pas sous les yeux la preuve de l'accomplissement de mes devoirs en cette circonstance, je vous ferai accompagner par deux ou trois de mes gens, qui vous remettront entre les mains mêmes du mayeur : après quoi, votre sort ne regardera plus que le roi et la commune de Laon.

— Oh! messire, à peine puis-je croire à mon bonheur? dit Géraldine en essuyant une larme qui roulait dans ses beaux yeux... mais, puisqu'il en est ainsi, vous renoncez donc au combat en champ clos avec Roger d'Arvelles?

— J'y renonce.

— Alors, mon fiancé va partir avec moi?

— Il est parti depuis une heure... vous le retrouverez à Laon.

— Ah! Dieu soit béni!... et ma nourrice? elle me suivra sans doute?

— Elle vous suivra.

— Et les cinq marchands dont le roi a aussi exigé la mise en liberté? reprit la pauvre enfant, à qui l'idée de sa délivrance et du salut de ceux qu'elle aimait, ne faisait point oublier les autres infortunés renfermés dans le château.

— Il y a longtemps déjà qu'ils se sont éloignés avec leurs chariots.

— Ah! que tout ce que vous m'apprenez, me remplit donc l'âme de joie!

— Maintenant, Géraldine, je n'ai plus, avant de me séparer de vous, qu'à écrire au mayeur, à l'honorable Fortin-l'œil-d'Aigle, quelques mots qui lui seront portés par ceux de mes gens, auxquels je vais confier le soin de vous conduire à Laon : j'ai besoin de faire connaître à ce magistrat les motifs de la résolution que je prends à votre égard.

Thomas de Marle se mit à une table, et écrivit la lettre suivante :

Respectable et puissant mayeur,

La volonté du roi est que je vous renvoie Géraldine Arnould : ma soumission à cet ordre m'est d'autant plus facile, que les services qui m'étaient rendus par cette jeune et intelligente serve dans votre damnée ville, me sont à présent devenus inutiles. Je crois vous être agréable en vous apprenant ici de quelle nature étaient ces services; car je vous montrerai par là jusqu'à quel point vos bons bourgeois peuvent compter, pour leur tranquillité future, sur le zèle et la vigilance infatigables des magistrats qui les gouvernent.

Vous saurez donc que Géraldine et sa prétendue nourrice, la mère Thierri, ne se trouvaient, depuis un mois, parmi vous, que pour faire causer les dignes femmes de Laon, plus que selon leur coutume, s'il était possible, et tirer de leurs commérages, de précieuses lumières sur tout ce qui se disait, se tramait, se complotait contre moi; elles faisaient, chaque soir, leurs rapports à votre dizainier Leugly-le-Roux, qui me les transmettait, avec les renseignements non moins dignes d'intérêt, qu'il avait recueillis lui-même de son côté. J'étais ainsi journellement instruit de vos moindres faits et gestes.

Il était convenu que Géraldine et sa fausse nourrice, afin d'endormir vos soupçons sur la mission dangereuse dont elles étaient chargées, seraient censées avoir cherché un refuge dans votre ville, pour se mettre à l'abri de ma persécution; et je ne vous ai enjoint, ce matin, de les faire rentrer sous mon pouvoir, que pour donner encore plus de vraisemblance à cet arrangement de choses.

Vous voyez, habile mayeur, que le sire de Coucy n'a point manqué de moyens jusqu'ici pour pénétrer tous vos secrets ; et il ose vous déclarer qu'il tient encore en réserve bien d'autres moyens du même genre, dont il saura se servir, n'en doutez pas, selon ses besoins, les circonstances et sa volonté.

Sur ce, je vous salue, incomparable mayeur, quoique me disant toujours et hautement votre ennemi juré et implacable.

Thomas de Marle,

Seigneur de Coucy, de La Fère, de Boves, de Marle et de Montaigu.

Le perfide châtelain ayant achevé cette importante missive, où l'injure se mêlait de toutes parts à l'ironie la plus haineuse, roula le parchemin sur lequel il venait de l'écrire, et y apposa son sceau, tout en se disant au fond de son âme :

— Je connais ce Fortin : l'ambition d'étaler aux yeux des Laonnais le zèle ardent avec lequel il veut paraître veiller à leurs intérêts, va le porter aux dernières rigueurs envers Géraldine ; il fera un grand bruit de cette affaire, assemblera les échevins, et traduira l'accusée devant leur tribunal, qui ne manquera certainement pas de la condamner à plusieurs années de prison. Si Roger d'Arvelles, apprenant ce qui se passe à Laon, tente de justifier Géraldine, et se met en l'esprit de la faire reconnaître pour la fille de Bohémard, ces magistrats opiniâtres et entêtés, en l'absence de toutes preuves, le prendront pour un fou ou pour un imposteur ; et, s'il essaie, dans son désespoir, de l'arracher de leurs mains par la violence, ce sera entre eux et lui une guerre acharnée, dans laquelle il ne sera pas le plus fort ; et, repoussé, vaincu, peut-être fait prisonnier, il aura vu son héroïsme n'aboutir qu'à les irriter davantage, et à les pousser à rendre plus dure encore la captivité de sa fiancée !... ah ! je leur prépare à tous deux une rude besogne dans Laon, en attendant que la retraite des troupes royales me permette d'exécuter mon projet bien arrêté d'aller réduire en cendre cette sotte et odieuse ville !... quant à l'intervention du roi en faveur de Géraldine, elle n'est pas à craindre : Louis-le-Gros est venu chercher, cette nuit, la fin de son règne dans la forêt de Coucy !

Thomas de Marle, ayant donc cacheté sa lettre, tout en faisant ses réflexions, la donna à l'un des trois hommes qu'il chargea de conduire Géraldine auprès de Fortin-l'OEil-d'Aigle.

Quelques minutes plus tard, la naïve et confiante enfant, la joie au cœur, le sourire sur les lèvres, et appuyée au bras de la bonne mère Thierri, non moins heureuse qu'elle, sortait du château ; et elle s'en éloigna avec ses guides, ou plutôt ses gardiens, par la grande avenue, seule route de la forêt où il n'y eût ni fosses, ni piéges, ni chausses-trapes, mais qui, comme entrée principale, était tellement entourée de fortifications, que, de ce côté, la Ferté paraissait imprenable.

Dès que Géraldine fut partie, le sire de Coucy eut à s'occuper d'une autre affaire, qu'il tenait à régler définitivement avant de se rendre dans la forêt. Il fit amener devant lui les cinq marchands retenus dans ses cachots. Il avait proposé plusieurs fois, dans la journée, à ces malheureux de racheter leur liberté par une rançon ; mais la somme exigée par lui dépassait tellement leurs ressources, qu'ils n'avaient pu s'engager à la lui payer.

— Persistez-vous toujours dans votre refus ? leur dit-il de son ton le plus menaçant en les voyant arriver.

— Comment, messire, répondit l'un d'eux, comment saurions-nous faire l'impossible ? Nous ne parviendrions même pas, en nous épuisant, à fournir, entre nous cinq, la somme que vous demandez à chacun de nous !

— Est-ce votre dernier mot ?

— Mais, messire, oubliez-vous que vous avez confisqué nos marchandises ? n'est-ce point assez pour vous ?

— Non ! ce n'est point assez pour moi, quand il s'agit des bourgeois de la commune de Laon !... je vous le répète donc : est-ce votre dernier mot ?

— Eh bien ! oui, c'est notre dernier mot ! s'écrièrent d'une seule voix les cinq marchands avec autant d'intrépidité que d'indignation.

— Alors, le supplice des pouces ! dit le châtelain d'un accent terrible en se tournant vers ceux qui avaient amené les prisonniers.

Ces infortunés furent entraînés dans la cour. Là, on les pendit par les pouces à des anneaux de fer le long d'une muraille, et on leur attacha une lourde pierre sur les épaules, pour accroître le poids de leur corps et augmenter ainsi la douleur de cet affreux supplice. C'était un de ceux employés le plus communément par Thomas de Marle dans ses atroces vengeances (1).

Au moment où ces victimes de sa diabolique cruauté remplissaient l'air de cris déchirants, il vint à passer devant ce hideux spectacle, ayant derrière lui les cinquante hommes avec lesquels il devait aller tendre des embûches au roi, et quelques-uns de la sinistre bande qui l'avait suivi dans la tour du veneur. Ces derniers tenaient Lengly-le-Roux solidement enchaîné et les mains liées derrière le dos.

(1) Daniel, *Hist. de France;* Melleville, *Hist. de la ville de Laon.*

— Infâme traître ! dit alors en ricanant le sire de Coucy à l'ancien dizainier tout effaré d'épouvante, entends-tu cette musique joyeuse ? eh bien ! c'est précisément celle dont tu réjouiras tout-à-l'heure nos oreilles; car, sournois coquin, ta fourberie, avoue-le, mérite bien que, au lieu de te faire épouser Géraldine, comme je te l'avais promis, je te marie, cette nuit, avec une corde de bon chanvre ! mais ce n'est pas aux murailles de ma ferté que je veux te voir attaché, toi ; je te dois une place priviligiée : tu vas respirer à ton aise l'air de la forêt, au faîte d'un chêne, afin que les corbeaux viennent demain, à la pointe du jour, becqueter ta chair et boire ton sang !

Et, après avoir prononcé cette horrible sentence, le sire de Coucy, avec tous ceux qui le suivaient, alla s'engager dans une des nombreuses issues souterraines du château, laquelle aboutissait fort loin dans la forêt, aux environs des rochers de la Chênaie.

FIN DE LA PREMIÈRE PARTIE

DEUXIEME PARTIE

I

LE CONSEIL DE GUERRE

Il nous faut maintenant retourner à Laon, et reprendre notre récit au moment où Fortin-l'Œil-d'Aigle, le centenier Gilbert et Louis le Gros, sous le nom du heaumier Turvald, sortaient de l'hôtel de l'échevinage pour se rendre auprès du gouverneur militaire de la ville, Guy de Rochefort, qui, comme cela a été dit, habitait le Palais-Royal.

On se rappelle que les deux premiers allaient le trouver pour l'instruire de l'acte de brigandage commis dans la matinée par le sire de Coucy contre cinq commerçants de la commune, et que le prétendu heaumier était censé lui porter le casque dont il avait le chef couvert, et le haubert qui ceignait son épaisse et robuste taille. On n'a pas oublié non plus avec quel air d'importance et de prétention à une perspicacité sans égale, l'honorable mayeur, petit homme à la face rubiconde et au cœur enflé du sentiment de ses hautes fonctions administratives, avait dit à Gilbert que la subtilité de son coup d'œil lui avait fait deviner un cerveau dérangé dans ce heaumier s'affublant sans gêne des articles de son commerce, attendus par ses chalands, et qui s'était passé l'inconcevable fantaisie d'écrire à Thomas de Marle, dans l'intention d'arrêter les effets de la colère de l'impétueux châtelain à l'égard de Géraldine Arnould. On se souvient enfin qu'ils cheminaient tous trois à travers la ville, tandis que tintait dans le beffroi la cloche d'alarme pour la prompte assemblée de la milice, et qu'on ne voyait par les rues que figures agitées ou épouvantées, bourgeois courant au lieu de réunion de leurs centaines, armés d'arbalètes, de pertuisanes ou d'épées, et femmes exerçant largement leur babil sur le seuil des portes, avec des mines aussi vivement bouleversées par la curiosité que par la terreur.

En fendant cette foule qui ondoyait sur ses pas avec le mugissement des vagues de l'océan sous le souffle de l'orage, le roi avait eu soin d'abaisser le capuchon de son surcot sur son visage. Il n'était venu à Laon que deux ou trois fois en sa vie, et même il n'avait fait qu'y passer, pendant la nuit, à des époques où Fortin et Gilbert n'étaient pas encore revêtus des dignités qu'ils durent plus tard aux suffrages de leurs concitoyens; mais quelques échevins de ce temps-là l'avaient vu ; ils pouvaient se rencontrer en ce moment sur son passage, le reconnaître et le désigner à la multitude. Cela n'eût pas manqué d'attirer autour de sa personne des rassemblements animés par l'admiration et l'enthousiasme que les actes de son règne n'avaient jamais cessé d'exciter parmi le peuple : or, c'étaient précisément ce bruit et ce tumulte qu'il voulait éviter en se cachant le visage.

Après une marche de dix minutes, nos trois personnages arrivèrent sous les hautes murailles d'un énorme bâtiment flanqué de tours et entouré de fossés : c'était le Palais-Royal. Ce monument, d'architecture lourde et massive, ne comptait pas moins déjà de six siècles d'existence, puisqu'on fait remonter l'origine de sa construction au règne de Clovis, mort en 511. Environ quatre cents ans après son édification, et n'ayant sans doute servi, durant tout ce temps, que de château-fort pour la défense de la ville, ou, par intervalles, de résidence passagère à quelques monarques, il fut définitivement habité par Louis d'Outre-Mer, qui, appelé au trône en 936, vint fixer sa cour à Laon. Cette ville devint ainsi la capitale de la France, et demeura en cet état jusqu'en 991, sous Hugues Capet. C'est ce qui valut à son château le nom de Palais-Royal, qui lui resta dans l'histoire.

Quand Fortin-l'Œil-d'Aigle se vit à quelques pas du pont-levis abaissé sur le fossé, en face de l'entrée principale du palais, il crut devoir se retourner vers le gros fabricant de heaumes, dans l'intention de lui faire la plus jnste et la plus sensée des observations.

— Mon brave ami, lui dit-il, ne vous fâchez pas si, en conscience, je me sens forcé de vous adresser une question d'assez grande importance sur la singularité de votre façon d'être.

— Vous me voyez prêt à vous écouter et à vous répondre, répliqua le faux Turvald.

— Eh bien ! est-ce que par hasard vous auriez conçu l'idée de vous présenter chez monseigneur le gouverneur, ayant en tête ce heaume, et sur le corps ce haubert qui lui sont destinés ?

— Et pourquoi donc ne les garderais-je pas sur moi ? répondit Louis-le-Gros avec un imperturbable sang froid.

— Parce que, à vous le dire franchement, cette manière de livrer sa marchandise à un aussi grand personnage que Mgr Guy de Rochefort, me paraît s'écarter étrangement du respect qui lui est dû.

— Vous vous trompez : il sera enchanté de me recevoir ainsi.

— Enchanté ? répéta le mayeur avec un sourire de généreuse compassion ; vous avez vraiment des convictions qui n'appartiennent qu'à vous, maître heaumier !

— Enchanté, vous dis-je ! reprit le monarque en appuyant plus fortement encore, sur le mot... du reste, j'ai déjà appris à votre digne et valeureux centenier, que mon habitude a toujours été de servir de la sorte mes pratiques ; et je dois maintenant ajouter que je ne la changerai pas pour rien au monde, et pour qui que ce soit.

Fortin haussa les épaules.

— En vérité, pensa-t-il, c'est être fou soi-même que de chercher à faire entendre raison à un fou !

Toutefois, une nouvelle idée, qui témoignait encore de son judicieux discernement, lui traversa l'esprit, et il ne put résister au juste désir de l'exprimer.

— Maître Turvald, reprit-il aussitôt, il est une chose à laquelle, au milieu des graves préoccupations attachées à mes fonctions, je n'avais pas encore songé, et qui ne saurait qu'exciter au plus haut point ma surprise : Monseigneur Guy de Rochefort est loin d'avoir votre respectable corpulence ; or, quaud il aura en tête le heaume qui coiffe la vôtre, et qu'il aura ceint le haubert dont votre remarquable torse est couvert, il sera, ce me semble, tout aussi à l'aise dans une telle armure, qu'une noisette que je ballotterais dans le fond de mon chaperon.

— Vous vous trompez encore.

— Ah ! vraiment ! répliqua Fortin tout ébahi de tant d'aplomb ; je me trompe ? Vous en êtes sûr ?

— Très sûr... j'ai acquis, à force d'art, le secret de fabriquer mes heaumes de telle façon qu'ils vont à toutes les têtes ; et mes hauberts de telle façon aussi qu'ils se prêtent, soit en moins, soit en plus de largeur, aux exigences de toutes les tailles !

— Ah ! par mon âme, s'écria Fortin en sentant redoubler sa compassion a l'égard de l'état moral de son interlocuteur, voilà certainement un secret qui tient du prodige et m'émerveille sur les progrès que vous avez fait faire à votre art !... Vous me fermez la bouche : je n'ai plus rien à dire.

Et l'honnête mayeur, précédant le roi et Gilbert, entra dans le Palais-Royal, du pas lent, digne et majestueux qui convenait à la gravité du premier magistrat de la ville.

Cependant, comme il mettait pied dans une longue galerie qu'il avait à traverser, il s'avisa de laisser passer maître Turvald devant lui, et, touchant Gilbert du coude, il lui dit à l'oreille :

— Hein ! ami centenier, que penses-tu de ce pauvre cerveau fêlé ?

— Je t'assure, moi, répondit fermement Gilbert, qu'il a toute sa raison.

— Es-tu fou toi-même ? Je te dis que je sais à qui j'ai affaire : est-il besoin de te rappeler que j'ai un coup-d'œil qui ne me trompe jamais ?

— Mais songe donc, Fortin, à l'intrépidité réfléchie et calme, avec laquelle il m'a sauvé la vie, ce matin, en assomant, broyant, anéantissant cinq de mes ennemis sur la route !

— Raison de plus ! il n'est tel qu'un fou pour frapper dur... ah ! je suis curieux de voir l'accueil que monseigneur de Rochefort va faire à cet étrange fabricant de heaumes et de hauberts !

Comme ils achevaient à la sourdine ce petit colloque, Fortin et Gilbert arrivèrent devant la salle où le gouverneur de Laon avait coutume de recevoir ceux que des affaires pressantes amenaient près de lui.

Louis le Gros qui, ainsi que nous venons de le dire, les précédait en ce moment, allait délibérément ouvrir la porte de cette salle, lorsque le mayeur l'arrêta soudain en lui saisissant le bras.

— Halte-là, mon ami, halte-là ! lui dit-il en se donnant un air quelque peu imposant ; c'est mon droit et mon devoir d'entrer ici le premier ; quand je me serai suffisamment entretenu avec Monseigneur des intérêts de la ville, vous pourrez songer à lui parler des vôtres... jusque-là, tenez-vous, je vous prie, modestement derrière moi.

Le roi s'effaça aussitôt pour laisser passer le mayeur et le centenier.

Deux chevaliers, tous deux dans la force de l'âge, et revêtus de pied en cap de leur armure, comme en un jour de combat, se trouvaient dans la salle, debout et causant d'une façon très animée : l'un était Guy de Rochefort ; l'autre, le comte Raoul de Vermandois. Nous avons déjà parlé de ce dernier : on se souvient que son frère Aimeri, seigneur de Chaumont-en-Vexin, cherchant à faire valoir ses droits à la comté d'Amiens, sur laquelle Thomas de Marle élevait aussi des prétentions, avait été assassiné par les ordres de son compétiteur ; et nous avons ajouté que Raoul de Vermandois avait juré de tout mettre en œuvre pour venger ce frère infortuné, victime d'un crime si lâche !

Fortin-l'Œil-d'Aigle s'avançait donc vers ces deux chevaliers, s'efforçant de se dresser le plus possible sur ses talons et de porter haut la tête, afin de faire disparaître, en cette circonstance solennelles les désavantages inhérents à sa petite taille, lorsque ceux dont il comptait frapper l'attention par ce maintien si soigneusement étudié, s'ébranlèrent ensemble, comme de concert, le bousculèrent sur leur passage sans paraître l'apercevoir, et allèrent derrière lui s'incliner aux pieds du haumier Turvald.

Le mayeur ouvrait de grands yeux, demeurait bouche béante, croyant en son âme qu'une sorte de folie contagieuse s'était logée autour de lui dans toutes les têtes.

Mais, autre spectacle plus étonnant : il vit cet étrange marchand d'armures tendre en souriant sa main à ces deux grands personnages, si humblement prosternés en sa présence ; puis, Guy de Rochefort prendre vivement cette main et la porter à ses lèvres !

— Sire ! s'écria alors le gouverneur d'une voix émue, mon Dieu ! est-ce bien vous !

Le comte de Vermandois, baisant à son tour la main qui lui était amicalement offerte :

— Sire, dit-il aussi au milieu d'une grande agitation, ah ! quelle imprudence !

Le mayeur, pour le coup, pensa devenir fou lui-même, en songeant à toutes les bévues innocentes qu'il venait de commettre envers son souverain. Sa figure joufflue passa subitement du rouge au vert, puis, par l'effet de la réaction, du vert à l'écarlate : il suait, soufflait, courbait aussi son front jusqu'à terre, cherchait dans sa tête une excuse et ne trouvait point de termes pour la formuler.

— Ah ! sire ! balbutia-t-il dans cette cruelle position... sire !... sire !

Sa voix s'éteignit sur cet unique mot trois fois prononcé.

Le roi eut pitié de son embarras : il tendit aussi la main à l'excllent magistrat, puis à Gilbert.

— Pardon, mes amis, leur dit il de son air ouvert et franc, pardon si j'ai attendu jusqu'à ce moment pour me faire connaître.

— Ah ! sire, répondit Fortin à qui tant d'aménité rendit un peu d'assurance et de courage, je vous avais, moi, parfaitement reconnu ! Mon œil est trop exercé dans l'art de tout démêler chez les hommes, pour n'avoir pas sur-le-champ deviné, à travers ce singulier accoutrement, un front habitué à porter la couronne ; mais, sachant que vous prenez souvent plaisir à vous mêler, sous un déguisement, à votre peuple qui vous chérit autant qu'il vous admire, j'aurais cru m'écarter de mon strict devoir en ne cherchant point à servir vos secrètes intentions : j'ai donc fait l'ignorant et l'aveugle, pour vous permettre de jouer tout à votre aise le rôle que vous teniez à remplir parmi vos féaux sujets de votre bonne ville de Laon (1).

— Honorable mayeur, dit le roi, je vous remercie tout particulièrement de votre discrétion.

— Ah ! sire, reprit alors Raoul de Vermandois, je tremble à l'idée des dangers auxquels vous vous êtes, ce matin, volontairement exposé !

— Je suis, sire, sous l'empire de la même impression, dit Guy de Rochefort ; comment avez-vous pu vous aventurer sans escorte sur des routes continuellement infestées par les brigandages de Thomas de Marle?

— Que voulez-vous, répondit tranquillement le monarque, j'éprouvais depuis longtemps le désir de m'éclairer par moi-même sur l'état des esprits dans cette province, tant à mon égard qu'au sujet du sire de Coucy, et je ne me repens point d'avoir cédé aujourd'hui à ce désir ; car mon voyage a été fécond en événements mémorables, et par conséquent en enseignements précieux, qui n'ont fait que m'affermir dans la résolution de poursuivre sans délai et avec vigueur, l'affaire importante pour laquelle je vous avais assigné le rendez-vous qui nous réunit en ce moment. Nous allons donc immédiatement tenir conseil avec le mayeur de Laon et le brave centenier Gilbert, qui nous aideront de leurs lumières et de leurs avis.

— Et qui sont prêts aussi à vous aider de leurs bras, sire ! dit Gilbert en portant, avec un chaleureux élan, la main à la garde de son épée.

— Oh ! oui, oui ! de leurs bras ! s'écria de son côté le petit mayeur, qui, n'ayant point d'armes, se mit à gesticuler de toutes ses forces.

— Mais, Fortin, demanda le gouverneur, d'où vient donc ce tumulte qui remplit la ville depuis un instant? Pour quels motifs avez-vous fait sonner la cloche d'alarme ?

— Ah ! ceci, monseigneur, concerne précisément les événements dont le roi vient de vous parler, et que nous avons maintenant, Gilbert et moi, à vous raconter.

Fortin et Gilbert firent alors au gouverneur le récit de l'attaque dont les cinq marchands de la commune avaient été l'objet.

— En vérité, sire, dit Guy de Rochefort, après avoir prêté une attention émue à tous les détails de cette sanglante affaire, Thomas de Marle semble s'être imposé la tâche d'outrager à la fois et sans relâche, le ciel, son prince, et tous les hommes !

— Sire ! s'écria le comte de Vermandois avec toute la véhémence d'une furieuse indignation, ce n'est pas seulement pour venger la mort de mon frère Aimeri, que je porte aujourd'hui une lance et une épée, c'est maintenant aussi pour punir, comme il le mérite, le crime infâme commis à l'égard de ces cinq bourgeois, retenus prisonniers par ce monstre qui va leur faire subir les plus atroces tortures dans

(1) Nous devons faire observer ici que le titre de *Majesté* n'était pas alors en usage : on ne parlait aux rois qu'à la seconde personne.

son château, au mépris de votre autorité, et des priviléges dont vous avez gratifié la ville de Laon!

— Comme vous en avez été tous deux prévenus, vous, comte de Vermandois, et vous, sire de Rochefort, répondit le roi, je ne me suis rendu ici que dans le but de m'entendre avec vous pour soumettre ce châtelain félon, dont les méfaits, sans cesse renaissants, ont enfin lassé ma clémence. Or, les mesures que j'ai déjà prises à son égard me permettent d'espérer qu'il recevra bientôt le châtiment dû à sa perfidie et à ses cruautés.

— Quelles sont ces mesures, sire? demanda le comte avec anxiété.

— Ce matin, dit Louis le Gros, j'ai divisé en quatre corps les troupes dont j'étais accompagné en mettant pied dans le Vermandois ; si les chefs que j'ai mis à leur tête exécutent rigoureusement, et surtout habilement mes ordres, les quatre fertés de Marle, de Boves, de La Fère et de Montaigu, seront investies, dès la nuit, et leurs garnisons n'auront aucun moyen d'en sortir. Privé de leur secours, mon vassal rebelle ne pourra m'opposer que les hommes d'armes renfermés dans son château de Coucy : c'est là que nous l'attaquerons avec les troupes placées sous votre commandement dans le comté de Vermandois, avec celles du gouverneur de Laon, et aussi avec l'aide de la fidèle et vaillante milice de la commune.

— Toutes les troupes que j'ai pu lever, répondit le comte, m'ont suivi ; elles sont campées à un quart de lieue de la ville, et demandent à grands cris le combat contre celui qui est devenu, depuis trop longtemps, l'objet de l'exécration publique.

— Les miennes, dit Guy de Rochefort, sont animées du même esprit, et témoignent la même impatience.

— Quant à notre intrépide milice, s'écria Fortin l'Œil-d'Aigle en bondissant d'ardeur et d'enthousiasme, je puis assurer qu'elle se fera massacrer jusqu'à son dernier homme plutôt que de lâcher pied devant son infernal ennemi!

— Il me semble, dit Louis le Gros en souriant, que voilà plus de forces qu'il n'en faut pour ruiner, cette nuit même, de fond en comble, sa formidable ferté de Coucy!

Le gouverneur de Laon s'inclina en cet instant d'un air pensif et soucieux devant le roi.

— Sire, reprit-il, nous vous avons sincèrement dit avec quel chaleureux élan marcheront les hommes que nous mènerons au combat; mais il est des choses que vous ignorez sans doute, et qui doivent peu nous laisser l'espoir d'une victoire facile, ni même possible.

— Mon Dieu! messire de Rochefort, repartit gaiement le roi, quelles sont donc ces choses? Il faut qu'elles soient bien terribles, à en juger par votre visage presque épouvanté.

—D'abord, sire, répondit le gouverneur, ce serait folie de songer à attaquer le château de Coucy par le frontispice, c'est-à-dire par la grande avenue : il est, de ce côté, défendu par des fortifications si bien entendues, qu'un siége d'une année ne nous y ferait point avancer d'un pas.

— Aussi n'est-ce point par là que je compte diriger l'attaque.

— Eh bien! partout ailleurs se rencontreront des obstacles presque insurmontables.

— Expliquez-vous vite : en quoi consistent, selon vous, ces obstacles?

— Une armée, si habilement conduite qu'elle fût, sire, et sur quelque point qu'elle prît sa direction dans la forêt, ne parviendrait pas à un mille seulement des murailles du château, sans périr tout entière dans les fosses et les piéges invisibles que recèle le sol de cette forêt.

— N'est-ce que cela? repartit le belliqueux monarque en riant de nouveau; j'ai rencontré bien d'autres dangers dans ma vie : j'affronterai de gaieté de cœur encore celui-là!

— Sire, dit le gouverneur d'un ton ferme, vous n'exposerez pas vos jours dans une telle entreprise!

— Et qui m'en empêchera, s'il vous plait?

— Vos fidèles, vos dévoués chevaliers et serviteurs, qui vous supplieront de rester à Laon, tandis qu'ils se montreront heureux de se jeter dans des périls qu'ils ne sauraient, sans une trop coupable légèreté, laisser courir à un prince sur la tête de qui reposent le salut et le bonheur de la France.

— Sire, dit Raoul de Vermandois, le gouverneur de Laon a vraiment raison de vous tenir ce langage.

Cette fois, le roi ne riait plus ; il regarda d'un air fier et presque irrité ses deux interlocuteurs.

— Vive Dieu ! messires, leur répondit-il, me prenez-vous donc pour un page tenu en tutelle par les soins délicats d'une châtelaine, et qui en est encore à donner son premier coup de lance ? Louis le Batailleur ne veut pas être indigne de son surnom : il ne saura jamais se dérober à la nécessité de châtier de sa main tout traître qui ose faire outrage à sa couronne, en portant atteinte aux droits, à la liberté ou à la vie de ses sujets !

— Mais, sire, reprit le gouverneur, c'est, je vous le répète, la mort que vous allez chercher dans la forêt de Coucy !

— Quand un roi s'acquitte de son devoir, repartit Louis le Gros, il ne lui appartient pas de voir si, au delà de ce devoir, la mort lui fait face !

Ces derniers mots avaient été prononcés d'un ton si net, si résolu, si imposant et qui permettait si peu la réplique, que Raoul de Vermandois et Guy de Rochefort courbèrent tristement le front en silence, à l'idée de l'imminent péril contre lequel leur souverain voulait absolument se heurter avec son impétuosité accoutumée.

— Sire, dit en ce moment Gilbert qui n'avait pas encore pris la parole, me serait-il permis de donner aussi mon avis ?

— Ah ! s'écria Louis le Gros, j'entends la voix de mon vaillant frère d'armes de ce matin ! Je suis sûr que celle-là ne s'élèvera pas pour me conseiller de fuir le danger !

— Non, sire, répondit le centenier; car, s'il se rencontre devant nous, j'ai le moyen, je crois, de l'écarter de vos pas.

Le roi, le gouverneur, le comte et le mayeur lui-même arrêtèrent sur Gilbert leurs yeux avec une indéfinissable surprise.

— Je vous ai dit, ce matin, durant notre route, poursuivit-il, combien, depuis mon retour de la Palestine, je me sentais dévoré d'ennui de voir mon épée se rouiller au fourreau : j'ai prévu le cas où la milice de Laon aurait enfin à relancer, jusque dans son repaire, ce loup affamé de carnage qu'on appelle le sire de Coucy; or, j'ai pris mes mesures pour pouvoir tout à mon aise m'en donner à cœur joie avec ses gens ou avec lui-même, le jour d'une bataille décisive ; pour cela, déguisé tantôt en bûcheron, tantôt en mandiant, je me suis maintes fois glissé, la nuit comme le jour, dans sa forêt si redoutable, et, à force de patience et de ruse, examinant, tâtant, sondant le terrain de tous côtés, j'ai réussi à découvrir tous les piéges et toutes les fosses terribles qu'il recouvre.

— Tu as fait cela, brave centenier ? dit vivement, dans sa stupéfaction, le roi qui estimait au plus haut point chez les autres cette téméraire et indomptable intrépidité dont ses actions contenaient des exemples si mémorables.

— Le sournois ! pensa Fortin l'Œil-d'Aigle, quelque peu piqué de jalousie ; il fait ses coups en cachette ; il ne m'avait rien dit de ses desseins !

— Je me suis donc assuré d'une chose, reprit Gilbert : c'est que, partout où se trouve un de ces piéges ou une de ces fosses, le gazon qui les recouvre, y ayant été transporté d'ailleurs, apparait flétri et desséché. Ce sera donc là un premier indice qui nous guidera facilement dans notre marche.

— Rien n'est plus juste : voilà une idée lumineuse ! dit le monarque.

— Oh ! oui, lumineuse ! répétèrent ensemble le gouverneur et le comte.

— Oh ! certainement très lumineuse ! soupira le mayeur, qui, se grattant l'oreille et faisant un peu la grimace, voyait le centenier fort près de devenir le héros de la situation.

— Mais, continua Gilbert, nous ne nous en tiendrons pas à cet indice seul : je serai à la tête de ma centaine, et j'ouvrirai la marche; mes hommes seront munis de grosses pierres, dont chacune ne pèsera pas moins de vingt livres ; et partout où sur leurs pas, il y aura doute pour notre sûreté, ils jetteront avec force une de ces pierres devant eux ; si le sol résiste, nous pourrons avancer sans crainte. Je suis certain que nous parviendrons ainsi sans encombre à atteindre le pied des murailles du château.

— Voilà qui est parler en homme aussi brave qu'intelligent ! s'écria le roi d'un ton chaleureux.

— Si la victoire est pour nous, dit franchement Guy de Rochefort, nous la devrons au centenier Gilbert !

— Oh ! assurément ! ajouta Raoul de Vermandois.

— Oh ! bien assurément ! soupira de nouveau Fortin l'OEil-d'Aigle, que la jalousie mordait de plus en plus au cœur.

— Mon valeureux compagnon de route, reprit aussitôt Louis le Gros en serrant tout rondement, et avec une vive satisfaction, la main de Gilbert, sois persuadé que je n'oublierai pas plus la rare sagacité dont tu fais preuve en ce moment, que l'ardent courage que tu as déployé ce matin à mes côtés !

— Sire, répondit Gilbert tout confus et pénétré de reconnaissance, j'ignore le sort que le ciel me réserve ; mais je sens bien maintenant que je ne mourrai en paix que quand l'occasion m'aura été offerte de défendre, au péril de ma vie, ce précieux sang que vous avez si généreusement exposé aujourd'hui pour le salut du plus humble de vos sujets !

Et le pauvre centenier ne put s'empêcher de porter sa main à ses yeux pour y essuyer une larme que son émotion arrachait à son cœur.

— Allons ! mes amis, reprit soudain le roi en mettant à profit l'enthousiasme de chacun, il ne nous reste plus maintenant qu'à nous tenir prêts pour le départ. Dès l'approche de la nuit, nous nous mettrons en marche, de manière à pouvoir nous trouver sur la lisière de la forêt de Coucy vers onze heures au plus tard.

Sur ces paroles, le mayeur et le centenier s'inclinèrent, puis sortirent de la salle, où le monarque resta avec Guy de Rochefort et le comte de Vermandois.

Fortin et Gilbert se retiraient en marchant côte à côte ; mais l'incomparable mayeur baissait les yeux en silence et d'un air dépité ; il lui en coûtait d'adresser la parole à son concitoyen aussi sagace qu'intrépide ; l'aiguillon de la jalousie faisait toujours un certain ravage dans son âme, cependant honnête et innocente.

— Ce centenier, se disait-il, est vraiment capable de faire un rapide et brillant chemin dans les bonnes grâces de notre glorieux et magnanime souverain ! Mais où diable a-t-il puisé toutes les ressources qu'il loge en son esprit? Il est vrai qu'il est allé combattre les Sarrasins, et que quand on a fait mordre la poussière à quelques-uns de ces mécréants, on doit avoir de singuliers avantages sur ceux de ses semblables qui n'ont pas eu le même bonheur ! Mais c'est égal : il ne l'emportera jamais sur moi dans l'art de lire, d'un seul coup d'œil, sur les physionomies, les secrets le plus profondément enfouis au fond du cœur des hommes !

Un peu consolé par cette pensée, Fortin se dirigea assez gaiement vers l'hôtel de l'échevinage, tandis que Gilbert courut prendre le commandement de sa centaine, déjà réunie depuis longtemps au son de la cloche du beffroi, dont le tintement ne cessait de s'élever lugubrement dans les airs.

II

LA CAVERNE.

Vers onze heures du soir, Louis le Gros, ainsi qu'il se l'était proposé, atteignait la lisière de la forêt de Coucy, située à quatre lieues de Laon. Il avait pour avant-garde cent hommes d'armes ; deux cents autres environ le suivaient. Pour avoir une juste idée de la composition et du nombre effectif des troupes de ces temps-là, il faut faire attention que ce qu'on entendait alors par un homme d'armes ou une lance était un chevalier accompagné de son écuyer et de cinq soldats.

Derrière ce corps d'armée, fourni par la

garnison de Guy de Rochefort, et par le ban et l'arrière-ban de la noblesse, que Raoul de Vermandois avait, pour le service du prince, levés dans son comté, s'avançaient les deux tiers de la milice de Laon ; l'autre tiers était demeuré dans la ville avec le mayeur, les jurés et les échevins, pour garder les foyers.

Ce fut en ce moment qu'un des courriers de Thomas de Marle, caché dans un chemin creux, comme on se le rappelle, aperçut le roi à la clarté des rayons de la lune, et l'entendit causant avec le comte de Vermandois et Guy de Rochefort, qui marchaient à ses côtés.

Sur le point de s'engager dans la dangereuse forêt, les troupes firent halte, et leur ordre fut entièrement changé : Gilbert, avec sa centaine munie de lourdes pierres destinées à tâter le terrain, passa en avant ; deux ou trois autres centaines, composées de fantassins comme la sienne, se joignirent à lui, et tous ces hommes de pied se vouèrent aussitôt à l'effroyable tâche d'ouvrir une route sûre aux cavaliers. Mais le roi, toujours entraîné par une généreuse intrépidité, et qui ne souffrait jamais qu'on le laissât en arrière, quand il y avait péril en avant, descendit de cheval, et voulut absolument se jeter sur les pas de Gilbert ; aussitôt, Guy de Rochefort, Raoul de Vermandois, et plusieurs autres chevaliers, se voyant impuissants à lui faire abandonner sa téméraire résolution, mirent également pied à terre, déterminés, puisqu'ils n'avaient aucun moyen de réprimer son ardeur, à partager du moins son sort.

Tout étant ainsi réglé pour la marche, on entra avec précaution dans la forêt. Heureusement, la lueur de la lune, se glissant à travers les futaies, éclairait les sentiers, et devenait d'un précieux secours dans cette scabreuse entreprise.

Les mesures prises par Gilbert eurent de merveilleux résultats ; il sut découvrir presque partout, à l'herbe flétrie et desséchée, comme il en avait prévenu le roi, les gouffres profonds, hérissés de pieux aigus et de fers de lances, que recouvraient certaines parties du sol ; et alors les troupes se détournaient aisément de ces abîmes. Dans d'autres endroits où son œil exercé ne lui donnait pas l'entière certitude d'un chemin sûr, il ordonnait à ses hommes de jeter quelques-unes des grosses pierres dont ils étaient chargés, et ces projectiles, lancés par des bras vigoureux, ou accusaient l'existence d'un terrain plein et solide, ou faisaient jouer la bascule d'un piége énorme, ou crevaient la couverture d'une fosse.

On arriva ainsi lentement, mais sans obstacle sérieux, aux rochers de la Chênaie, situés sur la route la plus directe qu'on pouvait se tracer dans la forêt pour approcher des murs du château de Coucy, dont on était encore éloigné environ d'un mille. Les troupes suspendirent un instant leur marche à la vue de ces rochers, pour laisser aux hardis miliciens le temps de continuer à sonder le terrain devant elles. Louis le Gros, avec le petit nombre de chevaliers dont il était entouré, s'avançait toujours sur les traces de ces aventureux travailleurs. Cependant, un moment vint où il fut obligé de s'arrêter aussi, dans un endroit où Gilbert et ses hommes, privés de la lumière de la lune, interceptée par les masses granitiques qui s'élevaient à côté d'eux, se trouvèrent dans la nécessité de poursuivre leur œuvre avec plus de précaution et plus de lenteur encore qu'auparavant : le roi, s'adossant alors à un bloc de roche, qui formait l'angle d'un étroit défilé, attendit ainsi que le signal lui fût donné de se remettre en mouvement.

Il était dans cette position depuis cinq minutes à peine, séparé par une trentaine de pas de ses chevaliers qui suivaient de l'œil le travail des miliciens, lorsqu'il vit se projeter près de lui sur les bruyères, une ombre étrange, colossale, mouvante, laquelle venait du défilé, où s'était glissé un rayon de la lune que la hauteur des rochers masquait partout ailleurs. Cette ombre, excessivement allongée par l'effet de l'inclinaison de l'astre des nuits sur l'horizon, lui représentait un casque énorme, surmonté d'un cimier de forme bizarre, et, au-dessous de ce casque, un bras gigantesque tenant une lance. Louis le Gros se tourna subitement vers l'intérieur du défilé, et il se trouva alors en face de la réalité, c'est-à-dire en face d'un chevalier de moyenne taille, qui, s'arrêtant tout à coup, lui adressa ces mots, en laissant tomber sa lance à terre et mettant l'épée en main :

— Qui que tu sois, dépose tes armes à mes pieds, ou apprends que ta résistance sera ton arrêt de mort.

— Vive Dieu! s'écria le roi, voilà qui est nouveau : disposer ainsi de ma vie sans ma permission! Ta forfanterie mérite une leçon, chevalier téméraire et novice.

Et le bouillant monarque tira aussi sa redoutable épée.

— Tu veux donc mourir? reprit son mystérieux agresseur.

— Non! mais le ciel m'est témoin que je veux seulement t'apprendre à qui tu oses t'attaquer!

Alors, Louis le Gros, se jetant dans le défilé, et croyant avoir affaire à l'un des hommes d'armes du sire de Coucy, fondit avec l'impétuosité de l'ouragan sur le présomptueux chevalier dans lequel le lecteur a sans doute déjà reconnu Roger d'Arvelles sortant de la voie souterraine où Milesende l'avait conduit. De son côté, le jeune preux s'élança sur le roi avec furie, s'imaginant aussi avoir sous les yeux l'un des gens du perfide châtelain. Le choc de ces deux combattants animés de la même ardeur et de la même haine, fut terrible : l'épée du roi se brisa sur la cuirasse d'acier de son adversaire; et, comme il en jetait le tronçon à terre en se précipitant sur Roger, pour tâcher de le saisir et de lutter avec lui corps à corps, il toucha du pied un éclat de roche, et tomba brusquement sur ses genoux. Roger bondit vers son adversaire afin de le renverser entièrement, et de le forcer à se rendre en lui mettant la pointe de son arme sur la gorge. Mais Louis le Gros eut le temps de se relever assez tôt pour étreindre vigoureusement le chevalier, lui maintenir les bras, paralyser ses mouvements, l'obliger de lâcher son épée, et leurs deux corps, ne formant plus qu'une seule masse agitée, convulsive et et rugissante, roulèrent en cet état sur le sol où leurs armures produisirent un bruit semblable à celui d'un éclat de tonnerre en se heurtant aux parois du roc.

Leurs voix, ainsi que le choc de leurs épées, avaient frappé les oreilles de Guy de Rochefort, du comte de Vermandois et de leurs compagnons, placés à trente pas du lieu de la lutte; mais, n'apercevant plus le roi à l'endroit où ils l'avaient laissé, et trompés par les échos qui répercutaient les sons en divers sens à travers les rochers, ils s'étaient engagés, d'abord, dans un autre défilé que celui où le combat avait lieu. Enfin, ils parvinrent dans ce dernier. Ils étaient au nombre de dix environ : ils dégagèrent le roi, en se ruant tous à la fois sur Roger, qui, surpris à terre, n'eut aucun moyen de résister à cette brusque attaque; et, alors, ils le tinrent pour ainsi dire cloué au sol, en lui appuyant, sur la poitrine et sur le visage, la pointe de leurs dix épées réunies.

— Vil bandit! s'écria le comte de Vermandois, que le souvenir de son frère assassiné irritait plus que tous les autres contre ceux qu'il supposait être au service du sire de Coucy, recommande ton âme à Dieu : ta dernière heure est venue!

— Non! non! dit le roi en écartant de sa main toutes les épées, que ce jeune homme ait, pour le moment, la vie sauve! Contentez-vous de le faire prisonnier, et emmenez-le pour le placer sous bonne garde.

Quatre ou cinq chevaliers se détachèrent et conduisirent Roger d'Arvelles désarmé vers les troupes restées à peu de distance, derrière le roi. Le prisonnier se laissa entraîner, muet, impassible, le front haut, l'air dédaigneux, comme si, après la défaite, il n'eût pas jugé dignes de sa colère ou seulement de son attention ceux qu'il prenait pour les gens du sire de Coucy. On ne prononça pas, du reste, un mot qui pût lui faire soupçonner quel était l'adversaire qu'il venait de combattre. Il avait été convenu qu'on ne ferait entendre, dans la forêt, aucune parole qui fût de nature à mettre la personne du roi à découvert; car cette parole pouvait être recueillie par des ennemis invisibles qui, le sachant si proche d'eux, n'eussent pas manqué de redoubler d'efforts et d'ardeur pour le faire tomber dans quelque piége.

Louis le Gros fit alors revenir auprès de lui Gilbert et les centaines dont il était accompagné; il le chargea de visiter avec soin les rochers, dans la crainte qu'une embuscade n'y eût été dressée par Thomas de Marle.

Après une demi-heure d'actives recherches, lesquelles n'amenèrent aucune découverte de ce genre, on allait s'éloigner de ce labyrinthe de granit, quand tout à coup le roi, passant devant une sorte d'antre profond, pratiqué par la nature dans le flanc d'une roche, en vit sortir un homme qui, le visage tout effaré, lui barra le passage en s'écriant :

— Sire !... sire! n'avancez pas ! vous courez à votre perte !

On conçoit la stupéfaction dont tout le monde fut saisi à l'apparition de ce nouveau personnage. Guy de Rochefort et quelques chevaliers l'entourèrent aussitôt pour le séparer du monarque et l'empêcher de faire un mouvement de plus; mais Louis le Gros, qui l'examinait, trouvant, sur sa figure épouvantée, un grand air de sincérité, l'apercevant sans armes, vêtu d'habits de bure en lambeaux, et s'aidant d'un bâton pour assurer ses pas, dit au gouverneur de Laon :

— Lâchez ce pauvre homme ; je ne puis croire qu'il cherche à nous tromper.

Le malheureux déguenillé profita de sa liberté pour se jeter aux pieds du roi.

— Relève-toi, lui dit le monarque avec douceur, et parle-moi sans détour : que fais-tu ici, et qui es tu ?

— Sire, répondit l'infortuné, permettez moi d'abord de vous apprendre qui je suis : cela me conduira tout naturellement à vous faire connaître le funeste sort qui me condamne à vivre dans cette forêt... on m'appelle Aubain-le-Boiteux, et j'ai reçu ce sobriquet, il y a onze ans, après avoir eu la jambe fracassée par une chute de cheval, dans la fameuse bataille que le roi d'Angleterre vous a livrée, à cette époque, en Normandie.

— Qu'entends-je ? tu étais de ce sanglant combat? s'écria le Louis le Gros fort étonné.

— J'étais près de vous, sire, au moment où, rencontrant dans la mêlée un gigantesque Anglais qui venait de saisir la bride de votre cheval, et s'écriait : « Le roi est pris! » vous lui fendîtes la tête d'un coup de hache d'armes, en lui répondant : « Imbécile, si tu connaissais le jeu d'échecs, tu saurais que le roi ne se prend pas! »

— Vraiment, tu étais là! repartit le monarque tout ému à ce souvenir, vive Dieu! quel hasard, après onze ans, me fait retrouver, dans ce triste état et dans ce lieu l'un des braves qui ont mêlé leur sang au mien sur le terrain de cette rude bataille ?

— Ce hasard, sire, le voici : sur la fin du combat, mon cheval s'abattit, et me brisa la jambe, comme je l'ai déjà dit. Ma guérison ne put être complète ; je restai estropié. Alors, je me traînai jusque dans le Vermandois pour regagner ma chaumière ; car je suis serf mainmortable du châtelain de Coucy. Mon infirmité me rendant incapable de tout travail de peine, ce seigneur impitoyable me plaça, au bout de quelques années, dans sa forêt, me força de faire de cette caverne, nuit et jour, ma demeure, et m'imposa la tâche, d'abord de donner un coup de sifflet à l'approche de tout étranger, pour avertir de cette approche les sentinelles dispersées de loin en loin autour de moi ; ensuite, d'égarer, par de fausses indications, les troupes du roi, si elles se présentaient ici, et de les faire tomber, par ce moyen, dans les piéges et les gouffres dont la forêt est remplie.

A ces mots, un murmure d'horreur et de malédiction s'éleva dans le petit groupe de chevaliers qui entouraient le roi.

— Et tu as pu, reprit Louis le Gros, te décider à exercer cet affreux métier ?

— Sire, répondit Aubain le Boiteux, j'ai fait serment en mon âme que je ne l'exercerais en aucune occasion ; et vous en avez la preuve en ce moment.

— C'est juste; tu es un honnête homme!... Mais, comment m'as-tu donc reconnu?

— J'étais à l'entrée de ma cabane de pierre, lorsque vous êtes passé près de moi; vous apercevoir et vous reconnaître, n'était-ce point même chose pour mes yeux? Tout un siècle aurait il pu effacer de ma mémoire les traits de mon valeureux souverain, à côté de qui j'ai eu l'honneur de combattre?

— Et tu prétends que je cours ici à ma perte?

— Ignorez-vous, sire, les horribles dangers qui vous environnent?

— Veux-tu parler de ceux que renferme le sol de cette forêt? Tu vois que, jusqu'à présent, nous avons su parfaitement les éviter.

— Il est vrai; et voilà ce qui me confond!

— Eh bien! nous pensons continuer notre marche avec le même succès jusqu'au château de Coucy.

— Mais, sire, à peine aurez-vous fait cent pas de plus, que d'autres dangers vont se présenter, auxquels nulle prudence humaine ne saurait vous soustraire.

— Je suis curieux de les connaître, ceux-là, mon brave ami!

— Sire, à partir de ces rochers, des sentinelles sont postées de toutes parts dans la forêt: le premier cri d'alerte poussé à votre approche, irait, en moins de dix minutes, de sentinelle en sentinelle, retentir aux oreilles de leur terrible maître.

— Ce n'est là qu'un des obstacles les plus ordinaires, attachés à toute expédition.

— Mais qui peut avoir ici des conséquences funestes, qu'il n'aurait pas ailleurs.

— Que veux-tu dire?

— Vous êtes maintenant, sire, à un mille du château de Coucy: or, c'est à cette distance qu'aboutissent la plupart de ses issues souterraines; vous avez donc à craindre d'être, à l'instant où vous vous y attendrez le moins, enveloppé par une légion de vos ennemis, qui trouveront aisément moyen de vous attirer dans quelque embûche, et que, du reste, sur un terrain où vous n'avez pas la liberté de vos mouvements, vous ne pourrez combattre sans courir grand risque à tout moment d'être englouti dans les abîmes cachés sous vos pas.

Cette réflexion judicieuse fit impression sur l'esprit du roi.

— Mais, demanda-t-il, sais-tu où sont situées, dans la forêt, les entrées de ces chemins souterrains?

— Je n'ai pu encore en découvrir une seule, malgré mes persévérants et infatigables efforts pour satisfaire à cet égard ma curiosité.

— Tu m'étonnes?

— Et ce qui augmentera votre surprise, sire, c'est qu'il m'est arrivé maintes fois, quand je croyais autour de moi la forêt aussi déserte que silencieuse, de voir apparaître tout à coup le seigneur de Coucy lui-même, accompagné de cinquante ou soixante de ses gens, soit à pied, soit à cheval; on eût dit qu'un enchantement les avait fait sortir subitement de dessous terre, et que la terre s'était aussitôt refermée après les avoir rejetés de son sein.

— Voilà qui est étrange! dit le roi tout pensif.

Les fronts de ses chevaliers devinrent soucieux.

— Mais, reprit-il, je ne m'explique pas comment, même avec la parfaite connaissance qu'ils ont des lieux, ils peuvent y chevaucher à l'aise sans s'exposer aux plus grands dangers.

— C'est que la route qu'ils doivent tenir dans la forêt est pour eux tracée de manière à écarter de leurs pas tout péril.

— Qui la leur indique donc?

— Partout, sire, où l'on trouve, à travers les sentiers, les grands chemins, ou entre deux rangées de chênes, sous les futaies, des bâtons hauts de trois pieds, fichés en terre, et surmontés d'une touffe de houx, la route que ces bâtons tracent à l'œil, dans toutes les direction où ils mènent, n'a ni piéges, ni fosses, ni chausses-trapes.

— Vive Dieu! mon ami, tu nous livres un précieux secret! il nous eût fait, cette nuit, gagner bien du temps, si nous l'avions connu plus tôt... sont-ce là les seuls renseignements que tu puisses me fournir?

— Oui, sire, les seuls.

— Tout ce que tu viens de nous apprendre, dit Louis le Gros, mérite d'être l'objet de nos réflexions; nous ne pouvons sans imprudence, il est vrai, à présent que nous connaissons mieux la position, nous porter plus loin, avant d'avoir arrêté un nouveau plan d'opérations. Je vais prendre à cet égard l'avis des chevaliers qui m'accompagnent.. quant à la récompense si légitime, due au service que ton dévouement vient me rendre, sois certain, mon vieux compagnon d'armes, qu'elle ne se fera pas longtemps attendre: tout à l'heure, nous en parlerons.

Le roi, s'éloignant alors un peu des rochers, réunit aussitôt autour de lui Guy de Rochefort, le comte de Vermandois et les autres chevaliers, pour entrer avec eux en délibération.

Aubain-le Boiteux, par un sentiment de respectueuse discrétion, rentra dans sa caverne : il alla, au milieu de l'obscurité impénétrable qui y régnait, chercher à tâtons, tout au fond de ce triste réduit, un lit uniquement composé de bruyères et d'une mauvaise couverture de laine, et il s'assit sur ce méchant grabat.

Mais à peine y avait-il pris place, qu'il frémit au son ou plutôt au souffle d'une voix sifflante et ardemment courroucée, qui lui dit tout bas à l'oreille :

— Ah! traître!

Un cri, qu'il voulut pousser, n'eut pas le temps d'arriver à ses lèvres : un homme protégé par les ténèbres profondes qui le couvraient en ce lieu, avait déjà saisi l'infortuné à la gorge, et, de l'autre main, il lui enfonçait jusqu'à la garde un poignard dans la poitrine.

Alors, cet homme prit la victime dans ses bras. Un quartier de roche, qui formait, dans l'angle le plus reculé de la caverne, une porte secrète, fut aussitôt mû par d'autres mains que les siennes; et, passant avec son sanglant fardeau, par l'issue qui lui était ainsi ménagée, il suivit un étroit passage creusé en pente peu rapide dans le sol, et arriva bientôt dans une galerie souterraine. Là, il jeta à ses pieds le corps d'Aubain-le-Boiteux, en même temps qu'une lanterne sourde, dont le foyer fut tourné de son côté, répandit sa pâle lueur sur cette scène sinistre.

Le meurtrier, dont cette vaporeuse lumière éclairait le visage violemment irrité, était le sire de Coucy; celui qui tenait la lanterne, était un de ses serviteurs, mêlé à plusieurs hommes d'armes.

Au milieu de cette situation tragique, aucune voix ne s'éleva : il semblait que chacun eût reçu l'ordre d'observer, par précaution, le plus profond silence.

Sur un signe que fit Thomas de Marle, ses gens l'aidèrent à dépouiller le pauvre Aubain de ses vêtements usés : le châtelain s'en couvrit à la hâte, en les mettant par-dessus son haubert et ses cuissards; puis il ôta son casque pour le remplacer par le chaperon de laine de sa victime.

Ainsi déguisé, il vint repasser par la porte secrète, et remit pied dans la caverne, non plus seul, mais suivi de six de ses hommes d'armes. Il les divisa, pour les poster dans les anfractuosités du roc. Quant à lui, ayant pris le bâton d'Aubain le Boiteux, il alla s'asseoir sur un bloc de pierre, placé presque à l'entrée de cet antre obscur.

Cinq minutes ne s'étaient pas écoulées depuis le moment où le coup de poignard avait été donné, jusqu'au retour du sire de Coucy dans la caverne.

Disons maintenant quel avait été, pendant ce court espace de temps, le résultat de la délibération du roi et de ses chevaliers.

Une résolution venait d'être prise; on avait décidé que Gilbert pousserait sur-le-champ sa reconnaissance à trois cents pas au delà des rochers, et que, parvenu à cette distance, il enverrait vers le roi un guide chargé de le conduire, dans le cas où nul obstacle sérieux ne s'opposerait à ce que les troupes, laissées en arrière, pussent reprendre leur marche.

Mais l'intrépide centenier, aussi entreprenant que hardi, et brûlant du désir de se signaler aux yeux de son souverain par quelque action d'éclat, et de dérouiller, ainsi qu'il l'avait dit, son épée trop longtemps demeurée au fourreau, s'était déjà, sans en avoir reçu l'ordre, porté en avant avec seulement cinquante de ses hommes. Or, sur ces entrefaites, il lui arriva une aventure dont la singularité et l'importance n'étaient certainement pas entrées dans ses prévisions. Un ravin profond venait de se rencontrer sur son passage : après en avoir tâté, sondé le terrain, il en remontait le revers et allait en atteindre la crête, lorsqu'il entendit, à peu de distance devant lui, une sorte de craquement vague et confus se produire sur le sol; il promena ses yeux au-dessus du ravin, en faisant signe à ses hommes d'y rester blottis, et il aperçut, à dix pas tout au plus, une partie du terrain s'enfoncer subitement, tandis qu'une autre partie se soulevait au contraire avec la même rapidité. C'était tout simplement le jeu d'une bascule recouverte de terres et de gazons rapportés. Elle livra passage à plusieurs individus d'allures sinistres, tous armés, dont les uns étaient munis de cordes, et dont les autres entraînaient un prisonnier solidement garrotté, avec lequel ils se perdirent bientôt dans l'obscurité de la forêt.

Quand Gilbert les crut assez éloignés pour être certain de se dérober à leurs regards, il ordonna, par un nouveau signe, à tous ses hommes de le suivre; puis, s'étant approché de la bascule, il la fit aisément jouer à son tour, en appuyant avec précaution le pied sur l'une de ses extrémités : alors, elle mit à découvert un effroyable précipice ayant dans un de ses angles un escalier qui pénétrait assez profondément dans le sol; de sorte que ce précipice formait, du côté où la trappe s'abaissait sous la pression d'un poids quelconque, un gouffre où le malheureux qui y tombait devait trouver une mort certaine, et, du côté où elle se relevait, une entrée menant sans doute dans quelque route souterraine du château de Coucy.

L'aventureux centenier, enchanté de cette découverte, et emporté non moins vivement par sa curiosité que par son amour du péril, descendit les premières marches du mystérieux escalier, alluma une lanterne qu'il avait sur lui, et continua de s'enfoncer dans le souterrain, où il se fit suivre par ses cinquante hommes, après leur avoir recommandé de refermer la trappe au-dessus de leur tête.

Retournons maintenant auprès du roi.

Il faisait précisément chercher Gilbert, en ce moment-là pour l'instruire de la résolution qui avait été prise à son sujet.

Mais, n'ayant plus aucune décision à prendre, du moins pour l'instant, dans le conseil qu'il tenait avec ses chevaliers, il les laissa continuer entre eux leur conversation sur les difficultés que présentait la situation, et il se rapprocha de la cabane d'Aubain-le-Boiteux : on sait qu'il ne s'en était loigné que de quelques pas.

Comme il en touchait l'entrée, il s'arrêta en croyant apercevoir l'ancien soldat infirme, assis au bord de sa misérable habitation.

— Eh bien! mon vieil ami, lui dit-il, je viens causer un moment avec toi; car je tiens maintenant à t'apprendre ce que je veux faire pour ton sort.

— Sire, répondit en soupirant Thomas de Marle qui eut l'art de donner parfaitement à sa voix le timbre et l'expression de celle d'Aubain, pardonnez-moi, de grâce, si je ne puis me lever : je me sens épuisé par l'effort que j'ai fait tout à l'heure pour sortir de ma caverne et me jeter à vos pieds.

— Ne bouge donc pas, je t'en prie, mon pauvre camarade, répliqua Louis le Gros d'un accent tout attendri : y a-t-il une place près de toi, sur ton banc de pierre?

— Oh! oui, sire. là, à ma droite, dit le pervers châtelain en désignant le côté intérieur de la caverne.

— Tout est donc pour le mieux, reprit le monarque en se dirigeant vers l'endroit indiqué; nous allons, en ce cas, causer tranquillement ensemble de nos petites affaires... je commence tout d'abord par te dire que tu n'appartiens plus à ton odieux maître, le sire de Coucy, ce chevalier sans âme et sans conscience, qui a si bien mérité le dernier supplice des traîtres, non moins par ses atrocités envers ses vassaux et ses serfs, que par sa félonie envers son roi. De ce moment, regarde-toi comme affranchi. Tu vas me suivre à Laon, et le reste de ton existence je te le jure, sera mis par mes soins à l'abri de toute inquiétude et de tout besoin.

Louis-le-Gros, en achevant cette phrase, s'asseyait sur le banc de pierre dans l'obscurité de la caverne, lorsque tout à-coup six hommes invisibles s'élancèrent à la fois de divers points sur lui, le saisirent et étouffèrent sa voix en lui appuyant un mouchoir sur la bouche; puis, suivis du sire de Coucy qui, pour faciliter leur horrible tâche, mêla sa féroce énergie à leurs efforts; ils emportèrent rapidement le roi par la porte secrète pratiquée dans un angle de la caverne.

Parvenus dans la galerie souterraine où cette porte conduisait, et se retrouvant alors en présence de ceux de leurs compagnons qui y étaient restés avec une petite lanterne sourde, à côté du cadavre d'Aubain-le-Boiteux, ils remirent sur ses pieds le monarque, auquel ils avaient déjà enlevé ses armes, et lui ôtèrent le mouchoir qu'ils avaient tenu jusque-là placé sur sa bouche.

III

LES SOUTERRAINS

Louis le Gros promena sur ceux qui avaient osé porter la main sur sa personne un regard, non pas d'effroi, non pas même de stupéfaction, mais d'une sévérité impassible et implacable : on eût dit un juge suprême, qui, l'âme inaccessible à toute crainte, est prêt à rendre un arrêt contre des criminels comparaissant à son tribunal. Enfin, son œil s'arrêta plus particulièrement sur celui qu'il croyait toujours être Aubain le Boiteux.

— Thomas de Marle! murmura-t-il.

Et seulement alors un léger mouvement de surprise contracta son visage. Mais, apercevant aussi à terre, le long de la muraille du souterrain, le corps inanimé et sanglant du véritable habitant de la caverne, il reprit, après un vif tressaillement d'indignation et de douleur, sa physionomie austère et imposante.

— Maintenant, ajouta-t-il, je comprends tout!

Le sire de Coucy s'était croisé les bras devant le monarque, et ricanait d'un air de triomphe.

— Ah! dit-il, Louis VI, ce grand roi, mon suzerain, mon puissant maître, comprend enfin que son obscur vassal, ici présent, seigneur de Marle, de la Fère, de Boves, de Montaigu et de Coucy, n'est pas un ennemi dont il soit prudent ni sage de dédaigner la colère!

— Je comprends, repartit Louis le Gros avec un flegme accablant, que partout où l'on trouve répandu le sang d'une victime innocente, on est certain d'avoir les yeux sur la trace des mains de Thomas de Marle!

Le châtelain frémit à ces mots, et bondit comme si un serpent l'eût mordu au talon : la rage commençait à envahir de toutes parts son âme ; mais, comme heureusement le crime n'a point à son service d'arguments capables de dépouiller les faits du caractère indélébile de la vérité, Thomas de Marle éluda la terrible question soulevée par le roi, et reprit, à travers un nouveau ricanement plus sardonique, plus insultant encore que le premier :

— Eh bien! valeureux prince, belliqueux ennemi, qui, depuis plus de vingt ans, ne rêvez que ma ruine, est-ce ainsi, dites-moi, que vous deviez, aux termes des menaces contenues dans votre lettre remise en mes mains par Géraldine Arnould, raser sitôt ma chétive ferté de Coucy?

— Et qui m'empêchera donc d'accomplir cette œuvre? répliqua le roi du même ton calme et ferme.

— Qui vous en empêchera? s'écria le fougueux seigneur avec un retentissant éclat de rire, ah! par ma tête, voilà qui tourne au plaisant! Il me semble, sire, que vous avez des yeux pour voir; et ne voyez-vous pas en ce moment où vous êtes?

— Je ne vois qu'une chose fort simple et qui doit peu m'étonner par le temps qui court, répondit le roi de l'air le plus indifférent, c'est que ma mauvaise fortune vient de me jeter entre les mains, non d'un chevalier, mais d'un chef de bandits.

— Mais ce prétendu chef de bandits, repartit le sire de Coucy en grinçant des dents de fureur, a votre destinée en son pouvoir! Il a des cachots impénétrables d'où nulle puissance humaine ne saurait vous tirer, et où il vous tiendra enfermé, jusqu'à votre dernière heure, sans qu'on découvre jamais ce que vous êtes devenu, si vous ne rachetez pas votre liberté aux conditions qu'il lui plaira de vous imposer.

Le monarque haussa les épaules.

— Un vassal coupable de toutes les perfidies, de toutes les trahisons, répliqua-t-il, songerait à imposer des conditions à son souverain, dont le premier devoir est aujourd'hui de le punir? Vraiment, votre folie égale vos crimes!

— Et la vôtre, sire, égale votre témérité! car, par mon âme, je vous l'affirme, ce que j'ai juré de faire, je le ferai.

— Enfin, quelles sont ces conditions?

— Ah! ah!... nous voilà donc bien près de nous entendre!

Le roi ensevelit sa pensée dans un silence glacial.

— Le traité que nous allons faire, reprit Thomas de Marle, et que nous signerons l'un et l'autre, contiendra trois conditions.

— Expliquez-vous vite; quelle est la première?

— Vous vous engagerez à oublier les différends qui nous ont divisés jusqu'à ce jour, c'est-à-dire à ne jamais exercer envers moi, pour les choses passées, aucune espèce de poursuite, soit par les armes, soit de toute autre manière.

— Bien!.. et la deuxième?

— Vous me rendrez la comté d'Amiens.

— Et la troisième?

— Vous retirerez à la ville de Laon sa constitution et tous les priviléges qui y sont attachés, source inépuisable de troubles, de désordres et d'hostilités entre ses habitants et moi.

— En d'autres termes, reprit cette fois Louis le Gros avec une ironie pleine de mépris, vous me demandez, par ces trois conditions, une seule petite chose : l'oubli, le pardon de tous vos crimes, et la liberté entière d'en commettre de nouveaux.

Le châtelain devint livide de colère.

— Sire! dit-il avec un geste furibond et les yeux hors de leur orbite, vous seriez-vous raillé de moi en feignant d'écouter sérieusement mes propositions de paix?

— Non; mais j'étais curieux de savoir jusqu'à quel point vous pourriez mêler le délire de l'audace à l'horreur de vos actes de brigandage.

— Par l'enfer! s'écria Thomas de Marle en redoublant de fureur, vous avez perdu la raison, sire, ou vous ne connaissez réellement rien de votre position actuelle : vous croiriez-vous, par hasard, assez favorisé de la fortune pour vous bercer de l'espoir qu'elle viendra bientôt vous arracher de mes mains? Sachez donc que ces voies souterraines sont inaccessibles à tout le monde; que ceux (et cela n'est pas admissible) qui en découvriraient l'entrée y périraient jusqu'au dernier sous les coups de mes gens; qu'ici, avec vingt hommes, je braverais aisément l'effort de toutes vos troupes; car j'ai de tous côtés des issues secrètes qui mettraient, en un clin d'œil, des murs épais et innombrables entre elles et moi! enfin, songez que, dans une demi heure, vous serez dans mon inexpugnable ferté de Coucy, et que, là, je puis porter, à dix armées réunies, le défi d'ébranler seulement une pierre de mes murailles!

Le roi sourit et haussa de nouveau les épaules de pitié.

— Si vous me connaissiez mieux, répliqua-t-il, vous comprendriez quel temps vous perdez en paroles inutiles : l'intimidation et la crainte sont-elles jamais entrées dans mon âme?

— Ainsi, reprit le châtelain stupéfié, vous persistez dans votre refus? ainsi vous vous décidez de sang-froid à laisser, durant votre captivité, périr les fruits des travaux de tout votre règne?

— Et comment périraient-ils?

— Mais vous ne pressentez donc rien des faits qui vont s'accomplir? Ne concevez-vous pas que tous vos grands et petits vassaux, une fois délivrés de leur turbulent et impitoyable ennemi, prendront les armes, lèveront l'étendard de la révolte, écraseront facilement vos troupes, auxquelles vous ne pourrez plus communiquer votre ardeur, rentreront en possession des privilèges dont vous les avez dépouillés, et redeviendront enfin aussi indépendants de la couronne qu'ils l'étaient avant votre avénement au trône ?

— Vous êtes un insensé ! se contenta de dire le monarque.

— Insensé, parce que je devine l'avenir !

— Insensé, parce que vous ne le devinez pas, au contraire ! Mon œuvre est entre les mains de Dieu : elle ne saurait périr. Les institutions dont j'ai doté quelques villes et quelques bourgades de mon royaume, ont déjà poussé des racines si profondes dans les mœurs de la France, que ces institutions sont aujourd'hui indestructibles : en défendant mon peuple contre la tyrannie de mes grands vassaux, elles ne feront qu'entretenir en son âme de plus en plus, chaque jour, le sentiment de sa dignité et de sa légitime indépendance. En vain maintenant vous réunirez-vous tous pour entasser, sur les pas de l'humanité, fertés sur fertés, créneaux sur créneaux, rébellion sur rébellion : le droit de l'humanité réduira en poussière, de son souffle seul, l'édifice de vos folles ambitions ! Aussi votre fière puissance féodale est-elle destinée à aller se fondre, tôt ou tard, dans les flots de ce peuple qu'elle méprise actuellement, et à y disparaître de telle sorte que le souverain ne pourra plus alors la distinguer des autres parties de la nation.

— A merveille ! dit le sire de Coucy en couvrant cette ironique exclamation de son rire habituel; je conclus, de ces sublimes principes, que la guerre si rude et si acharnée dont vous avez tenté de m'accabler depuis le commencement de votre règne, n'a eu d'autre but que de me faire descendre au niveau des bourgeois de Laon et des serfs de mes domaines... Mais, vous l'avez dit : je perds avec vous, en effet, mon temps en paroles inutiles ; le plus sage parti est de me taire, et de vous emmener sans retard dans ma bonne ferté de Coucy.

Ces dernières paroles ne furent pas plutôt tombées de ses lèvres, que Thomas de Marle se remit en marche, traînant à sa suite son auguste prisonnier, sur lequel ses hommes d'armes veillaient avec le plus grand soin.

Lorsqu'il eut fait ainsi environ cent pas à leur tête, il se trouva devant une muraille construite en travers de la galerie souterraine, et qui semblait en clore l'extrémité : là, il pressa un ressort, et une porte de granit, parfaitement dissimulée dans cette muraille, tourna sans bruit sur ses gonds, et lui livra l'entrée d'une nouvelle galerie.

Mais à peine avait-elle fait ce mouvement, que, par son ouverture béante, s'échappa, avec l'impétuosité d'un fleuve trop plein qui rompt ses digues, un torrent d'hommes dont les cris furieux et les épées nues jetèrent la consternation et le désordre dans l'âme du sire de Coucy et dans sa petite troupe ; le choc si imprévu de ces fougueux assaillants eut l'effet de la foudre : plusieurs des gardiens du roi en furent renversés ; les autres, troublés, saisis de stupeur, ou effarés d'épouvante, se mirent pêle-mêle sur la défensive, sans trop savoir ce qu'ils faisaient, et sans avoir eu le temps seulement de se reconnaître. Déjà Thomas de Marle gisait à terre, étourdi par un coup d'une lourde épée à deux mains, qui venait de lui être asséné sur son heaume. Celui qui lui avait porté ce rude coup criait de toutes ses forces en foulant le corps du châtelain à ses pieds, et se ruant sur ses autres ennemis :

— Sire, courage ! c'est moi ! moi ! le centenier Gilbert !

Puis, vigoureusement secondé par ses miliciens, et frappant mortellement, à droite et à gauche, d'estoc et de taille, tous ceux qui tentaient de mettre obstacle au passage qu'il voulait s'ouvrir jusqu'au roi, il reprit, par phrases entrecoupées, mais sans cesser un instant de combattre :

— Quoi ! sire, vous étiez au pouvoir de ces scélérats !... Comment cela a-t-il pu arriver ?... Je ne les cherchais en cet infernal repaire que pour avoir le plaisir de me mesurer avec eux, et le premier visage qui s'offre à mes yeux parmi leurs figures de damnés, c'est le vôtre!... Ah! vraiment, le ciel me protége aujourd'hui, puisqu'il me donne l'occasion de vous payer en bonne monnaie ma dette de ce matin!

Et le brave centenier, au comble du bonheur et dans le délire de son belliqueux enthousiasme, ajoutait en s'adressant à ses hommes :

— Mais le roi est sans armes; jetez-lui donc une de vos épées!

Cet ordre devint inutile; car Louis le Gros, en ce moment même, se baissait pour ramasser l'épée d'un de ses gardiens, lequel venait de tomber mort à ses pieds.

Alors, ce fut une lutte qu'il faut renoncer à décrire par des mots; car le pinceau seul pourrait en rendre la prestigieuse horreur. Les gens du sire de Coucy, comprenant bien qu'ils n'auraient aucun pardon à attendre, s'ils étaient faits prisonniers, avaient retrouvé dans le combat cette ardeur machinalement frénétique que donnent parfois le désespoir et la terreur; de leur côté, les miliciens de Laon, sachant qu'il ne leur serait fait aucun quartier, s'ils étaient vaincus, se battaient avec la fougue effrénée de tous les soldats qui sentent que la durée de leur existence est au bout de leur épée. La mêlée devint donc affreuse; et ce qui en rendait le spectacle plus sinistre et plus lugubre encore, c'était l'obscurité même des souterrains, traversée çà et là seulement par quelques rayons blafards de la lanterne sourde qu'un des hommes du châtelain tenait d'une main tout en attaquant ou en soutenant l'attaque. Le roi, qui, malgré l'épaisseur de sa taille, joignait, comme nous l'avons dit, à un corps robuste, l'agilité des mouvements, écrasait tout ce qui osait se heurter à sa bravoure invincible; Gilbert, qui, selon son expression, était, cette nuit-là, protégé par le ciel, n'avait pas encore reçu une blessure, et le sol était jonché de ses victimes inanimées.

La victoire se déclarait donc pour le parti du roi, lorsque tout à coup s'éleva derrière ce prince un nouveau tumulte, un bruit d'armes, de pas précipités, de vociférations étranges, qui s'approchait, croissait, envahissait les souterrains. Bientôt, le monarque entendit, dans cet orageux tumulte, une voix s'écrier :

— Ah! je respire! le roi est vivant!

Cette voix était celle de Guy de Rochefort.

A côté du gouverneur de Laon, s'avançaient le comte de Vermandois et les autres chevaliers dont Louis le Gros n'avait cessé d'être accompagné dans la forêt; un hasard miraculeux, comme on le saura bientôt, leur avait fait découvrir la porte secrète conduisant de la caverne dans la galerie souterraine.

Les hommes d'armes du sire de Coucy, attaqués dès lors par devant et par derrière, et se voyant ainsi la retraite coupée de tous côtés, se rendirent.

En cet instant même, Thomas de Marle, qui n'avait été qu'étourdi, et qu'on croyait mort, reprenait ses sens, et se relevait en criant à ses gens :

— Lâches! la peur a-t-elle paralysé vos forces? Je combattrai seul, moi, contre eux tous!

— Assassin de mon frère Aimeri! s'écria Raoul de Vermandois, qui bondit de fureur en apercevant le châtelain.

Et, avant que cet ennemi exécré eût eu le temps de faire un mouvement pour sa défense, il s'élança sur lui, et lui porta un si vigoureux coup d'épée, que l'arme perça le haubert, et parut s'enfoncer profondément dans la poitrine du chevalier félon, qui retomba sur le sol (1).

— Arrêtez, comte! dit vivement le roi en les séparant; mon vassal révolté ne doit pas trouver la mort ici : il n'appartient maintenant qu'à ses juges, qui seront les échevins de Laon.

— Les échevins de Laon! Moi, sire de Coucy, de Boves, de La Fère, de Montaigu et de Marle, être jugé par ces marchands de chaperons et de chausses! s'écria, dans un transport de rage délirante, le fier et puissant possesseur de fiefs.

Et il se releva de nouveau; car l'épée du comte de Vermandois, ayant glissé sur les côtes, n'avait fait que labourer sa poitrine.

---

(1) Toussaint Duplessis.

Mais déjà plusieurs chevaliers s'étaient jetés sur lui : il le désarmèrent facilement, et le tinrent prisonnier.

— Allons ! mes amis, dit alors le roi de son ton dégagé, comme si son âme héroïque n'eût absolument rien conservé du sentiment des dangers auxquels il venait d'échapper, reprenons vite la route de Laon : puisque nous avons en notre pouvoir mon vassal rebelle, l'objet de notre expédition est rempli, du moins pour cette nuit... Demain, les chefs de la garnison de Coucy, sachant leur maître pris, se rendront; les cinq marchands de Laon, renfermés dans le château, seront remis en liberté ; et, dans quelques jours, cette ferté, comme je l'ai dit, sera rasée.

— Rasée ? s'écria Thomas de Marle en bondissant comme un tigre furieux, malgré ses blessures, et l'étreinte de ceux qui l'avaient saisi et s'efforçaient de contenir ses mouvements... Les hommes intrépides à qui est confiée la défense du château de Coucy ne répondront que par la risée et le dédain à toute sommation qui leur sera faite de se rendre ; or, comme ma ferté est imprenable, il s'ensuit que je dois être sans inquiétude sur son sort, et que ces ridicules marchands de Laon ne rentreront jamais dans leur sotte et abominable ville... à moins que je consente de mon plein gré à les renvoyer dans leurs foyers, quand j'aurai recouvré ma liberté !

Et, en terminant cette audacieuse et véhémente réplique, Thomas de Marle jeta sur le roi un regard de haine et de défi.

Tant de témérité et d'insolence n'étonna point Louis le Gros; aussi, loin de laisser éclater son indignation, se contenta-il de répondre froidement :

— Demain, nous verrons comment les choses se passeront.

Puis, il retourna vers la caverne, ayant à ses côtés le comte de Vermandois et Guy de Rochefort, tandis que derrière lui le sire de Coucy et ceux de ses gens qui n'avaient point succombé dans le combat, étaient gardés et entraînés par les vainqueurs.

— Mais comment, demanda alors le roi au gouverneur de Laon, êtes-vous donc parvenus à pénétrer ici ?

— Sire, répondit Guy de Rochefort, un quart d'heure environ après que, sous nos yeux, vous fûtes entré dans la caverne pour parler à Aubain le Boiteux, nous commençâmes à être fort étonnés de ne plus y entendre ni votre voix, ni celle du vieux soldat infirme; nous nous introduisîmes dans les ténèbres de ce misérable réduit, en vous appelant ; un silence effrayant et inexplicable accueillit nos paroles; une lanterne fut aussitôt allumée ; nous promenâmes nos yeux de tous côtés : la caverne était vide ! Jugez, sire, de notre consternation, ou plutôt de notre épouvante ! mais bientôt nous nous regardâmes tous, muets et glacés de terreur, en nous montrant du doigt des taches de sang éparses çà et là sur le sol. Un crime venait-il d'être commis sur votre parsonne ? Ce fut là notre première pensée. Ces taches de sang nous conduisirent dans un angle de la caverne, et là nous fûmes très surpris de les retrouver, à une hauteur de quatre pieds, dans la paroi du roc, où elles avaient laissé l'empreinte d'une main qui s'y était posée.

Nos recherches se firent sur ce point ; elles ne tardèrent pas à arrêter notre attention sur une petite cavité creusée par la nature, à cette hauteur, dans le rocher, et au fond de laquelle il nous sembla apercevoir un bouton de fer : nous tirâmes ce bouton avec force, et une porte s'ouvrit subitement en face de nous; elle offrit à nos pas l'entrée d'un chemin souterrain dans lequel chacun de nous s'élança.

Dans notre course, nous heurtâmes du pied un cadavre : nous reconnûmes le malheureux Aubain assassiné, et tout nous fut expliqué des taches de sang qui nous avaient causé de si vives craintes. Mais, alors, où étiez-vous, sire ? Nous faisions cette réflexion, quand un cliquetis d'armes et de cris furieux parvinrent jusqu'à nos oreilles. Guidés par ce bruit, nous nous dirigeâmes vers l'extrémité de la galerie souterraine, et c'est de la sorte, sire, que nous sommes arrivés sur le lieu de la lutte, et que nous avons eu le bonheur de vous apercevoir encore sain et sauf... Mais nous ne pouvons maintenant comprendre par quel concours de circonstances vous êtes tombé dans les mains de votre vassal félon.

— C'est là un fait que je ne tarderai pas à vous raconter dans tous ses détails, dit le roi ; mais, pour le moment, je désirerais bien savoir par quel miracle le brave centenier Gilbert a pu, de son côté, se trouver dans ces souterrains ?

— Sire, répondit Gilbert, qui n'était en cet instant qu'à peu de distance du monarque, mon récit pourrait bien être un peu long; car il me faudrait vous apprendre, d'abord, comment j'ai été fortuitement amené à découvrir une entrée de ces souterrains dans la forêt; ensuite, comment, de galeries en galeries, de détours en détours, j'ai été conduit jusqu'à la porte que le sire de Coucy a ouverte, et par laquelle je me suis précipité sur lui et sur ses gens.

— Eh bien! dit Louis le Gros, attendons, pour nous conter réciproquement nos aventures, que nous ayons un peu plus de temps à nous.

Comme il prononçait ces paroles, le roi rentrait dans le réduit, désormais solitaire de l'infortuné Aubain ; il le traversa en soupirant, et remit pied dans les bruyères de la forêt.

Dix minutes plus tard, il avait rejoint le gros de ses troupes, demeuré en arrière, à quelques centaines de pas.

Il était alors deux heures après minuit. Guy de Rochefort et le comte de Vermandois menèrent le sire de Coucy et les autres prisonniers auprès du jeune chevalier qu'ils avaient surpris combattant le roi dans les rochers; ils trouvèrent Roger d'Arvelles étroitement gardé par plusieurs hommes d'armes.

— Beau sire, dit Raoul de Vermandois à Thomas de Marle d'un ton âcre et ironique, vous n'espériez pas sans doute de rejoindre ici l'un de vos plus ardents défenseurs, qui vous y attendait pour avoir précisément le plaisir de faire avec vous le voyage de Laon.

Et il mit le châtelain en face du jeune croisé.

A la vue de son hôte échappé, et prisonnier aussi, le sire de Coucy eut une de ces inspirations infernales qui ne peuvent se présenter qu'aux esprits endurcis, comme le sien, par la longue habitude de se complaire dans la perversité et dans le mal pour exercer leurs plus noires vengeances.

— Ah ! infâme traître, s'écria-t-il, je te retrouve donc !

A ces mots, tous les regards se portèrent avec étonnement sur Roger, tandis que le jeune preux arrêtait les siens, avec non moins de surprise, sur le châtelain dont il avait cru jusqu'alors être le prisonnier, et qu'il apercevait désarmé, et gardé aussi rigoureusement que lui-même.

— Oui, chevalier déloyal et perfide serviteur infidèle et fourbe, continua Thomas de Marle, c'est toi qui as livré à mes ennemis l'entrée des souterrains de Coucy !

Roger, ne pouvant comprendre le sens de ces invectives, n'y répondit que par un mouvement d'épaules plein de dédain.

— C'est toi, te dis-je, continua le châtelain du ton le plus véhément ; car toutes tes actions à mon égard ne sont qu'un tissu de trahisons longuement méditées ; et c'est évidemment pour te soustraire aux conséquences des soupçons dont ta conduite était l'objet de ma part, que tu as fui, hier matin, de mon château !

— Hier matin ? répéta Roger qui pensait rêver en entendant ce langage.

— Oui, hypocrite éhonté, oui, hier matin, au retour de l'expédition dont je t'avais confié la direction contre ces marchands de Laon, tu t'es dérobé par la fuite à mon juste ressentiment; car tu savais qu'on venait de m'apprendre que c'était toi-même qui avait fait tomber mes hommes d'armes dans une embuscade où six d'entre eux ont été massacrés !

Roger se mit à sourire.

— Le sire de Coucy est devenu fou, murmura-t-il entre ses dents.

— Ah! ta trahison est si évidente, reprit Thomas de Marle en ricanant, que tu n'oses même pas élever la voix pour prendre ta défense!... mais ce qui m'étonne, c'est de te voir, en ce moment, tenu, gardé, comme un criminel, par ceux mêmes dont tu as si bien servi les intérêts : ont-ils donc, à leur tour, été trahis par toi?

— Doucement, beau sire ! dit alors le comte de Vermandois, votre noble chevalier, votre digne compagnon d'armes ne mérite nullement toutes ces injurieuses accusations ; ce sont vos propres intérêts, au contraire, qu'il n'a que trop bien servis, cette nuit : le gouverneur de Laon et moi, nous nous portons garants de son dévouement à cet égard.

— Ah ! certes, oui ! dit Guy de Rochefort... Mais, puisque vous vous montrez animé d'une telle fureur contre lui, et que nous ne sommes nullement disposés à entendre, tout le long du chemin, votre voix irritée bourdonner à nos oreilles, nous allons vous tenir éloignés l'un de l'autre, et vous ne vous reverrez plus que dans la prison de Laon.

On sépara à l'instant même Roger et le sire de Coucy, et on se mit en marche pour sortir de la forêt.

Roger était alors dans une étrange situation d'esprit : ce qui se passait sous ses yeux, lui démontrait bien la singulière méprise qu'il avait commise en croyant combattre dans les rochers un des hommes d'armes du sire de Coucy ; mais, n'ayant point encore entendu prononcer le nom du roi, il ignorait complétement dans quelles mains il se trouvait ; il supposa seulement que cet inconnu, contre lequel il avait tiré l'épée, etait un voisin puissant du châtelain avec qui il était en guerre, et que la fortune des armes venait de lui livrer. Dans cette conjecture, il se dit que, à son arrivée à Laon, il lui serait facile, en racontant naïvement son aventure, de mettre à néant les perfides et effrontés mensonges par lesquels Thomas de Marle cherchait à le perdre dans l'esprit de ceux qui les tenaient tous deux en leur pouvoir. Mais il calculait mal ; il ne se doutait pas de la terrible position que ces mensonges mêmes devaient lui faire.

Reportons maintenant notre attention sur la marche de l'armée.

Gilbert, dont l'intelligence et l'habileté avaient assuré jusque là le succès de l'expédition, fut encore chargé par le roi de tenir la tête des troupes avec sa centaine.

Depuis cinq minutes à peine, il suivait, à travers les futaies et les clairières, le même chemin qu'il s'était tracé pour s'y ouvrir un passage à son arrivée, lorsque des sons inarticulés, aigus, lugubres, lui furent apportés par le vent, et l'obligèrent de s'arrêter un instant pour tâcher d'en distinguer la nature et la direction.

— Qu'est-ce donc que cet étrange tintamarre ? dit-il ; serait-ce par hasard la musique du diable ? en tous cas, c'est sur notre route même qu'il se fait entendre : dans un instant, nous saurons à quoi nous en tenir à ce sujet.

Et le centenier reprit sa marche.

A mesure qu'il avançait, ce qu'il appelait la musique du diable croissait d'intensité et passait par des tonalités si imprévues, par des discordances si brusques et si déchirantes, que, malgré sa rare intrépidité, il se sentait sous l'empire d'impressions qui le faisaient frissonner au fond de l'âme.

Enfin, il arriva dans l'endroit même où retentissaient ces sons surnaturels, et il fallut qu'il levât les yeux pour chercher dans les airs la région où il croyait les entendre. Alors, il aperçut au haut d'un chêne, à travers les branches, une masse confuse, informe, qui paraissait se débattre dans d'horribles convulsions.

— Je ne me trompe pas, dit-il, c'est un homme pendu que je vois là ! mais ce que je ne saurais comprendre, c'est qu'il a la tête en bas !... Encore une victime, sans doute, du plaisant sire de Coucy : il n'y a que lui qui ait, dans la cruauté, d'aussi ingénieuses inventions !... Allons ! qu'on me décroche vite ce malheureux !

Aussitôt deux agiles miliciens grimpèrent dans le chêne, et arrivèrent au pendu, qui ne cessait de pousser des cris étourdissants, toujours sur tous les tons, et dans les notes tantôt les plus rauques, tantôt les plus sifflantes de sa voix. Ils le trouvèrent attaché à une corde mince, mais solide, par les pouces des pieds, et ayant une autre corde à nœud coulant passée à son cou, au bout de laquelle pendait une pierre de vingt livres environ, de sorte que la strangulation se produisait peu à peu, tandis que les souffrances intolérables causées par le poids du corps, agissant sur l'articulation des orteils, horriblement serrée, le mettait dans un état qui peut donner une idée du supplice des damnés dans l'autre monde. On mit promptement fin à sa torture, et on le descendit demi mort de douleur et d'épouvante au pied du chêne. Ceux qui venaient d'opérer sa délivrance, n'avaient pas eu le temps d'examiner son visage; mais, dès qu'il fut déposé à terre, Gilbert n'eut pas plutôt jeté les yeux sur lui, qu'il s'écria :

— Lengly le Roux !

A cette voix, le pendu, par un mouvement d'effroi, recula comme il put sur ses pieds estropiés.

— Eh quoi ! reprit le centenier, c'est toi qui faisais cet affreux vacarme ! N'eût-on pas cru que tous les corbeaux et les chats-huants de la forêt, les uns avec leurs sombres coassements, les autres avec leurs cris funèbres, s'étaient donné rendez-vous ici pour nous régaler de ce concert infernal?... Mais, j'y songe, était-ce donc toi que nous avons aperçu entraîné hors de la trappe d'un souterrain par des hommes munis de cordes ?

— Oui, c'était moi! répondit Lengly d'une voix étouffée moins encore par les suites de ses souffrances, que par la rage dont il sentait son cœur se remplir à l'idée qu'il se trouvait maintenant prisonnier de ses concitoyens.

— Ah ! ah ! lui dit alors Gilbert, tu as donc joué aussi quelque mauvais tour de ta façon à ton doux seigneur de Coucy?

— C'est lui qui m'a trompé, trahi, le brigand, le scélérat, le monstre, le bourreau ! Si je le tenais, je me jetterais à sa face pour lui ronger de mes dents la chair jusqu'aux os !

— Si tu ne le tiens pas, nous le tenons, nous !

— Vous le tenez ?... mais est-il mort ?

— Non, pas encore ; mais, vu l'état de ses affaires, cela ne peut tarder.

— En ce cas, vous ne tenez rien !

— Que dis-tu?

— Que cet homme-là, c'est Satan en personne : il a des ressources qui vous sont inconnues ; il vous échappera.

— Ce qui te fait parler ainsi, c'est la peur d'être accroché de nouveau à ton arbre par ses gens... Apprends, du reste, que, en tombant de leurs mains dans les nôtres, tu n'as guère gagné au change : le même sort t'attend dans ta chère ville natale, pour les intérêts de laquelle tu t'es en tout temps montré si dévoué ; mais nous ferons, nous, les choses plus naturellement : la corde que nous te destinons te permettra d'avoir la tête en haut, et conséquemment les pieds en bas !... Allons, en marche ! suis-nous.

— Mais je ne puis mettre un pied devant l'autre : j'ai les doigts brisés !

— C'est juste... tu es donc libre de faire le voyage à cheval.

On plaça Lengly le Roux en croupe derrière un cavalier, et les troupes continuèrent leur route.

IV

LES MAGISTRATS DE LAON.

Le lendemain, aux premiers rayons de l'aube, une salle spacieuse de l'hôtel des Echevins de Laon présentait un spectacle assez bizarre au premier coup d'œil, quoique fort naturel au fond, et sur lequel, pour poursuivre logiquement notre récit, nous arrêterons un instant la curiosité du lecteur.

Là, sous la clarté presque mourante de plusieurs lampes qui avaient éclairé la salle durant la nuit, et que l'aurore naissante commençait à rendre inutiles, vingt-deux personnages, coiffés de chaperons de laine, et enveloppés de robes de même étoffe, serrées par une cordelière, dormaient tous, assis sur des paillots : on appelait de ce nom des siéges rembourrés de paille, meubles alors fort recherchés des gens qui se piquaient d'un certain goût pour le luxe. Ces personnages, rangés sur une seule ligne, et occupant tout un côté d'une longue table élevée sur une estrade au fond de la salle, étaient les échevins mêmes, qui, vu la gravité des circonstances, avaient eu soin, dès la veille au soir, de s'installer à leur tribunal, dans la prévision du cas où il leur faudrait prendre quelque décision importante pour la défense et pour le salut de la ville, si l'éternel ennemi de leur repos, si Thomas de Marle sortait victorieux de la lutte que le roi était aller engager contre lui.

L'ardeur de leur zèle et l'appréhension des dangers dont ils pouvaient être menacés à chaque instant leur avaient bien, pendant la première partie de la nuit, donné le courage de surmonter toute lassitude et de résister aux vertigineuses atteintes du sommeil; mais ce puissant et tyrannique maître de l'infirme humanité avait fini par triompher des élans de leur chaleureux patriotisme ; et, vers l'approche du jour, après force bâillements et tiraillements nerveux, ils avaient tous clos les yeux comme de concert, et de façon à faire croire qu'un habile enchanteur, d'un coup de sa baguette magique, venait de transformer subitement, en fantômes muets et immobiles, ces fidèles gardiens de la sécurité et des intérêts de la commune.

Nous nous contenterons d'avoir donné de leur vigilance cet exemple mémorable, et nous les laisserons plongés dans leur doux et profond repos, pour passer dans la salle voisine, où un tableau de mœurs tout différent va s'offrir à notre attention. Cette seconde pièce était celle où nous avons aperçu pour la première fois Fortin l'Œil d'Aigle, au moment où il faisait subir à Géraldine et à la mère Thierri un interrogatoire dans les formes, avant de les renvoyer de la ville, sur la sommation du sire de Coucy ; or, c'était l'actif et infatigable mayeur qui s'y trouvait encore : il s'y était retiré, parce que la commune pouvait avoir besoin à tout moment de son ministère pour diverses questions d'ordre ou d'affaires administratives, qui n'entraient pas dans les attributions des échevins.

On n'a pas oublié sans doute que, dans l'exposé que nous avons donné de la constitution qui régissait la ville de Laon, le pouvoir exécutif était partagé entre le mayeur et quatre jurés; c'était surtout dans les circonstances très graves que ces jurés aidaient le premier magistrat dans l'exercice de ses fonctions. Aussi lui avaient-ils prêté, cette nuit-là, le concours de leur zèle et de leurs lumières, mais non pas dans l'hôtel de l'échevinage; ils s'étaient divisés, et chacun d'eux avait établi son poste dans un des quartiers de la ville, afin d'y maintenir, par une surveillance rigoureuse, la discipline la plus sévère parmi la milice qui veillait sous les armes, et d'être en position de recueillir les premiers bruits des moindres dangers venant du dehors.

Fortin l'Œil d'Aigle se trouvait donc seul dans la salle d'audience, ne se doutant guère de quel parfait repos jouissaient, dans l'autre salle, les échevins si délicieusement endormis ; car il était, lui, trop pénétré du sentiment de sa valeur personnelle et trop jaloux de se montrer au niveau de la grandeur des rôles qu'il remplissait en cette situation critique parmi ses concitoyens, pour avoir été, une minute, tenté de fermer ses paupières ; tout au contraire, il se livrait, à travers la salle, à un exercice désordonné, marchant à pas pressés, bruyants, le geste vif, la tête haute, son petit corps raidi par les pensées fiévreuses qui lui rongeaient le cerveau.

En effet, l'issue de l'expédition du roi contre le château de Coucy était pour son esprit un sujet d'atroces inquiétudes : déjà vingt fois, en proie aux hallucinations que lui avaient causées tant d'heures arrachées au sommeil, il s'était représenté Louis le Gros prisonnier de son vassal rebelle; puis, ce vassal vainqueur fondant, avec ses chevaliers bardés de fer, sur la ville de Laon, la réduisant en cendres et passant tous les habitants au fil de l'épée. Une telle perspective, on le comprend, n'était point faite pour le bercer et l'endormir. Il est vrai qu'il rêvait aussi par instants que le roi était victorieux ; mais alors d'autres soucis venaient obscurcir son front : il songeait, en son dépit, au chemin rapide et glorieux que Gilbert avait fait dans la faveur de Louis le Gros, et il attendait avec impatience que le cours des événements vînt lui offrir l'occasion de mettre en pleine lumière son habileté, sa pénétration, sa perspicacité sans pareille, non moins que son dévouement, pour effacer le mérite du centenier dans l'esprit du souverain. De temps en temps, au milieu de sa délirante agitation, il suspendait sa promenade, et tendait l'oreille aux brises de la nuit pour s'assurer si quelque bruit alarmant ne s'élevait point au sein du silence qui régnait sur la cité, dont il se jugeait à bon droit, en ce moment, le plus ferme défenseur, et dont la destinée était incontestablement attachée à la sienne.

Ce silence heureusement n'avait été troublé jusque-là que par le pas lent et mesuré des patrouilles de la milice, parcourant les rues et se renvoyant de l'une à l'autre des cris de halte, pour se donner les mots de ralliement. Mais soudain, dans un instant où ses allées et venues étaient des plus vives, le vigilant mayeur interrompit sa marche en bondissant sur ses petites jambes.

Un *Qui vive*! effroyable, entonné par la voix mâle et menaçante d'une sentinelle placée sous ses fenêtres, venait de bouleverser tout son être en le remuant jusqu'au fond de ses entrailles. Allait-il voir l'ennemi surprendre l'hôtel de l'échevinage par un coup de main hardi ? Touchait-il à l'heure terrible et suprême de s'ensevelir sous les décombres de la ville démantelée ou embrasée ? C'est ce que Fortin l'Œil d'Aigle se demandait, quand, au bout de quelques minutes, il entendit des pas assez nombreux retentir sur les degrés de l'escalier qui conduisait de la cour dans la salle. Alors, tout palpitant d'une mortelle anxiété, le regard fixé sur la porte, il attendit qu'elle s'ouvrît.

Il en vit bientôt les deux battants s'écarter, et livrer passage à plusieurs miliciens, et à quatre autres personnes qui marchaient à leur suite.

Sur ces quatre personnes, il y avait deux femmes, qui attirèrent aussitôt sur elles l'attention du mayeur.

— Géraldine Arnould et la mère Thierri ! s'écria-t-il tout stupéfié... Qu'est-ce que cela signifie ?

— Mayeur, dit le chef des miliciens, les hommes dont elles sont accompagnées vont vous répondre à cet égard : ce sont deux serviteurs du sire de Coucy.

— Deux serviteurs du sire de Coucy ? répéta Fortin en faisant brusquement un pas en arrière, comme s'il avait vu se lever à la fois devant lui toutes les troupes de l'implacable ennemi de Laon.

— Très honorable et très bienveillant mayeur, dit alors l'un des envoyés de Thomas de Marle, en prenant un maintien fort humble et tout révérencieux...

Devant cette expression non équivoque du respect qu'il inspirait, Fortin recouvra un peu son sang-froid, et se rengorgea par un mouvement de dignité superbe.

— Notre puissant et illustre seigneur et maître, continua le serviteur du sire de Coucy, nous a chargés de ramener à Laon cette jeune fille et sa nourrice, et de ne les quitter qu'après les avoir remises en vos mains mêmes.

— Et dans quelle intention a-t-il agi ainsi ?

— Dans l'intention de les laisser libres à tout jamais d'habiter votre ville, ou tel autre lieu qu'il leur plaira de choisir.

— Ah ! ah ! répliqua le mayeur en reprenant enfin tout son aplomb, la lettre du roi a produit son effet : votre puissant et illustre maître a tremblé !... Serait-il donc, par hasard, dans une situation désespérée ?

— Désespérée ? oh ! bien au contraire !

— Comment ! bien au contraire, repartit Fortin, en s'imaginant que Thomas de Marle ne pouvait avoir tenu une conduite si peu compatible avec son caractère, qu'en voyant son château investi par le roi... quoi ! rien n'était changé dans l'état de ses affaires, lorsqu'il s'est décidé à renvoyer ici Géraldine Arnould ?

— Rien absolument.

— A quelle heure vous êtes-vous donc mis en route ?

— Vers minuit.

— Alors, ce misérable serf, se dit Fortin en lui-même, ne peut rien connaître des événements qui ont dû s'accomplir, cette nuit, au château de Coucy... Mais quels sont ces événements ! peut être le roi a-t-il déjà péri victime de sa dangereuse expédition !

Le mayeur tressaillit à cette idée ; mais, dissimulant ses horribles inquiétudes, il ajouta :

— Comment, étant partis vers minuit, n'êtes-vous pas arrivés plus tôt?

— Nos mules n'ont marché qu'au pas, répondit le serf; puis, la jeune fille et sa nourrice, se sentant fatiguées, et ayant pris froid sur leurs montures, ont été forcées de s'arrêter à mi-chemin et d'entrer dans une auberge où elles se sont reposées une heure ou deux..... Maintenant, respectable mayeur, n'ayant plus rien à faire ici, puisque nous avons fidèlement exécuté les ordres qui nous ont été donnés, nous demandons qu'il nous soit permis de retourner sans retard et paisiblement vers notre bon, illustre et puissant seigneur et maître.

Fortin l'Œil d'Aigle eut en ce moment un mouvement oratoire du plus grand effet.

— Retournez, ainsi que vous le désirez, répondit il en se rengorgeant de nouveau, retournez sans retard et paisiblement vers votre bon, illustre et puissant seigneur et maître, et dites-lui bien que le mayeur de Laon se fait honneur de ne point retenir malgré eux, par surprise et par trahison, les serviteurs mêmes de celui qui lui a voué une haine mortelle et conspire, nuit et jour, sa perte! Ajoutez que la déloyauté, la perfidie, la félonie, sont des sentiments monstrueux, qui ne sauraient avoir place dans l'âme des bourgeois dont je tiens en main les intérêts, et que vous n'avez trouvé auprès d'eux que liberté entière pour entrer dans leur ville, et liberté entière pour en sortir.

Fortin sentit le besoin de respirer à l'aise, après avoir débité cette courte mais éloquente tirade; car il étouffait sous le poids de la satisfaction qu'il éprouvait pour la manière heureuse avec laquelle il venait de peindre en quelques mots la générosité de son caractère, et de montrer le saisissant contraste qui existait entre l'urbanité de ses concitoyens et les brigandages du sire de Coucy.

Le cœur dé icieusement chatouillé par cette douce impression d'amour-propre, il regardait fixement les deux serfs se retirer, lorsque celui qui avait jusqu'alors pris la parole se retourna tout à coup, et rétrograda vers lui en disant :

— Ah! sire mayeur, j'oubliais de vous remettre une lettre de notre excellent maître!

— Une lettre? répéta Fortin étonné... et à quelles fins me l'écrit-il?

— Oh! ne prenez aucun souci à cet égard! Il n'est nullement essentiel que vous vous empressiez de connaître ce qu'elle renferme; car vous n'avez point de réponse à lui faire : elle contient seulement les raisons qui ont décidé le seigneur de Coucy à se comporter de la sorte envers la commune de Laon.

— C'est bien! dit brièvement le mayeur d'un ton fier et dédaigneux en recevant la missive, nous la lirons, quand nous n'aurons point à donner notre temps à des occupations plus sérieuses et plus utiles.

Et, sur ces paroles, les deux serviteurs de Thomas de Marle sortirent promptement de la salle avec les miliciens qui les y avaient introduits.

Dès qu'ils eurent disparu, Fortin se tourna vers Géraldine et la mère Thierri, puis, adoucissant son regard d'aigle, il s'arrêta avec un intérêt tout particulièrement tendre sur la jeune fille.

— Charmante enfant! dit-il de sa plus douce voix, je ne saurais vous exprimer jusqu'à quel point je suis ravi de votre retour dans notre glorieuse et hospitalière cité! votre triste sort m'a si vivement touché, hier matin, que, quand vous êtes partie, j'avais le cœur brisé, et que j'ai senti des larmes mouiller mes paupières!

— Vous êtes bien bon! répondit Géraldine avec sa dignité accoutumée et sans lever ses regards sur le mayeur.

— Divine enfant! continua-t-il en s'animant, il faut que je vous l'avoue sans détour : malgré votre petit air fier et superbe (et peut-être même à cause de ce petit air là), vous me plaisez infiniment! et je vous dirai plus : si je n'étais point marié et si j'avais le bonheur d'être veuf (je dis le bonheur, car apprenez que j'ai une femme querelleuse et criarde, qui me cherche noise du matin au soir, et qui fait plus de tapage à elle seule dans son ménage, que n'en ferait dans le beffroi notre cloche d'alarme, quand dix hommes la mettraient en branle à tour de bras!) si donc, j'étais assez favorisé du ciel pour être libre, je vous épouserais sur l'heure.

— Vous me feriez trop d'honneur, honorable mayeur, dit Géraldine du même ton.

— C'est que, voyez-vous, merveilleuse enfant, je ne suis pas fier, moi! mon excellent métier de chaperonnier m'a enrichi, il est vrai : eh bien! n'importe! je me trouverais heureux, je le déclare, d'en partager les agréments inappréciables, c'est-à-dire les gros bénéfices, avec une serve aussi jolie, aussi avenante, aussi séduisante que vous! C'est donc assurément un bien grand malheur, un énorme malheur, que je ne sois pas déjà veuf!

Et Fortin se mit à pousser un lamentable soupir.

— Mais puisqu'un sort si digne d'envie m'a été refusé, reprit-il, j'espère bien trouver une compensation à cette calamité, dans le plaisir que je me donnerai de vous voir de temps en temps; car je pense que c'est à Laon même que vous allez fixer votre demeure pour toujours?

— Hélas! non, dit Géraldine en ne pouvant s'empêcher de sourire devant ces marques multipliées des tendres sentiments dont elle était l'objet; j'ai des projets qui m'appellent ailleurs.

— Ailleurs?... ah! vous me fendez l'âme, adorable enfant! et vous ignorez tout ce que vous perdez en vous éloignant d'une ville où, sous ma protection, vous seriez à l'abri de toute inquiétude, de tout chagrin! cette protection a déjà porté ses fruits, vous en avez la preuve aujourd'hui; car si le barbare seigneur de Coucy s'est décidé à vous affranchir, j'ose croire qu'il a été surtout entraîné à cette résolution par les dangers que lui faisait entrevoir, pour l'avenir, la fermeté dans laquelle je sais maintenir à son égard tous les esprits autour de moi.

— Oh! je n'en doute pas! répondit Géraldine.

— Du reste, c'est ce dont nous pouvons nous assurer sans retard, en parcourant la lettre qu'il m'a adressée : je suis certain que je vais y trouver les raisons mêmes que je vous donne de sa conduite... Oh! croyez-le bien, je vois aussi clair, moi, dans l'âme des autres que dans la mienne!

Fortin prit la missive, qu'il avait déposée sur une table; il en brisa le cachet, la déroula, et se mit à en faire mentalement la lecture.

On n'a pas oublié sans doute le contenu de cette lettre; on se souvient que Thomas de Marle écrivait au mayeur qu'il ne lui renvoyait Géraldine et la mère Thierri que parce qu'il n'avait plus besoin de leurs services; que, placées toutes deux à Laon par ses ordres durant un mois, elles n'y avaient eu d'autre tâche que d'espionner les habitants de la ville, et de se concerter à ce sujet avec Lengly le Roux, qui était chargé d'expédier, chaque jour, à Coucy, un rapport détaillé des résultats obtenus par cet espionnage fait en commun; on se rappelle en outre avec quelle verve insultante le châtelain, à travers ses mensonges, déversait l'ironie, la moquerie, le mépris, sur les magistrats de Laon, dont il se délectait à tourner la vigilance, les fonctions et l'habileté en ridicule.

Lorsque Fortin eut pris connaissance de la première partie de cette perfide et outrageuse épître, il changea de visage, frémit, d'abord d'étonnement, puis d'indignation, et porta son regard enflammé et menaçant sur Géraldine et la mère Thierri, qui ne surent que penser des causes de ce brusque bouleversement de sa physionomie. Mais, à mesure qu'il avança dans sa lecture, il fut aisé de voir, à ses gestes convulsifs, à la contraction de ses muscles, qu'il passait, de l'étonnement et de l'indignation, à la fureur. Enfin, quand il eut dévoré les dernières lignes, il rejeta avec force le parchemin sur la table, et, les yeux hors de la tête, le cou tendu, les mains crispées, il s'élança vers la jeune fille et sa nourrice, comme un fou déchaîné qui se serait précipité sur elles pour les déchirer de ses ongles.

Elles reculèrent épouvantées.

— Ah! traîtresses! ah! pendardes! s'écria-t-il en les poursuivant dans leur mouvement de retraite, je sais qui vous êtes!

— Mais qu'avez-vous donc? que voulez-voulez-dire? balbutia Géraldine en tremblant.

— Taisez-vous, créature félonne, abominable, petite échappée de l'enfer! vous ne savez que trop ce que je veux dire!

— Eh! non, mon Dieu! d'où vient cette irritation? pourquoi ce langage horrible, après celui que vous m'avez tenu tout à l'heure! je ne vous reconnais plus?

— Vous ne me reconnaissez plus? répliqua le mayeur en songeant au moyen de sauver la réputation qu'il s'était acquise par sa pénétration d'esprit; auriez-vous pris, par hasard, la feinte douceur de mes paroles pour l'expression de ma pensée? Sachez, serve hypocrite et perverse, sachez que rien n'est capable de tromper la subtilité de mon coup d'œil! mais j'ai cru devoir m'y prendre adroitement, en ayant l'air de vous prodiguer des louanges sincères pour me glisser plus avant, à votre insu, dans les replis sinueux de votre astuce et de votre fausseté. Ma perspicacité habituelle est donc loin d'avoir été mise en défaut par vos charmes, sous lesquels j'ai parfaitement deviné, dès hier, ce que votre âme renferme de noirceur et d'endurcissement. Cette beauté, dont vous vous montrez si enorgueillie, ces yeux qui pénètrent jusqu'au fond des cœurs, ce front qui semble si pur, ces sourires si frais, si caressants, qui vous donnent en apparence l'ingénuité d'un ange, tout cela n'est que le masque dont Satan se plaît à parer ses émissaires quand il les jette sur les pas de la pauvre humanité! Cette espèce de démons est la plus dangereuse, ainsi cachée sous le voile trompeur d'un doux visage de femme : elle n'est que trop répandue de tous côtés dans le monde, et personne n'ignore les ravages qu'elle y cause!

— Mais, encore une fois, reprit Géraldine consternée, je ne comprends rien à cette fougueuse colère!

— Mais, encore une fois, taisez-vous, fille de Belzébuth!... Ah! je conçois maintenant que votre féroce, mais prudent seigneur ne veuille plus vous garder sur ses domaines, dans la crainte que votre duplicité ne se tourne, un jour, contre lui-même! Je conçois encore que vous ayez, pour mille raisons, formé le projet de ne point habiter Laon, où vous auriez eu tout à redouter de la lumière qui eût pu, d'un moment à l'autre, se faire sur votre conduite! mais je vous y tiens, et vous n'en sortirez plus : les quatre murs d'une solide prison sont la demeure que vous allez avoir pour le reste de vos jours!

— Il est impossible, en vérité, que vous parliez sérieusement!

— Paix! vous dis-je, paix! je vois trop clair en toutes choses, je vous le repète, pour que vos airs innocents et naïfs égarent ma pensée sur votre compte. On s'expliquera plus tard avec vous sur la nature des actes odieux dont vous aurez à répondre devant la commune de Laon, ou plutôt on ne s'expliquera point du tout : le tribunal des échevins, sur les décisions duquel je crois avoir une notable influence, vous condamnera sans vous entendre; car il ne voudra point s'exposer à se laisser émouvoir par une coupable pitié en écoutant votre défense : cessez donc d'attendre votre salut de vos charmes perfides et de votre habileté si remarquable, je l'avoue, à en rehausser l'éclat!

Ayant ainsi parlé, l'incorruptible mayeur fit venir un chef de la milice avec dix hommes.

— Emmenez vite ces deux femmes, leur dit-il; enfermez-les pour le moment dans un cachot de la conciergerie de l'hôtel, et gardez-les à vue.

Les miliciens entraînèrent aussitôt Géraldine et la mère Thierri.

— O mon Dieu! qu'avons-nous donc fait? soupira alors la jeune fille, qui, sous le coup de ce traitement inexplicable, sentit son courage l'abandonner, et fondit en larmes.

— O ma chère enfant! ma pauvre enfant! lui dit sa nourrice en l'entourant de ses bras, tandis qu'elle éclatait aussi en sanglots.

Et la porte de la salle se referma sur les deux prisonnières et sur les miliciens.

Demeuré seul, le clairvoyant mayeur se mit à respirer à pleins poumons, comme un homme tout enchanté de l'inébranlable fermeté avec laquelle il s'est acquitté d'une besogne ardue et délicate; puis, il reprit, à travers la salle, sa promenade agitée, augurant bien pour sa gloire des suites d'une journée qui avait commencé par lui offrir l'occasion de mettre la main sur deux personnes aussi dangereuses au repos de sa ville chérie.

Une idée lumineuse jaillit tout à coup en ce moment de son esprit rêveur! il résolut de tracer de sa conduite en cette affaire un tableau brillant qui pût lui permettre de montrer au roi, sous les couleurs les plus saisissantes, l'immensité du service qu'il venait de rendre à ses concitoyens, à l'Etat même, et de devancer, ou plutôt de supplanter ainsi le centenier Gilbert dans la confiance et la faveur de ce prince. Mais Louis le Gros était il victorieux ou vaincu, mort ou vivant?

C'était toujours là pour Fortin l'OEil d'Aigle l'objet des plus ardentes inquiétudes.

Comme il se livrait à ces diverses réflexions, il suspendit encore une fois sa promenade pour prêter l'oreille à une rumeur étrange, qui, d'abord, grondant au loin dans le fond de la ville, lui arriva sourde, vague, confuse, puis, se rapprochant rapidement, éclata, pareille au mugissement d'une mer dont les flots, soulevés par une tempête imprévue, viennent se briser avec fracas contre les roches du rivage. Alors, mille clameurs croissantes, dont il ne pouvait distinguer ni la nature, ni la cause, ni le but, des mouvements tumultueux, impétueux, d'une foule effrénée envahissant de toutes parts les rues, rejetèrent une profonde terreur dans son âme. Convaincu, pour le coup, que l'ennemi venait de pénétrer dans Laon par surprise, et en chassait la milice et tous les habitants devant lui, il se précipita dans la chambre du tribunal des échevins pour se concerter avec eux sur la résolution à prendre dans une situation si alarmante.

Mais quelle ne fut point sa surprise, disons plus, son indignation, quand il se trouva en face de tous ces braves magistrats endormis sur leurs siéges!

— Malheureux! que faites-vous, s'écria-t-il, vous dormez sur un volcan!

Les trépignements de colère dont il fit résonner le plancher en prononçant ces paroles, la voix aiguë, vibrante, surhumaine, qu'il arracha de ses poumons pour exprimer la véhémence de ses impressions produisirent un tel vacarme que les vitreaux de la salle en tremblèrent, et que tous les échevins se réveillèrent en sursaut, comme si un coup de foudre eût éclaté sur leurs têtes.

— Qu'est-ce donc?... Que se passe-t-il? où sommes-nous? dirent les uns en se frottant les yeux, et ayant entièrement oublié le lieu où ils se trouvaient.

— Quel est ce cri horrible? qui l'a poussé? balbutièrent les autres qui, les yeux encore à demi-voilés, ne reconnaissaient pas le mayeur.

— Imprudents! reprit celui-ci dont la voix, montée cette fois à son plus haut diapason, eût pu se comparer au sifflement d'une rafale, je vous répète que vous dormez sur un volcan!

— Sur un volcan! s'écrièrent les échevins en se levant tous simultanément et en désordre.

— N'avez-vous donc point d'oreilles? n'entendez-vous pas cet affreux tumulte qui se fait par la ville?... écoutez!

En ce moment, les clameurs du dehors avaient pris de telles proportions et retentissaient si près de l'hôtel, que les murailles de cet édifice semblaient en être ébranlées.

— Ah! mon Dieu! dirent les magistrats en pâlissant, qu'est-ce que cela?

— Vous me le demandez? répliqua Fortin, ne devinez-vous pas que le roi a péri dans son expédition, et que le sire de Coucy, avec ses hommer d'armes, parcourt les rues, passe tout le monde au fil de l'épée, et que nous touchons, vous et moi, à notre dernière heure!

A ces terribles mots, les vingt-deux échevins, muets, effarés, frappés de vertige, renversant leurs siéges, se culbutant les uns les autres, descendirent pêle-mêle de leur estrade, avec l'impétuosité et le fracas d'une avalanche roulant du haut d'une montagne dans la vallée. Au milieu de cette confusion, ils se précipitèrent, en un groupe serré, compacte, semblable à un troupeau de brebis épouvantées, autour du petit mayeur, qui se trouva de la sorte tellement pressé, aplati, broyé, que la respiration lui manqua.

— Place! place! s'efforça-t-il de leur crier d'une voix étranglée, vous m'étouffez!... Êtes-vous devenus fous? où courez-vous? La fuite n'est point possible : ne songeons plus qu'à nous défendre jusqu'à notre dernier soupir!... Mais voyons d'abord de quel côté le danger nous menace; nous prendrons ensuite nos mesures pour l'affronter bravement!... l'ennemi assiége actuellement les portes de l'hôtel : courons aux fenêtres pour examiner ses mouvements.

Les échevins s'élancèrent aussitôt dans la salle d'audience du premier magistrat de Laon, lequel y fut entraîné par eux aussi promptement que s'il y eût été porté par l'aile d'un ouragan.

Les fenêtres de cette salle étant fort élevées, Fortin, pour remédier aux inconvénients de sa petite taille, s'était déjà emparé d'une chaise sur laquelle il se proposait de grimper pour placer son œil au-dessus des premiers vitraux; mais il suspendit son importante besogne en apercevant un échevin, maigre, sec, élancé, qui n'eut besoin, pour avoir vue sur la cour, que du secours de ses hautes jambes taillées en pattes de grue.

— Où avais-tu donc l'esprit, Fortin? dit tout à coup cet utile personnage, si favorablement doué de la nature, il n'y a point là d'ennemi; je ne vois que le roi lui-même entrant à cheval dans la cour.

— Mais prisonnier de cet infernal Thomas de Marle?

— Du tout! il s'avance entre le gouverneur de Laon et le comte de Vermandois... il est suivi de tous ses autres chevaliers, et d'une grande multitude de peuple. J'aperçois aussi nos quatre jurés, qui ont passé la nuit dehors, pour veiller au bon ordre dans la ville; ils n'auront pu s'empêcher de se joindre à la foule pour accompagner le roi jusqu'ici.

— Tout cela me paraît incroyable!... alors que signifie cet épouvantable vacarme?

— Il signifie que que les habitants de Laon, femmes, vieillards et miliciens, sont venus de tous côtés se précipiter sur le passage du roi et de ses troupes, jetant chaperons en l'air, battant des mains et criant de toutes leurs forces : Victoire! victoire!... N'entends-tu pas ce cri dominer le tumulte?

— Ah! oui..., oui, je le distingue maintenant... le roi aurait donc réellement défait son redoutable ennemi?

— C'est ce que nous allons savoir... le voilà qui descend de cheval et s'apprête à monter l'escalier de l'hôtel.

— Il vient me trouver! dit le mayeur en se redressant avec fierté... Honorables échevins, effaçons vite de nos visages, toute trace d'émotion, et rendons-nous par notre calme, tout à fait dignes de l'insigne honneur que Louis le Batailleur veut bien nous faire en cette circonstance!

Les échevins coururent à la hâte s'aligner sur deux rangs au fond de la salle; et le mayeur, se plaçant à quelques pas d'eux, en avant, pour être plus en vue, attendit le roi dans une attitude aussi grave que pouvait le lui permettre le trouble non parfaitement apaisé de ses sens, après tant de secousses si rudes et si vives.

V

LE CACHOT DU BEFFROI

Bientôt la porte s'ouvrit, et le roi entra dans la salle, suivi seulement de Guy de Rochefort, du comte de Vermandois, du centenier Gilbert et des quatre jurés : ces derniers allèrent vite prendre place derrière le mayeur. Quant à Gilbert, il resta auprès du monarque. Son apparition sembla causer une sensation fort peu agréable à Fortin, qui ne s'attendait guère à le voir partager, avec deux illustres chevaliers, l'honneur de demeurer librement ainsi à côté de son souverain.

— Mes amis, dit Louis le Gros aux magistrats, si, au lieu de me rendre au palais royal, je descends dans votre hôtel au retour de mon expédition, c'est que les résultats de cette expédition constituent maintenant un état de choses qui concerne particulièrement vos intérêts, et dans lequel je désire que votre justice seule ait à se prononcer.

Le mayeur, les jurés et les échevins s'inclinèrent en silence.

— En un mot, continua le roi, le sire de Coucy est actuellement en votre pouvoir.

— En notre pouvoir, le sire de Coucy? s'écria Fortin qui croyait faire un rêve.

— Le sire de Coucy? répétèrent en chœur les échevins et les jurés, que ce terrible nom fit tressaillir avec autant d'effroi que d'étonnement.

— Oui, mes amis, reprit le monarque, Thomas de Marle, l'ennemi de vos priviléges, le spoliateur de vos biens, le persécuteur de vos familles, a été fait prisonnier au milieu des embûches mêmes qu'il m'avait dressées dans sa forêt, et j'éprouve une joie indéfinissable en venant vous apprendre que c'est à l'un des vôtres que vous devez cette heureuse capture.

— L'un des nôtres? dirent les jurés et les échevins en cherchant à comprendre le sens de ces paroles.

— Ah! quel est-il? demanda le mayeur.

— L'intelligent et intrépide centenier Gilbert, répondit le roi.

— Ah! est-il possible! exclamèrent d'une seule voix échevins et jurés en portant leurs yeux démesurément ouverts sur le centenier, comme s'ils ne l'avaient jamais vu de leur vie.

Fortin fit une grimace, et, loin de lever les regards sur son rival en gloire, il les abaissa à ses pieds en tâchant de dissimuler son dépit.

— Mais, poursuivit le monarque, Gilbert a fait plus, cette nuit, que de me rendre maitre de mon vassal félon ; il m'a en même temps délivré du plus grand péril ; je lui dois la liberté et peut-être la vie.

Un nuage passa sur les yeux du mayeur; la merveilleuse fortune de Gilbert lui donnait des éblouissements.

— L'ambitieux! pensa-t-il, il a cherché, cette nuit, toutes les occasions de se faire remarquer du roi!

— Vous connaîtrez bientôt, reprit Louis le Gros, tous les détails de ces événements... Quant à présent, le plus pressé pour vous est de prendre vos sûretés à l'égard du sire de Coucy, que je vous abandonne : qui sait ce que ses hommes d'armes ou ses serviteurs, et même ses partisans, ses défenseurs du dehors, ne peuvent pas tenter pour sa délivrance?

— Sire, dit Gilbert, il y a dans la ville une prison d'où le diable lui-même ne le tirerait pas : cette prison est celle du beffroi.

— L'avis de Gilbert était inutile, dit le mayeur en regardant le centenier de travers ; avant qu'il eût ouvert la bouche, ma détermination était déjà prise; c'est en effet dans le cachot du beffroi que j'irai moi-même enfermer notre prisonnier.

— Je crois, fit observer Guy de Rochefort, qu'il serait prudent d'y enfermer avec lui le plus dangereux de nos autres prisonniers.

— Ah! vous voulez parler, dit le comte de Vermandois, de ce jeune chevalier qui a tiré l'épée contre le roi dans les rochers de la Chênaie?

— Précisément, répondit le gouverneur; la commune de Laon doit être d'autant plus intéresssée à écarter de ce prisonnier-là toute chance d'évasion, qu'il est le chef de ceux qui ont attaqué et enlevé, hier, les cinq marchands et leurs chariots.

— Qu'entends-je? nous tenons ce chef! s'écria Fortin en faisant un geste d'enthousiaste fureur, ah! certainement, il aura la même prison que son odieux maître!... Mais ces infortunés marchands, où sont-ils actuellement?

— Je vais, dit le roi, envoyer au château de Coucy un chevalier qui sommera en mon nom la garnison de se rendre, et vos malheureux concitoyens seront remis en liberté.

— Mais, sire, reprit vivement le mayeur, il doit se trouver en ce château un traître qu'il faudrait tâcher de ne point laisser échapper : c'est Lengly le Roux.

— Il a été aussi fait prisonnier, répondit Gilbert.

— Qui donc s'est trouvé assez habile pour s'emparer de ce gibier de potence?

— Moi, répliqua Gilbert.

— Lui! toujours lui! pensa Fortin en faisant une seconde grimace de dépit; en vérité, ce Gilbert a eu, cette nuit, tous les bonheurs pour lui seul!

Mais soudain le mayeur eut un sourire, et son visage se dérida et s'illumina comme par enchantement.

— Sire, reprit il de l'air important d'un homme qui triomphe d'avance du succès qu'il va obtenir, tandis que vous couriez mille périls dans une forêt si pleine de pièges et d'embûches, les échevins, les jurés et moi, nous acquittions ici de nos devoirs avec un zèle, une ardeur, qui ne nous ont point permis de nous reposer un instant...

— Oh! oui! interrompirent les échevins, depuis hier au soir jusqu'à ce moment, nous n'avons cessé d'avoir l'œil ouvert sur tous les dangers qui pouvaient menacer notre ville!

— Pour moi, continua le mayeur d'un accent chaleureux, j'avais pris un tel souci des intérêts de la commune, que, à force de recherches infatigables, je suis parvenu, ce matin, à mettre la main sur deux femmes qui travaillaient à sa ruine, lesquelles doivent être à bon droit considérées comme les deux plus grandes scélérates de la terre.

— Deux femmes? répéta le roi étonné.

— Oui, sire, deux femmes qui étaient dans Laon les émissaires, les espionnes du sire de Coucy, et y avaient été placées sans doute comme les instruments d'un complot dont les effroyables conséquences eussent été désastreuses pour la commune, et peut-être même pour le trône! car toute conjecture de cette nature n'a rien de hasardé, lorsqu'il s'agit des manœuvres ténébreuses du sire de Coucy.

— Il est vrai, dit le monarque... Mais quelles sont ces femmes?

— Celles mêmes qui, hier matin, sont reparties pour Coucy, avec une lettre que vous avez bien voulu leur donner pour leur perfide seigneur.

— Quoi! dit le roi, cette charmante serve qui se nomme Géraldine Arnould, je crois, et sa nourrice? Mais elles avaient l'une et l'autre l'air si doux, si naïf, si innocent!

— Oh! c'est justement cet air-là qui voile souvent les sentiments les plus pervers? Fiez-vous à moi, sire, quand il s'agit de lire au fond des âmes! Après mille investigations dont il serait trop long de vous faire le détail, j'ai su découvrir l'abîme d'artifices horribles, de trahisons incroyables, caché sous leur conduite en apparence si pure! Et, en les arrêtant (car le hasard m'a fourni le moyen de les retrouver), je crois vous avoir rendu un aussi grand service que si j'avais tiré l'épée pour défendre votre personne.

— Assurément, honorable mayeur, repartit le roi, la clairvoyance qui débarrasse le trône de ses ennemis, l'oblige autant que l'épée qui se lève pour les abattre.

Fortin, ivre de son triomphe, lança à Gilbert un regard qui voulait dire :

— Insatiable ambitieux! me voilà arrivé au même niveau que toi dans l'esprit de notre souverain.

Puis, le mayeur reprit vivement :

— Sire, j'aurai bientôt l'honneur de vous parler plus longuement de ces deux traîtresses, que j'ai fait jeter dans un cachot impénétrable. Permettez-moi maintenant de vous quitter pour conduire le sire de Coucy dans le sien.

— Hâtez-vous, dit le monarque; car nous allons avoir besoin de vous pour juger ce criminel châtelain.

— De moi? balbutia Fortin, le visage bouleversé à la fois par la joie et la surprise.

— Eh! sans doute, répliqua Louis le Gros; ne vous ai-je pas dit que la justice des magistrats de Laon aurait seule à se prononcer dans cette affaire? Je sais que, d'après votre charte, les crimes d'homicide et de haute trahison ne sont point du ressort de la juridiction des échevins, et que le bailli seul du roi peut en connaître; mais, en ce qui touche d'autres griefs, tels, par exemple, que les actes de persécution, de tyrannie et de spoliation, commis par Thomas de Marle envers vos concitoyens, ce seigneur relève directement de cette juridiction; et, comme je veux apprendre à mes grands vassaux à respecter vos personnes ainsi que les priviléges dont j'ai doté votre ville, j'érige aujourd'hui, par exception, le tribunal des échevins en tribunal suprême; le mayeur et les quatre jurés en feront partie, et le bailli de Laon le présidera. Quant aux accusés, ils ne seront point appelés à y comparaître, leurs crimes étant assez connus et avérés pour qu'il soit nécessaire de leur faire subir un interrogatoire.

— Sire, répondit Fortin l'Œil d'Aigle d'un ton pompeux et accompagnant son éloquence des gestes les plus expressifs, les magistrats de Laon sauront se montrer dignes à tous égards de la confiance dont vous les honorez en les constituant juges souverains du sire de Coucy; la sentence qu'ils vont rendre contre ce grand coupable, sera, je l'espère, de nature à faire pâlir de terreur tous ceux de vos grands vassaux, qui auraient quelque envie de marcher sur ses traces!

Et, ravi d'avoir fait entendre un langage si mâle et si plein du sentiment de ses devoirs, le mayeur s'inclina gravement devant le roi; puis, le pas fier et animé, le visage tout enflammé du feu de ses impressions, il sortit en disant à Gilbert d'un ton d'autorité :

— Centenier! conduis-moi auprès des deux prisonniers que j'ai à mettre en lieu sûr; je te charge de les escorter avec tes hommes jusqu'au beffroi.

Arrivé dans la cour de l'hôtel, qu'il trouva encombrée par une partie des miliciens et des chevaliers qui avaient suivi le roi dans son expédition, Fortin, l'esprit tout ébloui de sa propre importance, et ne voyant pour ainsi dire rien devant lui, alla se heurter contre un individu immobile, honteux, tremblant, et placé sous la garde de plusieurs hommes, il arrêta les yeux sur ses traits, et reconnut Lengly le Roux.

— Ah! bandit, c'est toi! dit-il en le dévorant du regard... Vite! vite! qu'on traîne sur-le-champ cet exécrable coquin dans un cachot de la Conciergerie! il sera là sous ma main : je me donnerai le plaisir de l'interroger dans la journée.

Cet ordre fut aussitôt exécuté.

Un peu plus loin, Gilbert arrêta le pétulant mayeur devant un groupe d'hommes d'armes, au milieu duquel se trouvait un chevalier qui avait les mains liées derrière le dos, et dont le front plissé et sombre, les yeux étincelants, irrités, la bouche écumante de rage, faisaient horreur. A cette vue, Fortin bondit de plusieurs pas en arrière, comme s'il eût été mis en présence de quelque monstre épouvantable, prêt à s'élancer sur lui.

Il était en face du sire de Coucy!

— Infâme scélérat! s'écria-t-il, perturbateur du repos public! tison d'enfer! eh bien! ces ridicules et méprisables magistrats de Laon, de cette ville dont tu ne voulais pas laisser pierre sur pierre, sont donc enfin maîtres de ta destinée!

— Fortin l'OEil d'Aigle! répondit Thomas de Marle avec un rire effroyable, caverneux et strident, qui fit courir un frisson jusque dans la moelle des os du mayeur, je te jure encore que je mettrai à sac ta sotte ville, et qu'il n'en restera derrière mes pas qu'un monceau de ruines! quant à toi, je te promets de te pendre, haut et court, à la plus solide branche d'un chêne de ma forêt, où je veux voir, pendant plusieurs mois, ta chétive personne balancée par le vent comme un gland demeuré sur l'arbre et desséché au soleil!

— Tais-toi, buveur de sang, reptile venimeux, génie du mal, satellite de Satan! Nous allons te mettre dans l'impuissance de reprendre le cours de tes abominables forfaits!

Mais telle était la terreur attachée au nom et à la personne du seigneur de Coucy et au souvenir de ses crimes, que le mayeur, bien qu'il le vît solidement contenu par ses liens et par ses gardiens, demeurait toujours assez éloigné de lui, tout en l'accablant de sa délirante indignation.

— Gilbert, dit-il, où est ta centaine?

— La voici, répondit Gilbert en désignant une troupe de miliciens arrêtée tout près d'eux.

— Ordonne-lui donc d'entourer ce brigand féroce et de nous accompagner... Cela n'empêchera pas ces valeureux et illustres chevaliers qui veillent sur lui, de nous suivre pour nous prêter main-forte en cas de malencontre.

— Ah! très volontiers! respectable mayeur, dit un des chevaliers, nous serons tous heureux de marcher sur vos pas.

A ce compliment, si flatteur, Fortin se redressa de manière à se rompre l'épine dorsale.

— Maintenant, reprit-il en s'adressant toujours au centenier, mène-moi vite auprès de l'autre prisonnier.

Gilbert, entraînant avec lui sa centaine, Thomas de Marle et les chevaliers, conduisit le mayeur dans un coin de la cour, où il lui montra Roger d'Arvelles, garotté aussi des mains et gardé non moins rigoureusement que le châtelain.

— Ah! voleur de grands chemins! dit Fortin au jeune preux, de son accent de fureur le plus perçant, lâche coupe-jarret, c'est donc toi qui as été, hier, le chef de ces bandits postés en embuscade sur la route des marchands de Laon!

— Moi? fit Roger en levant les épaules.

— Oui, toi! et non content d'avoir été le principal exécuteur de cet acte de brigandage, tu as osé, le soir, dans la forêt de Coucy, tirer l'épée contre ton roi!

— Qu'enten-je? c'était le roi? s'écria tout consterné le jeune croisé qui, aux cris d'enthousiasme et de triomphe poussés par les Laonnais au retour de Louis-le-Gros dans la ville, avait bien compris que le vaillant monarque était à la tête de l'expédition, mais n'avait pu le distinguer à aucune marque particulière parmi tous les hommes d'armes.

— Être fallacieux, sournois, profond hypocrite, répliqua le mayeur, je te conseille vraiment de faire l'innocent et l'ingénu!

— Moi! moi! reprit énergiquement Roger, moi, lever, de dessein prémédité, l'épée contre mon souverain! moi, Roger d'Arvelles! moi, qui arrivé tout récemment de la Palestine, n'avais jamais vu, jusqu'à la nuit dernière, le visage du roi!

— Ah! tu te nommes Roger d'Arvelles? repartit Fortin; cela m'importe peu, à coup sûr; mais que nous contes-tu là en disant que tu reviens de la Palestine?

Un rire éclatant et satanique retentit derrière le mayeur, et couvrit sa voix: ce rire sortait encore de la poitrine de Thomas de Marle.

— Il faut vous apprendre, mayeur, dit alors le châtelain en prolongeant ce rire affreux à travers ses paroles même, que le langage qui vous est tenu par ce misérable, renferme tout un plan d'ingénieux artifices, qu'il s'est tracé pour vous duper tous, et me laisser seul dans l'embarras: ce truand se nomme Triffaut, dit le Mauvais; c'est un de mes bas valets que j'ai couvert de la cuirasse et du heaume des chevaliers pour lui donner quelque air d'importance, et qui m'a lâchement trahi, livré et vendu à mes ennemis! Il cherche maintenant, par des histoires de son invention, a égarer vos esprits sur son compte; pour se tirer de vos mains.

— L'enfer est donc dans l'âme et dans la gorge de cet homme! repartit Roger en tâchant vainement de repousser ses gardiens pour s'élancer sur le sire de Coucy; quoi! est-il possible qu'il ose, avec cette perversité et cette effronterie, proférer en ma présence, de tels mensonges?

— Tais toi, mécréant, qui veux te faire passer pour un croisé! reprit Fortin, tais-toi, imposteur, tais-toi, serviteur assez fourbe pour renier ton maître, ce qui est un cas damnable, quoique ce maître soit aussi scélérat et pendable que toi!... Oh! n'espère pas me donner le change sur ta personne et tes actions; ce n'est point moi que l'on peut induire en erreur; je lis tes instincts pernicieux et toutes tes infamies sur tes traits; je vois bien à ta mine que tu n'es qu'un grossier valet d'écurie, inhabile à porter l'armure du chevalier.

— Thomas de Marle, s'écria cette fois Roger hors de lui, s'il m'arrive malheur par ta perfidie, si ma langue reste impuissante à faire éclater la lumière de la vérité sur ce qui me touche, Dieu me vengera bientôt dans l'autre monde par le châtiment qu'il réserve à ton âme souillée d'abominations de toute espèce!

— Homme de néant! répondit le châtelain, je n'ai point à t'adresser une parole; est-il de la dignité du maître de relever les outrages de l'un de ses serfs?

Le jeune preux allait repliquer.

— Paix! Triffaut, dit le Mauvais! reprit Fortin; vous vous jetterez l'un et l'autre tout à l'heure, tant que vous le voudrez, des injures à la tête, dans votre prison... mais pour l'instant, marchez, et ne soufflez plus mot!

Puis, se tournant vers Gilbert:

— Qu'on les entraîne! dit-il en rehaussant la sévérité de sa parole, de son geste le plus imposant.

Gilbert fit défiler devant lui sa centaine au milieu de laquelle il plaça les deux prisonniers, puis, suivi du mayeur et des chevaliers, il sortit de la cour de l'hôtel pour se diriger vers le beffroi communal.

Tous les habitants des deux sexes et de tout âge, répandus dans les rues, montèrent sur les bornes et sur les appuis des fenêtres, pour les voir passer.

Fortin crut le moment propice pour concentrer sur lui seul l'attention de ses concitoyens, en éblouissant leurs yeux et leur esprit du prestige de l'autorité dont il faisait un si remarquable et si ferme usage.

— Centenier! dit-il d'un ton net et sec, si ces deux coquins font mine de vouloir s'échapper des mains de leurs gardiens, je t'ordonne de leur passer ton épée au travers du corps!... tu entends, centenier, je te l'ordonne?

Et satisfait d'avoir, par cet acte de pouvoir presque suprême, et par son ton impératif, humilié (du moins le croyait-il) celui dont les succès auprès du roi lui inspiraient tant de jalousie, le mayeur promena ses regards autour de lui pour juger de l'immense effet produit sur la foule par son attitude et son langage.

— Allons donc! Fortin, repartit avec sa simplicité et sa rondeur militaires le brave Gilbert, qui finit par être impatienté de tout ce manège; depuis quelques instants, tu fais bien du bruit pour rien, et tu te démènes bien inutilement!

— Je me démène bien inutilement? répéta le mayeur, que le sans-gêne dont le centenier usait à son égard sous les yeux des chevaliers et du peuple rendit pourpre de dépit.

— Eh! sans doute! reprit Gilbert, ne sais-je pas mieux que toi ce que j'ai à faire?

— Mieux que moi? répéta encore Fortin étouffant de colère.

— Assurément!... j'ai marché en tête de l'expédition toute la nuit, au milieu de mille dangers: ai-je eu besoin de tes conseils et de tes ordres pour me tirer d'embarras?

— Centenier! répondit le mayeur en se mordant les lèvres, les dangers que tu as cru, mais à tort, rencontrer cette nuit, ne sont peut-être rien en comparaison de ceux qui peuvent nous menacer ici!... Du reste, quand j'ai donné un ordre, je n'entends pas qu'on me réplique!

— Allons! allons, Fortin: encore une fois, mêle-toi de tes affaires, et laisse-moi m'occuper des miennes.

Le mayeur dévora sa rage.

— Ce centenier, se dit il en lui-même, est devenu d'une insolence sans pareille, depuis que le hasard lui a fait obtenir les bonnes grâces du roi!

Dix minutes plus tard, on arrivait au pied du beffroi communal.

Cet édifice s'élevait à l'encoignure d'une place appelée Chevresson, et près d'une porte de la ville, qui portait aussi le même nom: c'était une tour carrée, de hauteur moyenne, et à laquelle une flèche en bois très aiguë surmontant son faîte, prêtait l'apparence d'un clocher. Construite en fortes pierres de tailles, le long de la muraille d'enceinte de Laon, elle faisait saillie du côté extérieur de cette muraille. Son intérieur renfermait un escalier en spirale, appuyé à l'un de ses angles, et conduisant jusqu'à son comble occupé par la fameuse cloche d'alarme qui, la veille, avait rempli l'air de ses tintements lugubres pour assembler la milice bourgeoise. La porte par laquelle on pénétrait dans ce petit monument, menait immédiatement au bas de l'escalier, et se faisait remarquer par un ornement d'architecture romane, sculpté à son cintre. Le rez-de-chaussée de cette tour se composait d'une seule pièce, qui portait sa voûte à dix mètres de hauteur, et était éclairée, sur chacune de ses quatre faces, par deux fenêtres étroites ogivales et fort élevées : elle servait de prison pour les accusés de délits peu graves. Mais, à son centre, était une trappe se levant sur une ouverture circulaire qui présentait au-dessous d'elle, au regard effrayé, un caveau obscur et profond : ce caveau était le cachot où l'on jetait les malfaiteurs de la pire espèce, ceux dont on avait tout à redouter. On les y descendait avec une échelle, quand ils se montraient disposés à s'y laisser enfermer de bonne volonté; et au moyen d'une corde à laquelle on les attachait, quand on rencontrait en eux une résistance désespérée.

Ce curieux édifice, dont la construction date des premières années du douzième siècle, subsiste encore aujourd'hui (1).

Arrivé donc sous ses murs, comme nous l'avons dit, Fortin l'OEil d'Aigle en ouvrit la porte et s'introduisit, avec ses deux prisonniers et leurs gardiens, dans la pièce du rez-de-chaussée. Sur son ordre, on leva la trappe dont nous venons de parler, une échelle fut placée dans l'ouverture qu'elle laissa béante, et dix des hommes les plus robustes de la centaine de Gilbert, s'éclairant d'une lampe, descendirent dans le cachot souterrain, pour y recevoir les prisonniers; mais, lorsqu'on eut amené ces derniers au bord de l'ouverture, et qu'on voulut leur faire mettre le pied sur l'échelle, Thomas de Marle, transporté tout à coup d'une rage frénétique, cria, hurla, écuma de fureur, se jeta sur ceux qui le tenaient, et, n'ayant plus l'usage de ses mains, les mordit cruellement aux bras, au visage, et aux jambes, en finissant par se rouler par terre, comme une bête féroce qui, prise dans un filet par des chasseurs, cherche à assouvir sa vengeance dans le sang des profondes blessures dont elle peut encore labourer leur chair. On fut obligé de le bâillonner, puis de lui garrotter les pieds, et, maître alors de tous ses mouvements, on lui passa une corde autour du corps, et on le descendit dans le cachot. On employa le même procédé pour y jeter ensuite Roger d'Arvelles, bien que l'innocent chevalier, fort résigné, n'opposât aucune résistance à ce qu'on exigeait de lui.

Alors, le mayeur, se penchant sur l'ouverture, dit, d'une voix qu'il tâcha de rendre terrible, aux dix miliciens qui se trouvaient au fond du cachot :

— Il y a, autour de vous, des anneaux de fer scellés dans les murs; attachez-y solidement les prisonniers. Surtout redoublez de précaution à l'égard du sire de Coucy; liez cet enragé, ce forcené, de manière à ce qu'il lui soit impossible de remuer ni jambes, ni bras, ni tête !

Au bout de dix minutes, toujours penché sur cette espèce de gouffre, il reprit :

— Est-ce fini ?

— Oui, mayeur, répondit un des miliciens.

— Bien !... remontez.

On replaça l'échelle dans l'ouverture, et les dix miliciens sortirent du cachot.

Fortin cria alors aux prisonniers :

— Maintenant, exécrables scélérats, nous allons vous juger !

Puis, il fit retomber la trappe au-dessus de leur tête, s'assura que l'énorme cadenas qui la fermait, offrait toute garantie de solidité, et il mit la clef de ce cadenas dans sa poche.

Tous ces soins étant accomplis, il se tourna vers Gilbert, et lui dit, sans le regarder, et d'un air quelque peu rancunier :

— Centenier, je t'ordonne de rester ici avec tes hommes, et d'exercer de tous côtés ta vigilance... Tu répondras sur ta tête des prisonniers placés sous ta garde !

Le jaloux Fortin OEil d'Aigle était bien aise de saisir cette occasion d'empêcher Gilbert de retourner auprès du roi, tout en s'efforçant toujours de le mortifier par le ton d'autorité qu'il prenait envers lui; mais le centenier, avec

(1) Malleville. *Histoire de la ville de Laon.*

sa franchise ordinaire, haussa les épaules d'un air assez peu respectueux pour le mayeur.

— Fortin, lui répliqua-t-il, quand auras-tu donc fini tout ce tapage que tu fais depuis une demi-heure pour si peu de chose ? est-ce à toi à m'enseigner ou à me rappeler les devoirs attachés à mon service militaire !

Fortin se mordit de dépit les lèvres jusqu'au sang.

— Honorable mayeur, dit alors un des chevaliers qui avaient accompagné l'ardent magistrat jusqu'à la tour, nous aussi, nous demeurerons ici ; car nous sommes intéressés, autant que la commune de Laon, à empêcher que les prisonniers n'aient aucune chance d'être secourus et délivrés.

— Illustres et valeureux chevaliers, répondit Fortin, vous êtes libres de faire ce que vous jugerez utile à nos communs intérêts en cette circonstance : je n'ai que des ordres à recevoir de vous ; mais j'use de mon droit et de ma légitime autorité en en donnant à ce centenier, qui est revenu, ce matin, de la forêt de Coucy pour se montrer a mon égard le plus récalcitrant et le plus entêté des hommes !

Et cela dit, le mayeur sortit du beffroi, pour aller promptement siéger au tribunal des échevins.

VI

LE COEUR DE LA CHATELAINE.

Transportons-nous maintenant au palais royal de Laon, une heure environ après la visite que le cours des événements nous a forcés de faire à la prison du beffroi.

Dans cette même salle où la veille nous avons vu Louis le Gros, sous le nom du heaumier Turvald, pénétrer en compagnie de Gilbert et du mayeur, pour se rendre auprès du gouverneur de la ville, ce monarque s'entretenait, avec Guy de Rochefort et Raoul de Vermandois, sur les mesures énergiques que nécessiteraient les circonstances, si la garnison du château de Coucy ne tenait nul compte de la sommation qui lui avait été portée par un officier de mettre bas les armes. Quoique cet objet de leur délibération fût des plus importants, ce n'était point sans une visible distraction d'esprit que le roi et ses deux interlocuteurs l'avaient abordé et le poursuivaient, car il y avait trois quarts d'heure environ qu'ils étaient sortis de l'hôtel des échevins, pour laisser le tribunal de ces magistrats, présidé exceptionnellement cette fois par le bailli, prononcer son jugement sans appel sur Thomas de Marle et le prétendu Triffaut dit le Mauvais, et ils attendaient avec une anxieuse impatience, non dissimulée, qu'on vînt leur faire connaître ce jugement.

Mais ils ne tardèrent pas à être tirés de leur préoccupation par un tumulte étourdissant qui s'éleva subitement dans la ville. Il leur sembla que des milliers de voix, sur tous les tons, poussaient ou plutôt hurlaient des cris d'allégresse, de triomphe et d'enthousiasme. Comme ils se demandaient, au milieu de leur surprise, quelle pouvait être la signification de ces vociférations étranges, un officier du palais entra dans la salle : c'était celui là même qui avait été expédié au château de Coucy.

— Qui vous ramène donc? lui dit le roi fort étonné ; vous n'avez eu, ce me semble, qu'à peine le temps de faire le quart de votre route.

— Il est vrai, sire, répondit l'officier ; mais, sur cette route, j'ai rencontré la châtelaine de Coucy, qui se rendait à Laon ; j'ai dû rebrousser chemin pour l'accompagner, et je viens de l'introduire dans le palais ; elle demande instamment à vous parler sans retard.

A cette nouvelle, Louis le Gros, le comte de Vermandois et le gouverneur se regardèrent tout stupéfaits.

— Pour quelles raisons, reprit le roi, a-t-elle donc quitté sa ferté ?

— Sire, voici ce qui s'est passé : quand la dame de Coucy eut appris, vers la fin de la nuit, que son mari était tombé entre vos mains, tous les hommes d'armes renfermés dans son château ont reçu d'elle l'ordre d'en abandonner la défense-alors elle en est sortie pour se rendre auprès de vous.

— Mais que sont devenus les pauvres marchands que Thomas de Marle retenait prisonniers?

— Elles les a aussitôt mis en liberté, les a emmenés, et ils viennent d'entrer avec elle dans Laon... les malheureux sont dans un pitoyable état : ils ont le pouce de chaque main disloqué ; car elle les a trouvés pendus par les pouces, et ayant au cou une corde au bout de laquelle pendaient de lourdes pierres qui en augmentant le poids de leur corps, ont rendu leur supplice horrible.

Un sentiment de violente indignation alluma les yeux du roi.

— Ah! Sire, s'écria le comte de Vermandois dont la haine contre l'assassin de son frère fit explosion de nouveau, ce rebelle, ce brigand ce bourreau, ne mérite-t-il pas d'être tiré à quatre chevaux ?

Louis le Gros frémissait de fureur.

— Et quels sont, demanda t il, ces cris qui viennent de retentir par les rues ?

— Sire, dit l'officier, c'étaient d'un côté, des cris de malédiction poussés contre le châtelain de Coucy, et qu'arrachait à toutes les âmes l'aspect des cinq marchands estropiés ; c'étaient, d'un autre côté, des cris de joie, de reconnaissance et d'admiration, qui s'exhalaient aussi de tous les cœurs à la vue de la libératrice de ces infortunés ; car vous n'ignorez pas, sire, que la dame de Coucy, malgré les méfaits et les cruautés de son époux, est, en ce pays, l'objet de la pitié et de la vénération de tout le monde.

— Je le sais, répondit le roi ; et je suis heureux de l'avouer, la pauvre châtelaine mérite bien, par les tourments qu'elle a endurés dans son ménage, autant que par ses rares vertus, l'attendrissement et l'enthousiame qui ont accueilli son apparition en cette ville... Je suis donc prêt à la recevoir.

— Sire, dit vivement Raoul de Vermandois, qui craignit que l'affliction, les larmes et les prières de Milesende n'adoucissent, à l'égard de Thomas de Marle, les dispositions du roi, toujours trop porté à la clémence envers ses ennemis, quand il les avait une fois réduits à l'impuissance d'agir, sire, peut être feriez-vous bien d'éviter en ce moment toute entrevue avec la respectable dame de Coucy; car sa douleur ne saurait que vous causer de pénibles impressions, sans qu'il y ait pour vous la moindre nécessité de les éprouver en vue de ses intérêts : le sort de son époux relève actuellement du tribunal des échevins, et vous ne pourriez qu'assister inutilement au spectacle de ses souffrances, étant trop juste pour songer à y porter remède.

— Mais m'est-il donc permis, répliqua le généreux prince, d'écarter de ma présence cette femme infortunée, dans le moment même où son noble cœur doit être en proie au désespoir et quand elle vient de rendre à leurs foyers les victimes de son indigne époux? Il y aurait de la dureté et de l'injustice à tenir une telle conduite, et cette conduite serait-elle ce le d'un roi?... Qu'on la fasse donc entrer : je suis tout disposé à l'écouter, mais résolu à repousser tout ce qui tendrait, dans ses paroles, à obtenir la grâce d'un vassal dont les crimes atroces ont répandu la désolation et le deuil dans cette contrée, et dont la félonie n'a été, depuis vingt ans, qu'un outrage continuel à la couronne !

Le comte de Vermandois et Guy de Rochefort comprenant bien qu'il leur serait impossible de détourner le roi de sa détermination, se retirèrent pour le laisser seul avec la châtelaine de Coucy, qui fut introduite dans la salle, dès qu'ils en eurent disparu.

Mais le comte, toujours plein du désir d'assouvir sa vengeance contre le meurtrier de son frère, s'était déjà tracé un plan pour tâcher de rendre inutile la démarche de Milesende, dans le cas où elle viendrait demander et obtiendrait la grâce de son mari. Il se sépara immédiatement du gouverneur pour s'occuper de l'exécution de ce plan, et il se transporta en toute hâte à l'hôtel de l'échevinage.

Laissons-le poursuivre sa route, et demeurons dans la salle qu'il venait de quitter, et où Milesende était amenée en présence du roi.

L'intéressante châtelaine n'y eut pas plutôt fait son apparition, qu'elle se précipita aux pieds de Louis le Gros, éplorée, haletante de douleur, enfin dans tout le désordre de pensées, de mouvements et de physionomie que devait naturellement produire en elle sa triste situation.

— Sire! s'écria-t-elle dans cet état bien digne de pitié, sire, je viens vous demander, non pas justice... mais miséricorde! mais grâce!

Le roi, profondément ému de compassion, arrêta sur elle un regard attendri, et, au lieu de lui répondre, ne put s'empêcher de murmurer en soupirant :

— Pauvre femme!

— Sire! continua-t-elle, je le répète : l'épouse infortunée du sire de Coucy n'a rien à demander à votre justice, qui ne saurait absoudre un grand coupable; mais c'est à votre clémence qu'elle fait appel, à cette clémence qui n'a point encore une seule fois, depuis que le sceptre est en vos mains, repoussé la prière des cœurs malheureux et désespérés!

— Noble dame, dit le monarque, votre démarche me brise l'âme en même temps qu'elle me transporte d'admiration! Elle me brise l'âme, parce que je suis sans pouvoir pour alléger le poids de vos souffrances; elle me cause une admiration sans bornes, parce que celui qui en est l'objet n'a cessé de combler votre existence de déceptions et de chagrins!

— Mon devoir est d'oublier mes propres maux, sire, et il ne me permet que de songer à une chose : c'est que Thomas de Marle est mon mari!

— Hélas! répliqua Louis le Gros, cet élan de générosité sublime ne fait que donner plus de force à mon affliction et à mes regrets!... Mais relevez-vous, haute et honorable châtelaine; je ne saurais voir plus longtemps à mes pieds celle qui est si justement entourée de mon respect et de la vénération de mon peuple.

Et le roi présenta un siége à Milesende, qui y prit place.

— Je suis obligé de vous le déclarer de nouveau, ajouta-t-il alors : je ne puis rien changer au sort du sire de Coucy... Oubliez-vous tous les pardons dont j'ai, jusqu'à ce jour, couvert ses fautes... disons mieux... ses crimes?

— Dieu refuse-t-il son pardon au repentir, même tardif, des pécheurs les plus endurcis? La justice des rois serait-elle plus inexorable que la justice divine?

— Dieu, repartit le monarque, agit dans l'étendue de sa puissance sans limites; un roi n'a qu'un pouvoir restreint, toujours esclave des intérêts et quelquefois des passions de ses sujets.

— Mais n'êtes-vous point libre de rendre ce pouvoir sans bornes?

— Non, et surtout en cette occasion; car mon vassal rebelle a, depuis une heure, cessé de relever de mon autorité : sa destinée ne dépend plus uniquement que du tribunal des échevins, qui le juge en ce moment.

— Qui le juge? répéta Milesende consternée... Mais, sire, il me semblait que la juridiction du bailli royal devait seule connaître des crimes de haute trahison?

— La commune de Laon, noble dame, a eu trop à souffrir des derniers méfaits du sire de Coucy, pour que je n'aie pas reconnu l'absolue nécessité d'ériger, en cette circonstance et par exception, le tribunal de ses magistrats en cour souveraine.

— Mais ce nouvel état de choses, sire, ne peut vous priver de votre droit de grâce!

— Selon ma conscience, il m'en prive, parce que, ayant fait passer la juridiction du bailli royal dans celle des échevins, je viens, par la nature même et l'importance d'un tel acte, de prendre un engagement sacré envers ces magistrats : c'est de n'influer en rien sur leurs décisions; c'est de les laisser entièrement libres et maîtres de prononcer un jugement sans appel, en ne consultant que leurs convictions seules. M'élever après cela, par le fait de ma volonté, contre ce jugement, ne serait-ce point envers eux faire acte d'injustice et d'oppression; trahir ma parole même, en rendant illusoire l'autorité dont j'ai cru devoir les investir? Il faut un exemple pour mes vassaux turbulents : il est nécessaire de les convaincre qu'il y a, dans le sein de la nation même, en dehors de l'autorité du souverain, un pouvoir toujours prêt à les arrêter dans leurs entreprises criminelles envers mes sujets. Là seulement, est le remède aux maux d'une situation si souvent orageuse, qui a causé trop de larmes à mon peuple, et trop d'embarras et de périls au trône.

— Alors, c'en est fait de lui ! dit la châtelaine en cachant son visage dans ses mains.

— Peut être? répondit le roi... qui sait si le tribunal des échevins ne se montrera pas indulgent envers les deux accusés.

— Les deux? reprit Milesende en relevant la tête d'un air étonné.

— Oui, la justice du tribunal a aussi à se prononcer, séance tenante, sur le crime du malheureux auquel a été confié, hier, le commandement des hommes qui ont attaqué et enlevé, sur la grande route, les cinq marchands de Laon et leurs chariots.

— Il a donc été appelé à comparaître?

— Non; il est au cachot avec son maître.

— Impossible! lorsque je suis sortie, ce matin, du château de Coucy, il y était encore.

— Vous vous trompez assurément, noble dame : il a été fait prisonnier au moment où il m'a attaqué cette nuit, et où j'ai failli périr sous ses coups.

— En quel lieu donc?

— Au milieu de la forêt, dans les rochers de la Chênaie.

— Ce n'était pas lui, sire : il n'a point, durant toute cette nuit, quitté le château.

— Vous en êtes sûre?

— Parfaitement sûre.

— Alors, quel peut donc être ce jeune et beau serviteur qui s'est élancé sur moi avec un sang-froid et une rare intrépidité, qui, je l'avoue, n'avaient besoin que de défendre une meilleure cause, pour s'attirer toute mon admiration?

— Jeune et beau, dites-vous, sire? Mais précisément celui qui a dirigé la fatale expédition contre le convoi des marchands de Laon, est fort laid et déjà avancé en âge.

— Vous m'étonnez : ce qui est certain, c'est que le jeune homme dont je parle a des traits charmants, des cheveux bouclés d'un blond brillant, et, dans la physionomie et les manières, une distinction dont le contraste avec son genre de vie, m'a frappé.

— O mon Dieu ! s'écria, au milieu d'un trouble extrême, la châtelaine dont la pensée se porta soudain sur le jeune croisé qu'elle avait fait échapper du château de Coucy... mais à quelle heure, sire, avez-vous fait sa rencontre dans les rochers de la Chênaie?

— Vers minuit.

L'émotion de Milesende redoubla.

— Avez-vous, sire, reprit-elle vivement, remarqué son armure?

— Parfaitement : elle est toute d'acier mat, et le heaume a pour cimier un énorme dragon.

— Ah! sire, répliqua vivement la châtelaine, vous avez eu à vous défendre, cette nuit, non contre un obscur serviteur ou un homme d'armes du sire de Coucy, mais contre le plus vaillant, le plus généreux et le plus pur des chevaliers, en un mot, contre Roger d'Arvelles.

— Roger d'Arvelles? répéta le roi avec un étonnement ému, sous l'empire des souvenirs que ce nom réveillait en lui.

— Oui, sire, le fils même de cet illustre comte d'Arvelles, qui, parti pour la Terre-Sainte à l'époque de la première croisade, y est mort avec la réputation et la gloire d'un héros.

— Mais par qui auriez-vous appris que ce fût là son fils?

— Par ce jeune preux lui-même qui arrive de la Palestine : hier, dans la soirée, il est venu demander l'hospitalité au château de Coucy; sa vie (je ne le dois pas cacher) y a été mise en péril, et, pour le sauver, j'ai trouvé moyen de le conduire dans un chemin souterrain dont l'issue aboutit précisément aux rochers de la Chênaie. Je l'avais prévenu que, là, il courrait risque de se trouver sur les pas de quelques sentinelles qui lui barreraient le passage : c'est vous-même, sire, qu'il y a rencontré, et il vous a attaqué. Vous devinez maintenant sa méprise.

— En effet, dit Louis le Gros en réfléchissant, je me souviens parfaitement que, au lieu d'user de ses avantages en s'élançant sur moi, avant que je me fusse mis sur mes gardes, il s'est arrêté à quelques pas, m'a adressé la parole pour me défier, et, en brave et loyal chevalier, n'a commencé le combat qu'après m'avoir laissé le temps de tirer mon épée... Mais connaissez-vous les raisons qui amènent aujourd'hui ce jeune croisé en France ?

— Sire, il y vient recueillir la somme nécessaire à la rançon du sire de Bohémard, fait prisonnier par les infidèles.

— Que dites-vous ? s'agit-il de ce seigneur accusé d'avoir trempé dans un complot tramé contre la couronne ?

— De lui-même, Sire... mais, ajouta Milesende toute confuse et baissant les yeux, quoiqu'il m'en coûte de faire un aveu qui porte une nouvelle atteinte à l'honneur de mon époux, ma conscience m'impose le devoir de ne vous rien céler de la vérité : le seigneur de Bohémard est innocent ; c'est par les artifices mêmes de son ennemi, le sire de Coucy, qu'il a été couvert des apparences du coupable. C'est là un fait qui vous sera rendu évident par l'explication que Roger d'Arvelles pourra vous donner à cet égard. Il n'est point inutile de vous dire encore que ce jeune et noble preux défendra la cause du malheureux prisonnier des Sarrasins, avec d'autant plus de chaleur et d'âme, qu'il est actuellement le fiancé de sa charmante fille.

— Je n'ai pas oublié, dit le roi, que Bohémard avait une fille, fort jeune encore, lorsqu'il a pris la fuite pour se rendre en Palestine : serait-elle donc prisonnière avec lui chez les infidèles ?

— Sire, elle est en France.

— En France ! et où donc ?

Milesende se frappa le front.

— Eh mon Dieu ! Sire, reprit elle vivement, vous la connaissez : vous l'avez vue hier.

— Moi, je l'ai vue ?

— Oui, elle a été renvoyée, hier matin, par le mayeur de Laon au château de Coucy, et elle m'a conté qu'elle y était arrivée avec une lettre qu'elle tenait de vous, et que vous lui aviez donnée pour celui dont elle feignait alors d'être la serve.

— Quoi ! dit le roi consterné, cette candide et intéressante personne que j'ai trouvée, hier, en compagnie de sa nourrice, à mon arrivée à l'hôtel de l'échevinage...

— Est la noble fille de l'infortuné sire de Bohémard.

— Quel mystère ! repartit le monarque... ne pouvez-vous achever d'en déchirer tous les voiles par des détails plus circonstanciés et plus clairs ?

— Rien, sire, n'est plus facile.

Milesende fit alors au roi le récit de la dramatique scène qui, la veille au soir, avait suivi l'apparition de Roger d'Arvelles au château de Coucy, et dans laquelle le jeune croisé avait raconté son histoire et celle de Géraldine.

- Brave chevalier !... pauvre jeune fille !... s'écria le monarque après avoir écouté la châtelaine avec une profonde émotion, je vais à l'instant donner des ordres pour qu'ils soient l'un et l'autre rendus promptement à la liberté.

— L'un et l'autre ? répéta Milesende étonnée.

— Oui, cette innocente et noble enfant a été aussi, par une erreur inconcevable, enfermée dans un cachot.

Louis le Gros se leva pour se diriger vers une porte et appeler un officier du palais.

— Au nom du ciel, sire, un mot encore ! s'écria soudain Milesende, qui arrêta le roi en se jetant de nouveau à ses pieds, votre bonté m'est trop connue, pour qu'il me soit possible de penser que vous sortirez de cet entretien, en me laissant l'âme brisée et sans espoir !

— Mais, vertueuse dame, répondit le roi d'un ton doux et triste, je vous le répète, il ne m'est malheureusement point permis de vous donner le moindre espoir.

— Ah ! de grâce, sire, réfléchissez : quand la justice vous fait un devoir d'arracher de leur prison deux innocents, serait-ce donc manquer au sentiment de cette justice bien comprise, que de tirer aussi de son cachot un coupable ne fût-ce que pour l'entendre, non dans l'intention d'oublier ses méfaits, de l'absoudre de ses crimes, mais dans le seul but de chercher, dans le fond de ses pensées, s'il a horreur de ses propres actes, et de lui accorder alors ce que la grandeur de votre âme n'a jamais su refuser au repentir? Son châtiment, dites-vous, est nécessaire pour étouffer la rébellion sans cesse renaissante de vos grands vassaux; mais ne pouvez-vous lui infliger un châtiment qui sera pire pour lui que la mort? Dépouillez-le de ses trésors, arrachez-lui sa puissance en vous emparant de toutes ses fertés, à l'exception d'une seule; que, au lieu d'être un seigneur suzerain dont les vastes domaines soumettent à une dure domination tout ce qu'ils renferment dans leurs limites, il soit réduit à ne se plus voir qu'un petit vassal relevant de ceux qui, jusqu'à ce jour, ont relevé de lui, et subi sa loi et ses caprices! Ne sentez-vous point que sa fierté et son orgueil seront plus abaissés par cette humble position que par toutes les horreurs d'un supplice sur l'échafaud, supplice d'un instant, après lequel l'âme n'a plus à souffrir? Quant à moi, sire, je serai heureuse de la destinée obscure qui me sera faite à côté de lui, et je terminerai ma vie sans avoir la honte de me souvenir que la tête de mon mari est tombée sous la hache du bourreau!

Louis le Gros n'eut pas la force de dissimuler l'émotion que lui causa ce noble et touchant langage. Transporté d'admiration devant le dévouement de cette généreuse femme venant solliciter la grâce d'un homme dont la dureté de caractère, non moins que les crimes, avait fait le malheur de toute sa vie; vaincu par ses prières, par ses larmes, et songeant que son cœur n'avait été en tous temps occupé qu'à secourir, à sauver les infortunés exposés aux persécutions de son époux, il répondit :

— Charitable châtelaine, je consens à entendre le sire de Coucy.

— Ah! soyez béni du ciel, sire! s'écria Milesende en embrassant, par un mouvement de reconnaissance, les genoux du roi.

— Mais ce sera à une condition, reprit-il.

— Et laquelle, mon Dieu?

— C'est que je ne me permettrai d'en agir ainsi, que si j'y suis autorisé par le tribunal des échevins.

— Comment! sire, n'êtes-vous pas le maître?

— Ma volonté, je vous le déclare de nouveau, n'est rien, ne peut rien être en face des droits attachés à la position particulière que j'ai faite aujourd'hui à ce tribunal : un roi doit toujours mettre au rang de ses plus rigoureux devoirs, celui de respecter les engagements qu'il contracte envers son peuple.

— Sire, répondit la châtelaine en soupirant, j'attends donc la décision des magistrats de Laon.

Louis le Gros évrivit aussitôt une lettre aux échevins : il éclaira leur esprit sur la méprise qui avait été commise à l'égard de Géraldine et de Roger d'Arvelles, leur ordonna de mettre sans délai ces deux prisonniers en liberté, et de les faire conduire auprès de lui. Puis, passant du ton de l'autorité royale à celui d'une soumission réelle, il leur exprima le désir d'entretenir en particulier le sire de Coucy, ne cachant pas qu'il pourrait le rendre de nouveau l'objet de sa clémence, s'il le trouvait sincèrement disposé au repentir; mais affirmant que, dans ce cas, il prendrait ses sûretés, pour empêcher son grand vassal de nuire jamais à personne dans l'avenir; il terminait sa missive en déclarant que ce projet d'entrevue ne recevrait son exécution que si le tribunal des échevins, seul juge en cette affaire, n'y formait pas opposition.

Cette lettre, confiée aux mains d'un officier, fut aussitôt portée aux magistrats.

Mais précédons d'une heure environ les pas de l'officier, afin de raconter les événements importants qui s'étaient accomplis dans la ville de Laon, tandis qu'avait eu lieu au palais royal la scène pathétique de la châtelaine de Coucy et du roi.

VII

LA FILLE DU SIRE DE BOHÉMARD

Il nous faut reprendre notre récit au moment où le comte de Vermandois, redoutant pour ses projets de vengeance envers le meurtrier de son frère, les conséquences de la démarche de Milesende, courut en grande hâte à l'hôtel de l'échevinage.

Comme il mettait le pied dans la salle d'audience de Fortin l'Œil d'Aigle, cet incomparable magistrat sortait seul de la chambre du tribunal des échevins; il s'avançait d'un pas précipité, les yeux hors de leur orbite, le visage enluminé par l'effervescence de ses pensées sans doute; le comte avait la même animation dans ses gestes et sur sa physionomie; de sorte qu'ils se regardèrent un instant avec étonnement, se demandant d'où provenait cette agitation singulière que chacun remarquait dans celui qui lui faisait face.

— Monseigneur, dit Fortin en s'inclinant respectueusement, qui nous procure donc l'honneur de votre visite?

— Sire mayeur, répondit Raoul de Vermandois, j'ai besoin de vous parler sans retard et en particulier.

A ce mot de *sire*, qu'il entendait pour la première fois employer par un grand personnage à son égard, Fortin, enivré de ravissement et d'orgueil, faillit perdre la tête; il trébucha d'émotion, s'inclina de nouveau à deux ou trois reprises, et, avec un sourire convulsif qui lui fendit la bouche jusqu'aux oreilles, il répliqua :

— Monseigneur, je suis tout à vos ordres, quoique, dans ce moment, mon temps ne m'appartienne pas précisément; car je viens d'être chargé, par mes dignes et honorables collègues, d'aller sur-le-champ porter au roi la teneur du jugement rendu contre les deux accusés.

— Quoi! est-ce déjà fini?

— Oh! cela n'a pas été long, tant nous étions tous animés du même esprit et du même désir de vengeance... Je veux dire du même sentiment de justice!... En un mot, ils ont été tous deux condamnés à l'unanimité.

— Condamnés? répéta le comte avec anxiété... et à quelle peine?

— A avoir la tête tranchée en face du beffroi communal, c'est-à-dire au milieu de la place Chevresson, afin que toute la population de Laon ait ses coudées franches pour assister à leur supplice.

Raoul de Vermandois contint un mouvement de suprême satisfaction, et, calculant la portée de chacune de ses paroles, il répondit habilement :

— Eh bien! sire mayeur, ce jugement ne sera pas exécuté, du moins à l'égard de Thomas de Marle.

— Vive Dieu! qui oserait donc s'opposer à son exécution? s'écria Fortin en bondissant de surprise et presque de colère... tenter de soustraire le féroce seigneur de Coucy à la vindicte du tribunal qui l'a condamné et à la fureur du peuple, ce serait vouloir qu'une révolution éclatât à l'instant même dans toute la ville!

— Mais vous oubliez, sire mayeur, que les habitants de Laon ne se révolteraient pas contre le roi.

— Contre le roi? répéta Fortin consterné... que voulez-vous dire?

— Que, en ce moment même, le roi a un entretien avec la châtelaine de Coucy, qui certainement n'a pu venir à Laon que pour solliciter la grâce de son époux : or, si vous connaissez l'âme généreuse de notre monarque aussi clément que belliqueux, vous comprenez qu'il se laissera aisément fléchir par les larmes de la suppliante, dont les vertus ont toute son admiration, et dont le désespoir, par conséquent, ne peut manquer de faire une prompte et vive impression sur ses sens.

A ces paroles, Fortin demeura d'abord muet, immobile, les bras pendants le long de son corps, l'œil fixe et terne; sa figure s'était subitement transformée : elle avait, en une seconde, passé de ce rouge écarlate dont nous l'avons vue colorée, à un teint d'une pâleur bilieuse et mate qui dénotait sa stupeur et ses effroyables appréhensions.

— Vous avez raison, monseigneur, dit-il enfin; le roi va couvrir d'un nouveau pardon les crimes du plus cruel, du plus perfide ennemi de sa couronne!

— Et de la commune de Laon! ajouta bien vite et fort adroitement le comte de Vermandois.... Maintenant, représentez-vous les suites affreuses et inévitables de cet acte de clémence : Thomas de Marle, rendu à la liberté, ne sera plus qu'un monstre déchaîné dont l'âme irritée ne respirera désormais à l'aise que dans la vengeance et le carnage ! Alors, vous êtes tous perdus dans votre malheureuse ville ! Vos maisons pillées, saccagées, brûlées, vos familles égorgées, vous, vertueux mayeur, les jurés et tous les échevins, périssant sur des gibets au milieu d'atroces tortures : tel sera le dénoûment de la guerre d'extermination qu'il va vous déclarer !

— Vous me faites dresser les cheveux à la tête ! balbutia Fortin l'Œil d'Aigle en frissonnant de tous ses membres.

— Jugez à présent, poursuivit le comte, jugez de quel repentir, de quel remords, à travers tous ces désastres, serait saisi le cœur du roi qui se reprocherait trop tard sa faiblesse, de ce roi qui vous aime tant, et dont l'esprit, aussi éclairé que juste, n'a travaillé toute sa vie qu'au bonheur de ses sujets ! Vos devoirs, bien compris, exigent donc, en cette grave circonstance, que vous preniez la ferme résolution de mettre malgré lui, hors de péril, ses intérêts comme les vôtres ; de la défendre contre les élans de sa propre générosité ; or, vous n'avez qu'un moyen d'atteindre ce but : c'est de prévenir les funestes effets de sa clémence, en faisant exécuter sur le champ l'arrêt des juges du sire de Coucy.

— Cela est impossible, monseigneur ; le roi a droit de grâce, et tant qu'il n'aura pas signé l'ordre de conduire le condamné au supplice, le bourreau refusera de mettre la main à sa hache.

— Eh ! avez-vous donc besoin du bourreau ? Ne vous est-il pas facile de trouver un autre bras que le sien pour vous tirer d'embarras ?

— Mais, en supposant qu'on le trouve, ce bras, le roi, aux premiers cris de la populace se ruant sur la place publique pour repaître bien légitimement son cœur et ses yeux de l'attrayant spectacle d'un supplice si impatiemment attendu, ne sera-t-il pas averti de ce qui se passe, et n'aura-t-il pas alors dix fois le temps de suspendre l'exécution et de faire grâce ?

— Vous ne me comprenez pas : pourquoi la place publique jouerait elle un rôle dans cette affaire ? N'est-il pas des lieux moins apparents, et même des lieux secrets où il est toujours facile de se défaire d'un scélérat comme Thomas de Marle ?

Fortin se frappa le front, et, de ses yeux tout à l'heure ternes et consternés, jaillirent soudain deux éclairs.

— Vous m'inspirez, Monseigneur ! s'écria-t-il... ou plutôt mon esprit vient tout à coup de saisir au vol une idée lumineuse !

— Ah ! je savais bien, sire mayeur, que, avec un cerveau organisé comme le vôtre, on n'est jamais à bout de ressources !

A ce compliment, Fortin se haussa tellement sur ses pieds, et se tint si droit et si raide, qu'on eût cru qu'il venait, par miracle, de grandir subitement de six pouces.

— Si je me suis adressé à vous dans cette situation toute grosse de périls, reprit Raoul de Vermandois, c'est que, soit dit entre nous, je vous ai toujours considéré comme la plus forte tête de Laon.

— En effet, monseigneur, répondit le mayeur étouffant d'émotion et d'orgueil, et approchant ses lèvres de l'oreille du comte pour lui parler mystérieusement, tous ces échevins et ces jurés ont l'esprit bien faible, et en quelque sorte infirme... et nul assurément ne peut dire que Fortin l'Œil d'Aigle se soit jamais trouvé au dépourvu, chaque fois qu'il s'est agi de tirer ses concitoyens d'un grand danger... je crois donc avoir, en cette dernière occasion, imaginé un expédient qui va nous sauver tous.

— En ce cas, j'ose vous le déclarer, votre ville entière, et le trône peut-être vous devront leur salut !

— C'est bien ce que je pense ! répliqua le mayeur en pinçant les lèvres d'un air d'importance.

— Alors, puis-je savoir ce que vous comptez faire ?

Fortin colla de nouveau la bouche à l'oreille de son noble interlocuteur, et lui murmura tout bas :

— Qu'il vous suffise d'être assuré que, dans une demi-heure, le sire de Coucy ne sera plus à craindre pour personne !

— Allons ! sire mayeur, je me fie entièrement à vous.

Mais, reprit l'habile magistrat, ayez soin, je vous prie, de garder le secret sur l'entretien que nous venons d'avoir ensemble ; car il est essentiel que personne ne vienne mettre obstacle maintenant à mes desseins.

— Oh ! soyez tranquille !

— C'est pourquoi je crois sage de ne pas même consulter les échevins, ni les jurés dans cette affaire : il ne faudrait qu'un avis contraire au mien pour m'arrêter dans mon entreprise.

—Vous avez raison, respectable mayeur; ne vous fiez qu'à votre prudence et à la fermeté de votre caractère... D'ailleurs, le pouvoir exécutif ne réside-t-il pas qu'en vos mains seules ?

— C'est juste, monseigneur, c'est fort juste... maintenant séparons-nous, tandis que les échevins sont encore occupés à causer avec le bailli qui a présidé, ce matin, leur tribunal; nous n'avons pas un instant à perdre ; il me faut agir vigoureusement et sans délai.

— Oh ! oui ! sans délai surtout !

— Soyez sans inquiétude à cet égard : la rapidité de la foudre n'égalera point celle de chacune de mes actions.

— Adieu donc, sire mayeur.

— Adieu, monseigneur.

Le comte de Vermandois et Fortin sortirent précipitamment de la salle, et descendirent ensemble l'escalier de l'hôtel. Arrivés au bas de cet escalier, le comte se jeta dans la cour pour reprendre le chemin du palais royal, le mayeur s'engagea dans une longue galerie au bout de laquelle une porte bien verrouillée et garnie de solides barreaux de fer, lui barra le passage : cette porte, que gardaient deux miliciens, était celle de la Conciergerie.

Fortin se la fit ouvrir et pénétra dans un étroit couloir où étaient postés plusieurs autres hommes appartenant aussi à la milice de Laon.

— Menez-moi vite dans le cachot de Lengly le Roux, leur dit il.

L'un d'eux obéit à cet ordre en allumant une lampe dont il se servit pour conduire Fortin dans un escalier composé d'une douzaine de degrés seulement, et aboutissant à une salle souterraine et circulaire autour de laquelle étaient pratiquées plusieurs portes. Il en ouvrit une en disant :

— Mayeur, voici son cachot.

— Laisse-moi seul avec lui, et donne-moi ta lampe, dit Fortin.

Puis, tandis que le milicien remontait l'escalier, il entra dans le cachot, dont il referma sur ses pas la porte avec soin.

Là, sous les pâles rayons de la lumière qui l'éclairait, il aperçut le traître dizainier étendu à terre, et attaché par les mains à un anneau du mur.

— Fortin l'Œil d'Aigle ! s'écria le prisonnier en tressaillant.

— Ah ! tu trembles, infâme coquin ! dit le mayeur avec un rire sardonique... tu devines la fatale nouvelle que je t'apporte ! en effet, le tribunal des échevins s'est prononcé sur ton compte : dans une heure, tu seras pendu.

— Pendu ! répéta le misérable avec un nouveau frémissement.

— Pourtant, reprit Fortin, tu peux encore éviter cette triste fin.

— L'éviter ? murmura le prisonnier qui, déjà plus mort que vif, n'avait que la force à peine de se faire machinalement l'écho des mots résonnant à ses oreilles.

— Ecoute, Lengly, continua le mayeur d'un ton solennel : un scélérat comme toi peut quelquefois, dans les cas extrêmes, devenir bon à quelque chose... Si tu veux accepter le marché que je vais te proposer, je te promets de faire suspendre ton exécution, d'assurer ta fuite, et de te mettre hors de toute atteinte.

Le traître arrêta, d'un air stupéfié, ses yeux sur son interlocuteur.

— Parlez-vous sérieusement ? demanda-t-il.

— Très sérieusement.

— Et vous me tiendriez parole ?

— Foi de mayeur, foi de Fortin-l'Œil-d'Aigle, je tiendrai ma parole ! En douterais-tu ? ai-je jamais manqué à un seul de mes serments ?

— Non mayeur, non ! je l'avoue... eh bien ! je vous crois !... qu'exigez vous de moi ?

— La chose la plus simple et la plus facile. Voici ce dont il s'agit : deux brigands viennent d'être condamnésà avoir la tête tranchée sur la place Chevresson; or, le bourreau étant tombé subitement malade, c'es toi que j'ai choisi pour le remplacer.

— Qu'entends-je? s'écria Lengly épouvanté, moi, paraître avec la hache du bourreau à la main sous les yeux de tous mes concitoyens ! moi, faire tomber deux têtes en place publique !

— Imbécile! il n'est nullement question de place publique, ni de hache du bourreau !

— Alors, que venez-vous donc de me dire ?

— Sot ! ne comprends-tu pas que, pour ménager ton honneur et la délicatesse de tes sentiments, j'ai dû changer le lieu et le genre du supplice? Tu n'auras tout simplement qu'à étrangler les deux condamnés dans leur prison.

— Ah ! c'est différent, ça !

— Ils sont enfermés ensemble dans le cachot du beffroi : tu sais qu'il y a là tout ce qu'il faut pour expédier vite la besogne.

— Vraiment, oui, je le sais !

— Alors, acceptes-tu ?

— J'accepte !... Cependant, je serais bien aise, avant tout, de savoir quels sont ces condamnés.

— Je ne te cacherai pas que l'un d'eux est de tes amis.

— Je n'ai point d'amis.

— Tu te trompes !

— Dites-moi donc son nom.

— Thomas de Marle.

— Thomas de Marle ! répéta Lengly-le-Roux avec un éclat de voix qu'on eût pu comparer au cri d'une hyène affamée de carnage, et vous appelez mon ami, cet homme là ! mais je l'abhorre, je l'exècre, je le maudis, cet abominable sire de Coucy ! il m'a trompé, torturé, assassiné ! il m'a pendu par les pouces des pieds à un chêne de sa forêt !... Ah ! depuis lors, je n'ai cessé de me dire que le jour où je serais assez favorisé du sort pour devenir à mon tour son bourreau, serait le plus beau jour de ma vie ?

— Oh? oh ! maître espion, répliqua Fortin, j'ignorais que tu en avais si gros sur le cœur envers celui dont tu as si bien servi les intérêts ? En ce cas, c'est donc un véritable service que je te rends en t'offrant une si belle occasion de te venger de ce perfide ?

— Ce service est tellement grand, que si j'avais les mouvements libres, généreux mayeur, je vous sauterais au cou pour vous embrasser !

— Allons ! je vais te délier... mais prive-moi de tes embrassements, je te prie !

— Comme vous voudrez, excellent mayeur.

Et Fortin commença à débarrasser Lengly de ses liens.

— Mais, reprit l'ancien dizainier, vous ne m'avez point dit quel était le second condamné?

— Oh ! celui-là aussi a été ton ami : c'est Triffaut, dit le Mauvais.

— C'est la première fois, mayeur, que j'entends prononcer ce nom-là.

— Tu mens, suppôt de Satan! le bandit qui porte ce nom ne t'est que trop bien connu : c'est celui qui a dirigé hier l'expédition entreprise contre tes concitoyens, contre les marchands de Laon.

— Je vous assure, mayeur, que ce n'est point ainsi qu'il se nomme.

Fortin réfléchit, et se frappa le front.

— Au fait, reprit-il, peut-être es-tu sincère dans ce que tu me dis; car je me souviens maintenant que ce brigand porte aussi un nom d'emprunt, un nom pompeux, qui est peut être celui sous lequel tu le connais... mais ce nom ne me revient pas en ce moment à la mémoire... bref, c'est un jeune blondin, grand, élancé, cachant, sous sa feinte douceur, sa sanguinaire hyppcrisie ; il est affublé d'une magnifique armure de chevalier, avec un heaume surmonté de l'image d'une effroyable bête inconnue.

— Ah ! tel est son heaume ! dit Lengly, dont la pensée se porta soudain sur le chevalier arrivé, la veille, au château de Coucy.

— Enfin ! reprit vivement le mayeur, je me rappelle maintenant le nom pom je te parle, et qu'il a pris pour ...nge l'opinion publique sur ...traction : ce nom est Roger ...

...ots, un cri aigu, déchirant, ...u sorti d'un cœur subitement ...r une lame de poignard, vint ...s le cachot. Le mayeur et le ... demeurèrent immobiles et

...est cette voix ? et d'où vient- ...rtin.

...ne voix de femme, dit Lengly.

...ette même voix, tout entre- ...nglots, parvint de nouveau ...s oreilles avec ces paroles :

... Dieu !... mon Dieu ! qu'en- ...Est-il possible ?... Roger d'Ar-

...a voix de Géraldine Arnould ! ...en dizainier.

...raison, répliqua Fortin... et, ...te petite effrontée a été, avec ...a nourrisse, enfermée dans ...probablement dans celui qui ...n tien... mais je ne m'explique ...nt sa voix peut se faire enten- ...distinctement ici.

...n ! reprit Géraldine d'un accent ...qui semblait être aussi bien ...ndignation que de la douleur, ...ble qu'on ait commis cette ...n de condamner à mort Roger ...et de le prendre pour un misé- ...urier se cachant sous un faux ...s je le connais, moi, ce jeune ...vous jure qu'il ne vous trompe ...n mot, il est mon fiancé ! Car ...me je ne suis pas une serve, ...ous l'imaginez : mon père ...de Bohémard, l'un des plus ...rriers de la Terre-Sainte !

...ette explication de la pauvre ...transporta Lengly-le-Roux ...e rage : il songea aux mar- ...is dont Géraldine l'avait ...ea à ce noble rival dont il ...tue le gardien dans le châ- ...cy, et auquel il devait, après ...els événements qui l'avaient ...affreuse situation où il se trou- ...tout intérêt, pour assurer sa vengeance, à laisser Fortin dans son erreur à l'égard de Roger d'Arvelles, il répondit à la jeune fille d'un ton violent et haineux.

— Ah ! Géraldine Arnould, chétive serve du seigneur de Coucy, tu prétends donc, toi aussi, par tes audacieuses impostures, donner le change à la commune de Laon sur ta véritable position et sur ta famille ? Tu es aimée, j'en conviens, de ce faux Roger d'Arvelles, de cet orgueilleux coquin qui a été chargé de dresser, hier, une embuscade aux marchands de Laon ; mais le reste de tes paroles n'est qu'artifice et mensonge ; je me souviens à présent, en effet, que ton fiancé a été, dans son enfance, connu sous l'unique nom de Triffaut, dit Le Mauvais. Ne te flatte donc pas, si habile que tu sois, de détourner du chemin de la vérité un esprit aussi pénétrant que celui de Fortin-l'Œil-d'Aigle !

— Petite écervelée, qui crois me faire tomber dans un piége aussi grossier ! dit alors, en levant les épaules, le mayeur qui, depuis un instant, s'occupait à chercher, le long des murs, s'il n'y avait pas quelque ouverture communiquant d'un cachot à l'autre.

Enfin, sa main rencontra, à deux ou trois pieds au-dessus du sol, un trou fort étroit qu'un prisonnier sans doute avait creusé dans la muraille, soit pour tenter une évasion, soit pour adresser la parole à un compagnon de captivité, renfermé dans le cachot contigu au sien.

Mais, comme il faisait cette découverte, la voix de Géraldine pénétra de nouveau jusqu'à lui par ce trou, en s'écriant avec toute l'expression d'un ardent courroux :

— Mayeur, vous êtes indigne de vos fonctions !

— Moi, indigne de mes fonctions ? balbutia Fortin en faisant un bond de colère, comme si une verge d'acier lui eût cinglé le visage.

— Oui, mayeur, continua la naïve et fière enfant, vous ne méritez pas d'être à la tête de la commune de Laon, si vous ajoutez foi aux infâmes insinuations du misérable qui est à côté de vous ! je vous affirme que mon père est bien le sire de

Bohémard, actuellement prisonnier des Sarrasins, et que Roger d'Arvelles vient d'arriver de la Palestine, pour tâcher de recueillir en France la somme nécessaire à la rançon de ce croisé aussi illustre que malheureux.

— Tout cela n'est que trop vrai, sire mayeur! ajouta soudain la mère Thierri... ce jeune et magnanime preux, Roger d'Arvelles, a mis, hier, pour la première fois, le pied dans le château de Coucy.

Fortin eut, à ces mots, un sublime mouvement de compassion. Il regarda Lengly, et, se frappant le front à deux ou trois reprises :

— Les infortunées! murmura-t-il, le désespoir les a rendues folles!

Puis, s'adressant à l'ancien dizainier, qu'il avait entièrement délivré des liens qui le tenaient ataché à un anneau de la muraille :

— Allons! suis-moi maintenant, dit-il; viens vite t'acquitter de ta besogne.

De nouveaux sanglots éclatèrent dans le cachot voisin.

— O mon dieu! mon dieu! s'écria Géraldine d'une voix étouffée. . mais vous allez, mayeur, vous rendre coupable d'un horrible crime, en faisant mettre à mort un innocent!... attendez un instant, je vous en conjure! permettez moi de parler au roi, de lui tout expliquer!

— Le roi, répliqua Fortin, a bien le temps vraiment de prêter l'oreille aux propos de deux femmes qui ont perdu la tête.

— Mais c'est vous qui avez perdu la vôtre! repartit la jeune fille avec un redoublement d'indignation.

— Moi! perdre la tête? reprit le mayeur que ces paroles offensantes firent frémir de tout son corps.

Et, dans son irritation, s'approchant du trou de la muraille, il ajouta d'un ton aigre et incisif :

— Serve insensée! apprends que Fortin l'Œil-d'Aigle a la raison trop solide pour que tout ce bavardage dont tu assourdis ses oreilles soit capable de troubler un instant la lumière qui a toujours éclairé chacune de ses actions.

Lengly, l'âme toute gonflée de dépit, de rancune et de haine, ne put r... tentation de coller aussi ses lèv... du mur, vers lequel il se traîn... tant (car ses pouces estropiés ... encore horriblement souffrir) ... voix qui, à travers ses den... s'ouvrit un passage avec un ... semblable au sifflement d'un ... jeta ces mots à la fille de Boh...

— Géraldine! dans quel... Lengly-le-Roux sera dans l... beffroi en face de Triffaut, d... connu actuellement sous le ... Roger d'Arvelles!... Tu ... Adieu.

Un cri indéfinissable, un ... de désespoir, dans lequel sem... contenues toutes les tortures ... brisé, retentit dans le cach... prisonnières.

— O ciel! dit alors la voix ... Thierri, la pauvre enfant s'e... ces horribles secousses peuve... qu'allons-nous devenir?... qu... pitié de nous!

Mais ces paroles ne furent ... dues du mayeur et de Leng... qui, déjà, étaient hors du cac...

VII

LE BOURREAU

Fortin l'Œil d'Aigle re... l'escalier souterrain de la ... en faisant marcher devant ... nier boiteux, auquel, par ... avait eu soin de laisser l... derrière le dos Parve... chaussée, il le mit sous la ... ques miliciens, puis il ... cette escorte à travers ... ville.

Dix minutes plus tard, ... pied du beffroi communal, ... bert qui en gardait la por... de lui une partie de ses ... que les chevaliers dont ... été accompagné, à sa prem... ce lieu, étaient dispersés ... afin d'exercer leur vig... abords du petit édifice.

— Tiens ! lui dit Gilbert tout rondement, tu vas donc enfermer aussi cet infâme traître dans le cachot du beffroi ?

— Cela ne te regarde pas, centenier! répondit le premier magistrat de Laon en se redressant avec autant de rancune que de fierté; reste en silence à ton poste; tu n'as pas à t'occuper de ce que je fais !

— Oh ! mon Dieu ! ami Fortin, répliqua Gilbert sans se déconcerter le moins du monde, ne dirait-on pas vraiment, à t'entendre et à voir comme tu te démènes, ce matin, que le salut de notre commune dépend de chacune de tes actions !

— C'est qu'il en est peut-être ainsi, centenier !

Et le présomptueux mayeur, sans daigner tourner le visage vers son interlocuteur, entra brusquement dans la prison du beffroi, où déjà Lengly le Roux avait été introduit par ses gardiens. Là, il trouva deux sentinelles se promenant autour de la trappe qui occupait le centre de la prison, et donnait accès dans le profond cachot souterrain.

On n'a pas oublié qu'il avait serré sur lui la clef de cette trappe fermée au moyen d'un solide cadenas. Il ouvrit promptement ce cadenas, souleva la trappe, fit placer, dans le trou circulaire qu'elle laissa à découvert, l'échelle déjà bien connue du lecteur; puis, ayant délié les mains de Lengly, à qui il donna une lanterne qu'il avait ordonné d'allumer, et lui faisant signe de mettre pied sur l'échelle, il lui glissa ces mots tout bas à l'oreille :

— Hâte-toi ! Il faut que, dans cinq minutes, tout soit fini !

— C'est convenu ! répondit l'ancien dizainier également à voix basse; soyez sans inquiétude : vous serez content de moi... Mais votre promesse ?

— Je la tiendrai : je te le jure de nouveau, foi de mayeur! Dans une demi-heure, je viendrai te chercher, et je saurai protéger ta fuite.

Lengly descendit vite l'échelle, qui fut ensuite retirée de l'ouverture, sur laquelle Fortin referma encore lui-même la trappe.

Mais nous allons nous séparer de l'ardent et infatigable mayeur, et pénétrer au fond du cachot, derrière Lengly le Roux, afin d'assister aux faits et gestes de ce bourreau d'étrange création.

Son premier soin fut de s'arrêter au centre de ce lieu sinistre, pour promener les rayons de sa lanterne autour de lui; il aperçut alors les deux prisonniers garrottés des pieds et des mains, et attachés à la muraille, l'un à sa droite, l'autre à sa gauche, et par conséquent séparés par toute la largeur du cachot.

Au-dessus de chacun d'eux, s'élevait une potence singulièrement imaginée : dans une poulie placée à la partie supérieure de cet instrument de supplice, passait une corde portant en l'air, à l'un de ses bouts, un énorme lingot de plomb qui pouvait peser de trois à quatre cents livres; l'autre bout de cette corde pendant à terre, était retenu à un fort crochet de fer, planté dans le mur; la tâche de l'exécuteur de la haute justice consistait simplement à passer le nœud coulant de ce dernier bout au cou du condamné; cela fait, un ressort qu'il pressait dans la muraille, détachait la corde du crochet, et le lingot de plomb, formant contre-poids au corps du patient, l'enlevait avec une foudroyante rapidité au haut de la potence, et l'œuvre du bourreau était consommée. Ces deux gibets d'un mécanisme particulier, quoique bien simple, avaient été établis dans la prison souterraine, en vue des exécutions secrètes que les magistrats de Laon, dans l'intérêt de la commune, étaient quelquefois obligés d'ordonner envers des malfaiteurs dangereux, dont l'apparition en place publique eût pu devenir la source d'effervescence et de troubles populaires.

Lorsque Lengly le Roux eut jeté un coup-d'œil, sur ces instruments de mort et se fut ainsi assuré qu'il n'y manquait rien, il marcha vers le sire de Coucy; puis, se baissant pour lui montrer son visage, sous lequel il plaça le foyer de sa lanterne, il lui dit, avec un grincement de dents produit par le sentiment de fougueuse haine qui étouffait son cœur :

— Thomas de Marle, me reconnais-tu ?

— Lengly ! s'écria le terrible prisonnier

avec non moins de stupéfaction que de colère, chien de mécréant ! dois-je en croire mes yeux ? es-tu donc encore vivant ! Satan, dégoûté ou épouvanté de ta vile personne, t'a-t-il rejeté de l'autre monde dans celui-ci ?... et que viens-tu faire en ce lieu ?

Un rire rauque et strident, semblable aux accents lugubres par lesquels un oiseau de nuit chanterait sa victoire en posant ses serres acérées sur sa proie palpitante, sortit du gosier de l'ancien espion du châtelain.

— Thomas de Marle, reprit alors le traître, tu n'as encore dit que quelques mots, et ces quelques mots me prouvent que tu es un sot.

— Impudent valet ! s'écria le sire de Coucy avec un éclat de voix effroyable, si j'avais les mouvements libres, je t'écraserais la tête contre ce mur ! Songe à reprendre le ton du respect et de la crainte envers ton seigneur, envers ton maître !

— Tu es un sot, te dis-je, répliqua Lengly en continuant à couvrir ses paroles du même rire triomphant et hideux ; as-tu donc la tête assez écervelée, ou plutôt assez bourrée de stupidité et d'orgueil pour ne point comprendre que c'est à moi de commander ici, et à toi d'obéir ?

— Qu'oses tu dire, ignoble et méprisable serf ? repartit Thomas de Marle en se tordant de rage dans ses liens comme un lion enlacé par les nœuds multipliés d'un serpent.

— Je ne dis que ce qui est, répondit Lengly en donnant une expression plus insultante encore à son épouvantable rire... Ah ! beau sire de Coucy, la fortune, vois-tu, se plaît parfois à faire de ces coups-là, pour abaisser les plus malfaisants et les plus superbes d'entre les hommes : hier, il est vrai, j'étais encore, comme tu sembles trop t'en souvenir, le serf timide et tremblant, et tu étais, toi, le tyran cruel et impitoyable ; aujourd'hui, tu es devenu l'esclave impuissant et enchaîné ; et, moi, je suis devenu le maître qui se venge et qui châtie !

— Décidément, je ne te comprends pas, chétif rebut de l'espèce humaine !

— Avais-je donc tort de t'assurer que tu me prouvais ta sottise en me demandant ce que je venais faire dans ton cachot ?... Aurais-tu vraiment oublié que tu n'as tenu aucun de tes engagements envers moi ? Que tu m'as accusé de t'avoir trahi, quand c'était toi au contraire qui faisais à mon égard acte de perfidie, de noirceur et de trahison ? Aurais-tu encore oublié que j'ai été, sur ton ordre, pendu par les pouces des pieds à un chêne de ta forêt, avec une lourde pierre au cou ?... Ah ! tu as eu raison pourtant en un point tout à l'heure : c'est en me disant que Satan m'a renvoyé dans ce monde. En effet, ce doit être lui-même qui m'amène en ce moment devant toi pour t'apprendre deux choses que tu ignores : la première, c'est que tu es condamné à mort par le tribunal des échevins ! la seconde, c'est que je viens te trouver ici en qualité de bourreau de la commune de Laon !... comprends-tu maintenant ?

Sur ces derniers mots, deux horribles ricanements, qu'on eût cru sortir de la poitrine de deux démons ennemis, éclatèrent en se croisant dans l'espace circonscrit par les murs et la voûte du sombre et profond cachot : l'un, tout de rage et de fureur, s'échappait de l'âme du sire de Coucy ; l'autre, tout de joie et d'ivresse, s'exhalait du cœur ravi de Lengly le-Roux.

— Reptile ! vermisseau ! s'écria l'irritable et orgueilleux prisonnier, créature infâme qui ne comptes point parmi les hommes, aurais-tu l'audace de toucher seulement à un cheveu de Thomas de Marle, seigneur de cinq puissants fiefs, châtelain de cinq formidables fertés ? Tremble, recule, ne m'approche pas, ou je te déchire de mes dents !

Et, désespéré de n'avoir aucun moyen d'effectuer sa menace, le grand vassal, dans son exaspération, apercevant son bourreau qui s'évertuait à l'insulter et à l'irriter de plus en plus, en ricanant toujours à quelques pouces de ses lèvres, lui cracha à deux ou trois reprises au visage.

Un cri qui n'avait rien d'humain, un cri de chat sauvage bondissant à la gorge de l'imprudent qui l'attaque, fut poussé par l'ancien dizainier, dont la lanterne roula à terre, tandis que ses bras s'ouvrirent, et que ses yeux enflammés s'injectèrent de sang, comme s'il eût été tenté de sauter à la figure du prisonnier.

Mais il se contint subitement.

— Non ! non ! dit-il, pourquoi gâterais-je ma vengeance en commençant sitôt à labourer, à déchiqueter ta chair de mes dents et de mes ongles? Ce supplice-là t'attend ; tu le subiras dans un instant, avant celui qui t'ôtera la vie!... Pour le moment, je dois me contenter de t'en infliger un autre, qui est de te laisser sur l'impression morale produite par l'idée des tortures que je te réserve !

Alors, Lengly-le-Roux ramassa la lanterne, et se dirigea vers l'autre extrémité du cachot pour examiner le visage de Roger d'Arvelies

— Eh bien ! vaillant croisé, dit-il en contemplant le fiancé de Géraldine avec un sourire sardonique et joyeusement cruel, comment te trouves-tu des commodités du logement que la commune de Laon t'a gracieusement offert à ton retour de la Palestine?.. Je ne te demanderai pas, à toi, si tu me reconnais, car tu n'as jamais aperçu mes traits ; mais j'éprouve une indéfinissable satisfaction à t'apprendre que, moi du moins, j'ai déjà, dès hier, arrêté mes regards sur ta noble et séduisante personne : j'étais près de toi, quand tu as fait ton entrée dans la cour du château de cet infâme et lâche seigneur de Coucy; et, deux heures plus tard, je te haïssais autant que si tu avais été, depuis dix ans, mon ennemi le plus acharné, mon rival le plus redoutable!... Entends-tu cela, magnifique chevalier?

Mais justement Roger ne semblait pas prêter la moindre attention à l'éloquence pleine de fiel du discours qui lui était tenu.

Etendu de son long à terre, la figure à demi tournée contre la muraille, il demeurait dans une telle immobilité qu'il paraissait sommeiller.

— Eh quoi ! reprit Lengly stupéfait, tu ne souffles mot, tu ne bouges pas? Es-tu donc, par hasard, si convaincu de monter tout droit au ciel pour te ranger parmi les bienheureux élus, que l'instant de ta mort soit, pour ton âme, l'heure consolante et désirée qui doit te délivrer du poids accablant des soucis et des maux de la terre?... En vérité, tant de résignation et de douceur m'étonne, et je ne me sentirais pris de pitié pour ton sort, s'il n'y avait pas entre nos deux cœurs un abîme, si, en un mot, tu n'étais pas aimé de Géraldine, autant que tu l'aimes sans doute; car apprends que j'éprouve aussi, moi, le plus violent amour pour cette belle et fière damoiselle !

— Toi, élever ta pensée jusqu'à Géraldine? murmura Roger sans daigner seulement tourner la tête, et avec un mouvement d'épaules des plus significatifs.

— Ah! tu me méprises comme rival ! repartit Lengly dont les yeux s'illuminèrent d'un éclair terrible; mais, patience ! tu ne me mépriseras pas tout à l'heure comme bourreau !

Le même mouvement d'épaules lui répondit.

— Mais, puisque tu me parles de ma pauvre fiancée, reprit Roger d'un accent plus animé, peux-tu me dire où elle se trouve actuellement ?

— Dans une position à peu près semblable à la tienne, gentil chevalier.

— Comment cela ?

— Le mayeur de Laon a eu la délicatesse de lui donner aussi un logement qui ne diffère pas trop de celui que tu occupes ici.

— Quoi ! elle est à Laon... dans un cachot ?

— Oui, un cachot de la conciergerie de l'hôtel des Echevins.

— Ah! je respire! dit Roger comme s'il se fût senti le cœur tout à coup soulagé d'une horrible crainte.

— Comment! tu respires? répliqua Lengly fort étonné.

— Je croyais, reprit Roger, que la candide et adorable fille du sire de Bohémard était encore au château de Coucy, dont la garnison se compose d'une troupe de brigands aussi envieillis dans le crime que leur atroce maître, et qui auraient pu tout oser contre le repos, l'honneur et la vie de la plus intéressante des créatures !

— Eh! t'imagines-tu donc, crédule et naïf chevalier, que les magistrats de Laon soient de doux agneaux, tout disposés à se laisser attendrir par la jeunesse et la beauté de leur prisonnière?

— Ce sont d'honnêtes et bons bourgeois qui, dans cette affaire, auront été probablement dupes de quelque fatale erreur, qu'ils reconnaîtront bientôt.

— Ah! c'est là ton rêve?

— Ce n'est point un rêve; c'est une conviction: le ciel ne saurait livrer en victimes, à l'aveuglement des hommes, ses anges les plus purs.

— Mais il t'abandonne bien, toi!

— J'ai sans doute commis quelque faute dont je reçois aujourd'hui le châtiment.

— Mais que vois je? reprit vivement Lengly en examinant de plus près le visage du jeune preux, voilà, ce me semble, ton calme et ton courage qui t'abandonnent, car j'aperçois de grosses larmes rouler sur tes joues.

— Pourquoi chercherais-je à les retenir? Ne peut-on, au moment de quitter ce monde, pleurer sans honte, non sur soi-même, mais sur le sort de ceux que l'on aime? Ces larmes sont un adieu que je fais en mon cœur à Géraldine et à son père, dont les sentiments et les vertus formaient le seul lien qui m'attachait à la vie et pouvait me la rendre chère et précieuse.

— Et c'est moi qui vais rompre ce lien!... Comprends-tu ma joie, mon heureux rival?

— Brisons là cet entretien, répliqua Roger avec une nouvelle expression de mépris; j'ai appris de ta bouche tout ce que j'avais besoin de savoir. On peut bien interroger, sur la situation des personnes qui vous intéressent, un être tel que toi; mais, quand il parle de lui-même, on a horreur de lui répondre; on se tait, on se détourne de sa face et l'on prie Dieu en attendant la mort.

— Sais-tu bien que tu m'irrites, chevalier superbe et téméraire? repartit le bourreau dont la voix et le geste trahirent l'orageux désordre de ses sens; j'en ai pourtant gros sur le cœur contre toi; car, apprends que tu as été cause, hier, d'un affreux supplice auquel cet exécrable Thomas de Marle a eu l'infamie de me livrer! J'ai donc, envers ta personne maudite, plus d'un sujet de ressentiment et de haine! Cependant, il faut l'avouer, je ne saurais te haïr autant que je hais ton féroce compagnon de captivité: de vous deux, c'est donc toi qui auras la mort la plus douce; je te pendrai simplement, et je t'enverrai par pitié le premier dans l'autre monde afin de ne te point faire languir dans une attente trop prolongée de ton dernier moment; mais quant à cet odieux monstre qui m'a craché tout à l'heure au visage, par mon sang, je le jure, il subira mille tortures avant de rendre l'âme!

Un rugissement de farouche fureur éclata comme un coup de foudre à l'autre bout du cachot.

— Lengly-le-Roux! s'écria Thomas de Marle dont la bouche laissait déborder des flots d'écume, et dont les yeux lançaient de fauves étincelles dans la pénombre de cet horrible lieu, ne m'approche pas! je te le défends, je te l'ordonne, manant, homme de néant digne du sort que je te réserve! Quand tu retomberas dans mes mains, je veux t'arracher les ongles, t'écorcher vif, te tenailler moi-même les entrailles, couler du plomb fondu dans tes veines! et cela aura lieu, vois-tu, car je sens que la fortune, qui n'a cessé jusqu'ici de me favoriser en toutes choses, ne m'abandonnera pas dans cette situation, et que, dans un instant, je serai libre!

— Toi, libre? s'écria Lengly qui frémit à l'idée qu'il suffisait, en effet, d'un contre-ordre du mayeur pour l'arrêter dans son œuvre de bourreau, et lui arracher des mains sa victime.

Mais une autre crainte vint aussi s'emparer de son esprit: il songea qu'il restait encore à Thomas de Marle, à ce redoutable possesseur de tant de fiefs, la chance d'être secouru par ses nombreux hommes d'armes qui pouvaient, d'un moment à l'autre, fondre comme une nuée d'assassins sur la ville de Laon pour opérer la délivrance de leur maître; alors, se représentant l'atrocité des supplices qui lui seraient destinés s'il retombait au pouvoir du cruel châtelain l'imagination bouleversée par la peur, le cœur ivre de haine, affamé de vengeance, bouillant de fureur, l'ancien espion se tourna vers le sire de Coucy, en poussant à son tour un affreux rugissement d'impatiente férocité.

— Ah! brigand maudit, exécré, reprit-il, créature endiablée, peste du genre humain! quoi! tu conserverais encore l'espoir d'exercer bientôt sur moi tes incroyables et ingénieuses atrocités? Oh! dissipe cette illusion : je ne laisserai pas aux griffes de Satan le temps de te tirer vivant de ta prison souterraine!...Attends! attends un peu : je vais presser les choses!

Puis, s'adressant à Roger d'Arvelles :

— Chevalier que je déteste, mais que je suis forcé d'estimer, dit-il, as-tu recommandé ton âme à Dieu?

— Depuis que je suis ici, répondit tranquillement le jeune croisé, mon âme a cessé d'appartenir à la terre : mes prières l'ont portée aux pieds du Tout-Puissant.

Ces mots étaient à peine prononcés, que Lengly-le-Roux, ayant détaché Roger de l'anneau de fer scellé dans le mur, lui passa au cou le nœud coulant de la corde du gibet dressé au-dessus de sa tête; puis, touchant le ressort dont nous avons parlé, et qui faisait jouer l'instrument de mort, il le pressa. Alors, la corde s'échappa du crochet qui la retenait, et le lourd lingot de plomb, suspendu à l'autre bout de cette corde au haut de la potence, retomba à terre avec force en enlevant, vers la poulie d'où il descendait, le corps du malheureux chevalier.

— Maintenant, à toi! s'écria le bourreau en bondissant impétueusement vers le sire de Coucy.

Il se hâta de le détacher également de l'anneau du mur; mais ce fut pour le mettre sur ses pieds, quoi qu'ils fussent garrottés, ainsi que ses mains, comme nous l'avons dit; il le maintint dans cet état, le dos appuyé à la muraille; puis, lui riant à la face, lui crachant à son tour dix fois au visage, il commença à le torturer de mille manières, lui enfonçant ses ongles dans les yeux, lui arrachant les paupières, emportant avec ses dents acérées de grands lambeaux de chair qui retombèrent pantelants le long des joues de sa victime et mêlant, à cette œuvre hideuse de destruction et de déchirements partiels, des cris sourds, des grognements sauvages, pareils à ceux d'une bête féroce, occupée à satisfaire sur sa proie son affreux appétit.

Thomas de Marle se tordait, vociférait, hurlait de rage et de douleur, et cherchait, par des efforts désespérés et vains, à rendre morsure pour morsure. Enfin, au milieu de cette lutte atroce de visage à visage, ou plutôt au milieu de ce supplice indescriptible infligé par le bourreau au condamné, ce dernier, par l'effet même de ces véhémentes contorsions et de sa fureur poussée jusqu'au délire de la folie, parvint à dégager de ses liens une de ses mains.

A ce brusque et inattendu changement de situation, Lengly-le-Roux tressaillit, et, quoique frappé de vertige sous le coup de sa surprise et de son effroi, il réussit à jeter soudain le nœud coulant au cou du sire de Coucy, puis il tendit avec précipitation la main vers le ressort de la potence, qu'il pressa vigoureusement. Néanmoins, il ne put accomplir sitôt cette tâche, que Thomas de Marle n'eût le temps d'enrouler au cou de son bourreau, avec une prestesse prodigieuse, l'excédant de la corde retombant en double le long de son corps : il avait cru, par ce moyen, arrêter l'ancien dizainier dans sa besogne et se délivrer ensuite du fatal nœud coulant; mais le ressort avait joué au moment même où il venait d'avoir recours à cet expédient, et victime et bourreau furent enlevés, avec une indéfinissable rapidité, vers la voûte du cachot, sous laquelle deux cris perçants, deux cris horribles retentirent, tous deux renfermant une même expression : celle de la terreur et de la rage.

Sortons maintenant de ce lieu funèbre, et retrouvons les traces de l'officier qui était parti du Palais-Royal avec la lettre que Louis le Gros avait écrite aux échevins, pour leur faire connaître la vérité sur Géraldine et sur Roger d'Arvelles, et aussi pour leur demander s'ils ne s'opposeraient pas à l'intention manifestée par lui d'entretenir un instant le sire de Coucy pour tâcher de l'amener au repentir.

La lecture de cette lettre bouleversa l'âme des dignes magistrats.

Comme ils ne pouvaient avoir aucun soupçon du mystérieux et terrible drame dont le cachot du beffroi était en ce moment le théâtre, ils frémirent à l'idée de se voir bientôt exposés aux représailles, aux vengeances de leur ennemi mortel, si le roi couvrait encore les crimes de Thomas de Marle d'un trop généreux pardon.

Voulant gagner du temps pour chercher un moyen de se tirer de cette critique et embarrassante situation, ils dirent au préalable, à l'officier, que le sire de Coucy venait d'être condamné à avoir la tête tranchée en place publique, et l'invitèrent à instruire le roi de ce jugement sans appel, tandis qu'ils allaient délibérer sur la question de savoir s'il était dans les intérêts de la commune que le condamné eût une entrevue avec son souverain. Quant à ce qui concernait Géraldine et Roger d'Arvelles, ils témoignèrent toute la joie qu'ils éprouvaient de faire sortir sans délai ces deux innocents de leur prison.

Une chose étonnait beaucoup les échevins et les jurés : c'est que Louis le-Gros ne connût pas encore l'arrêt rendu par leur tribunal; car on se rappelle que le mayeur les avait quittés une heure auparavant pour aller porter au monarque la teneur de cet arrêt, aussi leur premier soin fut-il d'envoyer à la recherche de Fortin l'Œil d'Aigle, sentant bien tous que les lumières de cet esprit sagace leur devenaient indispensables au milieu des difficultés de leur scabreuse position.

Ceux qui furent lancés sur les traces de l'estimable mayeur, le rencontrèrent comme il sortait du Beffroi, après avoir fait descendre Lengly-le-Roux dans le profond cachot. Fortin se rendit promptement auprès des échevins, qu'il trouva plongés, ainsi que les jurés, dans une une morne consternation.

Lorsqu'il sut la cause de cet étrange état moral, il prit soudain un air capable, fier, superbe, en un mot, celui d'un homme qui s'est toujours senti appelé par la nature à dominer les autres de toute la hauteur de sa rare intelligence.

— Quoi ! dit-il en les regardant à peine et haussant les épaules, vous voilà embarrassés, bouleversés, effarés, pour si peu de chose !

— Si peu de chose? répétèrent les échevins en frissonnant.

— Ne comprends-tu pas, Fortin, ajouta l'un d'eux, que le roi va faire grâce à Thomas de Marle ?

— Il ne lui fera pas grâce ! répondit le mayeur de son ton le plus solennel.

— Et qui l'en empêchera ?

— La mort !

— La mort?

— Oui, la mort, qui n'a point voulu que cette entrevue du roi et du sire de Coucy eût lieu.

— Nous ne te comprenons pas : explique-toi.

Alors, Fortin, se donnant un maintien plus digne et plus grave encore, daigna avouer à ses collègues que, grâce à sa perspicacité habituelle, ayant parfaitement prévu les périls de la situation, il s'était empressé, par anticipation, d'en délivrer la commune de Laon; puis, il leur apprit le stratagème qu'il avait imaginé pour faire exécuter sans délai la sentence prononcée contre le sire de Coucy.

— Vive Fortin l'Œil d'Aigle ! vive notre vigilant mayeur ! s'écrièrent les échevins et les jurés d'une voix unanime et formidable qui fit trembler tous les vitraux de la salle, tant étaient vigoureux et vifs leur contentement et leur enthousiasme.

— Il a sauvé la ville de Laon ! reprirent les uns, nous lui tresserons des couronnes !

— Nous le ferons passer sous un arc de triomphe ! dirent les autres.

Fortin était ivre de joie et d'orgueil : il se redressait de telle façon que ses pieds semblaient ne plus toucher le plancher ; il se croyait comme emporté par les ailes d'un génie invisible dans les espaces imaginaires de ses plus beaux rêves d'ambition.

— Mais, fit justement observer un échevin, comment s'y prendre maintenant pour faire connaître au roi cette exécution secrète ?

— Ne vous inquiétez point de cela : c'est mon affaire ! répliqua le mayeur avec un aplomb qui était de nature à tranquilliser tous les esprits autour de lui.

Cependant on lui mit sous les yeux la lettre du monarque, dont il n'avait pas encore pris connaissance, et il frémit en y trouvant les preuves de l'innocence de Géraldine et de Roger d'Arvelles, et l'ordre de rendre immédiatement à la liberté ces deux intéressants prisonniers.

Heureusement il n'avait pas dit aux échevins et aux jurés que le jeune chevalier devait avoir aussi subi le sort de Thomas de Marle, et il comptait sur les ressources de sa fertile intelligence pour arranger toutes choses de manière à dégager sa resposabilité dans le récit qu'il ferait à Louis le Gros de cette double exécution.

— Je me charge, dit-il en dissimulant son embarras, de conduire moi-même auprès du roi la charmante fille du sire de Bohémard, et ce jeune et vaillant croisé, Roger d'Arvelles.

Puis il sortit.

Il se dirigea à pas pressés vers le beffroi, mais ce ne fut point, comme on doit bien le comprendre, sans avoir le front fort assombri des nuages de ses soucieuses pensées.

Arrivé à la porte de la tour, il y retrouva Gilbert veillant toujours rigoureusement sur ses hommes placés tant à l'intérieur qu'à l'extérieur du petit monument. Il ne put s'empêcher de songer alors aux couronnes de lauriers et aux arcs de triomphe par lesquels ses concitoyens se proposaient de récompenser son habileté et son patriotisme, et il se sentit trop pénétré de la vertigineuse idée de sa valeur moral, pour daigner adresser la parole à son rival en gloire et en mérite : il passa outre sans arrêter sur le centenier son superbe regard, et il entra dans la prison.

Il ordonna aux miliciens qui s'y trouvaient en sentinelles d'apprêter l'échelle avec laquelle on descendait dans le cachot souterrain, dont il ouvrit lui-même promptement la trappe : on se souvient qu'il en portait la clef sur lui. Tout cela étant fait il plongea son œil dans cette espèce d'oubliette, et il y aperçut, comme une étincelle mourante, la pâle lumière de la lanterne qui avait éclairé l'ancien dizainier dans son affreuse besogne de bourreau.

— Lengly le Roux ! cria-t-il alors d'un ton bref, impératif, remonte vite !

— Lengly-le-Roux ne peut pas vous répondre dit une voix calme et ferme qui, sortant du fond de l'épouvantable gouffre, fit dresser les cheveux de stupeur ou d'effroi au mayeur.

VIII

COMMENT L'ESPRIT PÉNÉTRANT DU MAYEUR PARVIENT A SURMONTER LES DIFFICULTÉS DE LA SITUATION.

Le son de cette voix ébranla tellement l'âme et le cerveau du fier magistrat, qu'il eut besoin d'un suprême effort sur ses sens pour recouvrer, au bout d'un instant, l'usage de la parole.

— Qu'ai-je entendu ? reprit-il en comprimant les battements de son cœur, qui vient donc de me parler ?

— Moi, Roger d'Arvelles, dit la même voix.

— Roger d'Arvelles ! répéta machinalement le mayeur.

— Descendez à votre tour, ajouta le chevalier avec le même sang-froid ; venez recommencer et achever la tâche dont votre bourreau s'est fort mal acquitté : la corde qu'il m'a mise au cou, s'est rompue au moment où j'allais rendre l'âme, et je suis retombé sur le sol où j'ai fini par reprendre mes sens.

Fortin faillit laisser échapper un cri de surprise et de joie ; mais il eut assez de circonspection et de finesse, pour se dire seulement en lui-même :

— Ah ! que Dieu soit béni ! sa Providence est venue à mon secours !

Puis, avec une force chaleureuse :

— Que me contez-vous donc, gentil chevalier? reprit il, quoi! on vous a mis une corde au cou? et moi, Fortin l'Œil d'Aigle, moi qui lis dans toutes les âmes comme je lis dans la mienne, moi qui connais vos mérites, vos vertus, votre bravoure sans pareille, je prêterais la main à un tel acte d'injustice et de démence?... Ah! je veux faire écorcher vif cet infâme traître qui a ainsi contrevenu à mes ordres!... Mais je ne l'entends pas : où est il donc?

— C'est ce que je ne saurais précisément vous apprendre, repartit Roger; car je ne puis rien savoir de ce qui s'est accompli ici, pendant que j'étais au haut de ma potence dans des convulsions voisines de celles de l'agonie; néanmoins, si mes yeux ne me trompent pas à travers la lueur nébuleuse qui colore à peine les murs de ce cachot, il me semble que je distingue, au faîte de cet autre gibet dressé en face de moi, deux corps immobiles et comme liés ensemble.

— Que me contez vous encore, estimable chevalier? répliqua le mayeur stupéfait... tout cela tient, en vérité, de l'enchantement!

— En ce cas, venez vous-même juger de l'état des choses.

— C'est ce que je vais faire sans retard!

Fortin, tout en frémissant d'impatience et d'émotion, mit le pied sur l'échelle et descendit dans le cachot.

Dès qu'il en eut touché le sol, son premier mouvement fut, non de marcher vers le prisonnier vivant et toujours garrotté, mais de ramasser la lanterne demeurée à terre, et d'en diriger les rayons vers la potence du sire de Coucy.

— Par mes entrailles! Messire, dit-il alors, vous ne commettez aucune erreur : j'aperçois-là réellement le farouche visage de Thomas de Marle et celui non moins horrible de son exécrable espion, Lengly le Roux! Ils sont bien morts l'un et l'autre assurément; car ils tirent chacun une langue qui mesure, sans exagération, six pouces de long!... Je le répète, un si étrange événement est un prodige; mais comment ce prodige s'est-il opéré? Il faut que le diable se soit mis de la partie; il n'aura pas voulu perdre une aussi belle occasion de se procurer, d'un seul coup de filet, deux âmes si bien faites pour peupler son empire, et, par un tour de sa façon, dont je ne puis démêler l'inextricable artifice, il se sera donné l'agréable passe-temps de tordre à la fois le cou à ces deux brigands!

L'éloquent mayeur, ayant prononcé cette courte oraison funèbre, remarquable en plus d'un point par la franchise et la vigueur des opinions émises, se rapprocha précipitamment de Roger resté étendu sous sa potence à l'autre extrémité du cachot.

— Ah! pardon, magnanime preux, lui dit-il, pardon si je vous ai fait un peu attendre le moment de votre entière délivrance; mais, dans votre intérêt comme dans celui de la commune de Laon, j'étais bien aise de m'assurer que ces scélérats, nos ennemis communs, n'appartenaient plus à ce monde!

Alors, il s'empressa de débarrasser Roger des cordes qui lui liaient les pieds et les mains; et, dès qu'il le revit debout, il se jeta brusquement à ses genoux en s'écriant :

— O valeureux croisé, guerrier intrépide, cœur sans tache, croyez-le bien, nul plus que moi ne vous honore, ne vous aime, ne vous admire! Votre innocence n'a cessé un instant, pour mes yeux, d'être écrite sur vos traits! je l'eusse devinée au seul son de votre voix, au moindre de vos gestes! mais j'ai cru devoir agir de ruse et me tracer un plan particulier, pour vous tirer du péril qui menaçait vos jours.

— Vraiment, respectable mayeur? dit Roger en souriant.

— Vous allez me comprendre... Toute la population de Laon était fort irritée contre vous; elle vous croyait coupable : tâcher de vous soustraire à sa fureur, en vous couvrant de ma protection, eût été accroître le danger de votre position; elle vous eût mis en pièces, sans doute, si elle avait craint qu'on ne cherchât à assurer votre salut; dès lors, mon parti fut pris : j'ai feint de penser comme elle; je vous ai, à haute voix et d'un air impitoyable, chargé, accablé de mes prétendues accusations, afin de ne lui rien laisser soupçonner de mes intentions à votre égard, et d'ouvrir ensuite les yeux du roi sur votre innocence... Comprenez-vous maintenant, héroïque chevalier ?

— Parfaitement, honorable mayeur... j'ai su, du reste, très bien démêler aussi moi-même ce qui se passait à mon sujet au fond de votre âme.

— Oh ! vous me ravissez, généreux croisé, répliqua Fortin en se relevant ; alors, vous ne manquerez pas, j'en suis sûr, de parler au roi de la conduite prudente que j'ai tenue pour mettre vos jours hors de tout péril ?

— Je n'y manquerai pas... Mais pouvez-vous, avant que nous sortions d'ici, satisfaire ma vive impatience sur une question qui touche à mes intérêts les plus chers ?

— Ah ! parlez vite, illustre chevalier ; vous me voyez tout prêt, s'il le faut pour vous être agréable, à me pendre moi-même sur l'heure à l'une de ces potences !

— Je n'en demande pas tant, bon mayeur .. répondez-moi : on m'a dit que ma fiancée, Géraldine de Bohémard, était enfermée dans une prison de Laon ?

— Elle s'y trouve, en effet, messire ; mais comme vous vous trouviez ici vous-même, c'est-à dire sous ma protection, sous ma sauvegarde.

— En ce cas, elle est libre ?

— Vous allez vous-même la tirer de son cachot : je veux vous procurer le bonheur de la rendre à l'air libre, et de lui apprendre tout ce que j'ai fait pour son salut et pour le vôtre.

— Ah ! mayeur !

Et, sur ces mots, Roger bondit au cou de Fortin, et l'étreignit avec une telle force que la respiration sembla manquer tout à coup au grave magistrat.

— Oh ! vous m'étouffez, messire ! exclama d'une voix étranglée l'excellent petit homme.

— C'est de reconnaissance ! s'écria Roger... Ah ! quittons vite ces lieux ! la vie n'a plus pour moi qu'un but : c'est de revoir le visage, d'entendre la voix de Géraldine !

— Montez le premier à l'échelle ! dit le mayeur à demi suffoqué.

On comprend assez qu'un écureuil ne met pas plus de prestesse et d'agilité à sauter de branche en branche au faîte d'un chêne, que le jeune preux n'en mit à grimper au haut de son échelle libératrice : l'angélique figure de sa fiancée rayonnait comme une céleste vision devant son imagination, et semblait donner des ailes à ses pieds.

Fortin, ne voulant point, par amour-propre sans doute, rester trop en arrière dans cette rapide et étourdissante ascension, fit jouer si vivement ses petites jambes et se trémoussa de telle sorte, qu'il arriva, presque en même temps que Roger, à la prison du rez-de-chaussée de la tour, mais tout haletant et incapable de faire sortir un seul mot de son gosier essoufflé.

Il entraîna ainsi le jeune homme hors du Beffroi.

Là, trouvant encore Gilbert sur le seuil de la porte, il allait de nouveau poursuivre fièrement sa route sans honorer d'un regard ou d'une parole le brave milicien, lorsque celui-ci lui saisit brusquement le bras, et l'arrêta sans gêne dans sa marche.

— Eh bien ! Fortin, dit-il, que fais-tu donc ? tu emmènes l'un de nos prisonniers, et tu l'as délivré de ses liens !

— Centenier, répondit le mayeur de fort mauvaise humeur, tu n'as pas à te mêler de mes affaires ! je n'agis, du reste, que par ordre du roi.

— Ah ! c'est différent !

— Imbécile ! reprit Fortin avec un dédaigneux mouvement d'épaules, tu as vraiment fait de belles choses, la nuit dernière, avec tes hommes dans la forêt de Coucy ! n'avez-vous pas pris, pour un vil serviteur de Thomas de Marle, le plus vaillant, le plus loyal, le plus magnanime des chevaliers de la Terre-Sainte ? Ah ! si j'avais été de cette expédition, moi, une erreur si coupable n'eût pas été commise : il m'eût suffi d'un coup d'œil pour découvrir la vérité !

— Il est bien permis de se tromper, Fortin. Du reste, ce chevalier n'a point été fait prisonnier par moi ni par aucun de mes hommes... Mais dis-moi donc pourquoi tu t'es avisé, il y a une demi-heure, de jeter aussi cet infâme Lengly le Roux dans le cachot du beffroi ?

— Je n'ai pas à te répondre là-dessus ! repartit le mayeur d'un ton impérieux ; tu sauras tout plus tard... Pour le moment, songe à ne pas me questionner davantage : j'ai à me rendre promptement auprès du roi.

— Alors, nous nous y rendrons ensemble.

— Centenier, je te défends d'abandonner ton poste !

— Défense inutile, ami Fortin ! j'agis, moi aussi, par ordre du roi.

— Que veux-tu dire ?

— Que le roi m'a écrit pour me faire savoir qu'il a besoin de me parler.

— Il t'a écrit ? balbutia le mayeur foudroyé par l'idée que le centenier était l'objet d'un tel honneur.

— Oui, reprit Gilbert en lui montrant un papier, voici sa lettre qui m'a été apportée pendant que tu étais dans le cachot.

— Et soupçonnes-tu ce qu'il te veut ?

— Nullement, et je ne m'en préoccupe pas. Je n'ai dans l'esprit qu'une chose : c'est que le roi m'attend, et que je vais le trouver.

Fortin se mordit les lèvres : la jalousie le piquait de plus en plus au vif, et le rendait furieux au fond du cœur.

— En ce cas, dit-il dans son dépit, je te permets de me suivre.

— Voilà, tu en conviendras, ami Fortin, une permission dont je puis me passer.

— Quoi qu'il en soit, répliqua aigrement le mayeur, je t'ordonne, centenier, de ne pas marcher plus vite que moi : j'entends arriver en même temps que toi au palais royal... j'ai d'abord à me rendre dans un autre lieu : tu m'y accompagneras.

— Très volontiers, ami Fortin.

Dix minutes plus tard, le mayeur, cheminant tout fièrement entre Gilbert et le chevalier, rentrait à l'hôtel de l'échevinage.

Il descendit, avec Roger d'Arvelles seulement, l'escalier de la prison de la Conciergerie; puis, muni d'une lanterne, il pénétra dans le cachot de Géraldine, en faisant signe au jeune Croisé de l'attendre près de la porte de ce cachot.

— Noble, très haute et gentille demoiselle, dit-il alors de l'air le plus respectueux et le plus courtois, j'ose prendre la liberté de vous amener un nouveau geôlier qui, j'en suis sûr, ne vous fera pas regretter la surveillance dont vous allez être l'objet de sa part.

— Un nouveau geôlier? répéta la charmante prisonnière en regardant d'un air étonné l'humble attitude du magistrat.

— Venez, geôlier, venez! cria aussitôt Fortin en haussant la voix.

Et le chevalier se précipita dans le cachot.

— Roger !

— Géraldine !

s'écrièrent en même temps les deux fiancés, qui s'élancèrent l'un vers l'autre, et se tinrent un instant embrassés en silence, mêlant dans cette tendre et chaste étreinte leurs âmes, leurs larmes et leurs sourires.

— Où suis-je ? dit enfin la jeune fille en essuyant ses pleurs; ton apparition, ô mon Roger, mon ami, mon défenseur, est-elle bien la réalité ? ou mes sens ne sont-ils que le jouet d'un songe ? Mais si tu es là, si mes yeux ne me trompent pas, ne t'ai-je retrouvé que pour te voir venir occuper une place dans mon cachot ?

— Non, cher ange ! répondit Roger, tu es libre, je le suis comme toi; et nous allons sortir ensemble d'ici, pour n'avoir plus d'autre but à poursuivre que la délibrance de ton père, notre mariage et notre bonheur !

— Que dis-tu ?

— Ce que peut te confirmer, pauvre Géraldine, l'honorable et habile mayeur ici présent : c'est à sa protection, c'est à ses soins intelligents que nous devons d'avoir échappé aux dangers de la situation qui nous avait été faite par le hasard.

— Qu'entends-je? répliqua la jeune fille sans pouvoir dissimuler sa surprise; il m'avait semblé au contraire si décidé, il y a une heure, à repousser la vérité, quand elle sortait de ma bouche !

— Ruse de guerre, adorable damoiselle! ruse de guerre : voilà tout le fond de ma conduite! repartit Fortin en ricanant d'un air d'importance; il s'agissait tout simplement de paraître impitoyable à votre égard, afin de vous soustraire à la fureur de la population de Laon... c'est ce que pourra vous expliquer, de la façon la plus claire, le preux et glorieux chevalier qui va être bientôt votre époux.

— Oh! en ce cas, pardonnez-moi mon erreur, bon mayeur! dit Géraldine; faisons vite la paix, et, pour cela, laissez-moi vous remercier selon mon cœur.

Et l'aimable enfant tendit gracieusement au magistrat sa blanche et petite main.

Au contact de cette peau fraîche et veloutée, à la vue de ce visage angélique qui lui souriait avec une douceur si naïve et si pé étrange, Fortin l'Œil-d'Aigle, qui (comme on a dû s'en convaincre jusqu'alors) était au fond le meilleur des hommes, sentit de grosses larmes inonder ses paupières; et, tandis que d'une main il les essuyait, et que de l'autre il pressait en tremblant les doigts effilés de la jeune fille, il répondit d'une voix étouffée et entrecoupée par l'émotion :

— Ah! je ne savais pas, illustre damoiselle, que rendre deux êtres heureux, fît à la fois tant de mal et tant de plaisir.

Puis, s'efforçant de contenir la vivacité de ses impressions, pour rentrer dans la gravité indispensable à l'importance de ses fonctions, il ajouta d'un ton solennel :

— Daignez tous deux maintenant me suivre; j'ai ordre de vous conduire en présence du roi.

Fortin entraîna vite Géraldine et Roger hors de la prison, reprit, dans la cour de l'hôtel, Gilbert qui l'y attendait, et, se plaçant à la tête de ces trois personnages, il se transporta de son pas digne, quoique rapide, au palais royal.

Arrivé ainsi à la porte de la salle où nous avons laissé Louis-le-Gros et la châtelaine de Coucy, il s'introduisit d'abord seul dans cette pièce, sous prétexte qu'il avait un rapport secret à faire au roi.

Milesende ne s'y trouvait plus : elle s'était retirée dans une salle voisine, après avoir été instruite de la sentence de mort portée contre son époux. Elle avait placé son dernier espoir dans la clémence du monarque, et elle s'était éloignée de lui pour ne gêner en rien par sa présence l'entretien qu'il devait avoir avec le condamné.

— Eh bien! dit Louis-le-Gros en apercevant le mayeur, qu'ont décidé les magistrats de Laon?

— Sire, répondit Fortin résolûment, les échevins, les jurés et moi, nous serions certainement enchantés que vous eussiez sur l'heure une entrevue avec le sire de Coucy; mais, hélas! vous le savez : à l'impossible nul n'est tenu.

— Qu'entendez-vous par là?

— Que le sire de Coucy n'est plus de ce monde.

— Que m'apprenez-vous? s'est-il donc tué de désespoir dans sa prison?

— Sire, voici le fait en quelques mots : vous n'avez sans doute pas oublié le traître dizainier Lengly le Roux?

— Non, certes!

— Eh bien, j'avais découvert (car je découvre tout, Sire!) que cet infâme scélérat, trahi à son tour par le seigneur dont il était l'espion, nourrissait contre lui en son âme le plus vif ressentiment : je pensai qu'un tel homme serait un vigilant geôlier pour votre perfide vassal, et je le fis placer près de lui, afin qu'il le gardât à vue. Or, dans le cachot du Beffroi, il y a des gibets tout prêts et destinés à l'exécution des malfaiteurs trop dangereux : le croirait on, sire? ce sournois de Lengly le Roux, emporté par un élan d'irrésistible vengeance, ne s'est-il pas mis à pendre tout bonnement le prisonnier sur lequel il était chargé de veiller?

— Est-il vrai? dit le roi d'un air assez indifférent; car il n'était pas fâché sans doute que le hasard ou la maligne prévoyance des magistrats l'eût ainsi tiré des embarras d'une telle situation.

— Rien n'est plus vrai, sire... mais je ne vous ai pas conté le plus curieux de l'affaire : est-ce que je ne n'ai pas trouvé, pendu à la même corde, Lengly-le-Roux lui même, dont le corps se tenait étroitement enlacé à celui du sire de Coucy?

— Et comment cela a-t-il pu se faire?

— C'est ce que le diable seul pourrait nous apprendre; car il est évident que sa malice et ses griffes ont dû jouer le principal rôle dans cet événement incompréhensible... mais il me reste encore un important détail à vous faire connaître : vous imagineriez-vous, sire, que ce coquin de dizainier a aussi tenté d'étrangler le brave et innocent chevalier Roger d'Arvelles?

— Ah! grand Dieu!

— Oh! rassurez-vous, sire : la corde s'est rompue; et, en ce moment, le valeureux croisé et sa fiancée, la noble damoiselle de Bohémard, attendent là, à cette porte, que vous vouliez bien les recevoir.

— Ah! qu'ils viennent vite! s'écria le roi.

Fortin alla ouvrir la porte, puis il fit signe d'entrer à Géraldine et à Roger, qui s'élancèrent dans la salle pour se jeter aussitôt aux pieds du monarque.

— Sire, dit Géraldine d'une voix toute frémissante d'émotion, permettez-moi de céder au premier mouvement de mon cœur en recouvrant la liberté, permettez-moi de vous déclarer que je n'attacherai de prix à cette liberté que le jour où j'aurai obtenu de vos efforts et de votre générosité la délivrance de mon pauvre père, prisonnier en Palestine dans les mains des infidèles!

— Sire, dit Roger, permettez-moi de vous affirmer à mon tour que la liberté qui m'est rendue ne me deviendra douce et chère qu'à l'instant où j'aurai revu dans les bras de sa fille, l'illustre guerrier dont je suis venu demander la rançon au dévouement de ses amis de France; et que je ne respirerai ensuite que pour la gloire de verser jusqu'à la dernière goutte de mon sang pour votre service, si le sacrifice de ma vie peut, sur quelque champ de bataille, être utile aux intérêts de votre royaume!

— Cœurs charmants et sublimes! répondit Louis-le-Gros fort ému lui-même, votre premier sentiment, en vous retrouvant libres, est de songer, non pas à vous-mêmes, mais à ceux que votre devoir est d'aimer ou de servir... la généreuse châtelaine de Coucy m'a tout appris de ce qui vous concerne : vous aurez tous deux vos vœux exaucés.

— Oh! sire, s'écrièrent ensemble Géraldine et Roger, que Dieu récompense en ce monde votre grande âme par une prospérité toujours constante et pure!

Le roi tendit à chacun des deux fiancés une main en souriant, et leur dit :

— Je n'accomplirai qu'un de mes plus rigoureux devoirs envers l'humanité, en payant moi-même la rançon entière du sire de Bohémard; mais, preux Roger d'Arvelles, vous ne retournerez en Palestine pour le tirer des mains des infidèles, que dans huit jours, c'est-à-dire que quand vous aurez été uni à Géraldine, sous mes yeux, par l'indissoluble lien du mariage.

Et, ne laissant point aux heureux fiancés le temps de lui répondre, le roi se tourna vivement vers Fortin, et lui dit :

— Mais il manque ici une personne que j'attendais; le centenier Gilbert n'aurait-il pas reçu mon avis?

— Sire, il est là, répondit le mayeur.

Puis, allant rouvrir la porte, il passa la tête dehors, et jeta à Gilbert ces mots assez bas, et d'un ton de mauvaise humeur dont il eut peine à dissimuler la rudesse et l'âcreté :

— Viens!

Gilbert se présenta dans la salle avec ce maintien plein de simplicité et de rondeur qu'il tenait non moins autant de la nature que de ses habitudes militaires.

— Ah! que je suis aise de te revoir et de causer un instant avec toi, mon brave compagnon d'armes, ou plutôt mon libérateur, mon sauveur! dit Louis-le-Gros en tendant franchement sa main au centenier.

— Sire, répondit modestement celui-ci, la générosité de votre âme vous fait oublier que si j'ai été favorisé du ciel, la nuit dernière, pour être réellement votre sauveur, je n'ai dû ce bonheur qu'à votre épée même, qui, hier matin, sur la route de Laon, s'est levée entre moi et mes adversaires, et m'a permis ainsi de pouvoir encore tenir la mienne d'une main ferme pour vous venir en aide au besoin.

— Eh bien! reprit vivement le roi, supposons que nous nous sommes rendu réciproquement à peu près le même service : tu conviendras que deux hommes qui ont ainsi agi l'un envers l'autre doivent saisir avec empressement toutes les occasions de se rencontrer, et de s'entretenir tout familièrement des dangers passés, dans lesquels ils se sont mutuellement secourus.

— Pour moi, sire, repartit Gilbert sans détour, il me semble que je me consumerais de chagrin si j'avais la certitude que je dusse vous voir aujourd'hui pour la dernière fois !

— En ce cas, mon intrépide ami, prenons nos arrangements pour l'avenir, dit Louis-le-Gros de son air le plus riant et le plus ouvert... Ecoute-moi donc, il existe, à quinze lieues de Laon, au milieu de la forêt de Cuise (1), un château royal, édifié par les souverains mes prédécesseurs, et dans lequel j'établis ma résidence de temps en temps pour me livrer au plaisir de la chasse ; c'est là que je te donne rendez-vous, là où nous nous retrouverons ensemble le plus souvent possible.

— Mais, sire, comment saurai-je, moi, les jours où je serai sûr de vous y voir?

— Il y a un moyen bien facile de savoir cela.

— Et lequel?

— C'est d'aller sur l'heure habiter ce château.

— L'habiter, moi? dit Gilbert étonné et regardant le roi sans pouvoir saisir le sens de ses paroles.

— Quoi! tu ne me comprends pas? il s'agit pourtant d'une chose bien simple : le gouverneur de ce château est mort de vieillesse ces jours derniers... tu vas le remplacer, voilà tout.

— Moi, gouverneur d'un château royal! s'écria Gilbert qui, tout en chancelant de surprise et d'émotion, s'avança vers le roi pour se jeter à ses pieds.

— Point de remercîments, brave centenier! répondit noblement Louis-le-Gros, en ne permettant point que son libérateur pliât les genoux devant sa personne ; je ne fais qu'acquitter une dette ; reçois donc ce que je t'offre, comme je te le donne, sans commentaires... néanmoins, j'ajouterai un mot : où saurais je trouver plus de droiture, plus de loyauté et de fidélité que dans ton cœur? les temps sont devenus rudes pour moi : après trente années de la terrible lutte engagée entre mon épée et celle de mes grands vassaux, je serais insensé si je ne comprenais pas que ce n'est point dans les fiers donjons des fertés crénelées qu'il me faut chercher mes plus francs amis et mes plus dévoués défenseurs.

Fortin-l'Œil-d'Aigle avait écouté tout cela, le visage bouleversé, effaré, foudroyé.

— Gilbert, gouverneur de la résidence royale de Cuise! se dit-il en lui-même ; un tel ambitieux est capable de tout : il peut devenir un jour gouverneur militaire de Laon!.. oh! ce jour-là, je me pendrai de désespoir!

Mais soudain une réflexion lui vint, qui le consola un peu.

— Toutefois, pensa-t-il, cet intrigant centenier aura beau faire, il ne marchera jamais entouré de la gloire que j'ai acquise aujourd'hui : la ville de Laon ne me doit-elle pas son salut? et mes concitoyens ne vont-ils point, sur mes pas, jeter des couronnes de laurier et dresser des arcs de triomphe?

(1) Aujourd'hui forêt de Compiègne.

CONCLUSION

Nous tenons à le déclarer ici : rien n'est dû à notre imagination dans les événements principaux, dans les éléments fondamentaux du drame que l'on vient de lire. L'habitude contractée par Louis le Gros de se mêler, sous un déguisement, parmi son peuple, pour entendre ce qu'on disait de lui ; la félonie du sire de Coucy, ses incroyables atrocités, son attaque contre les marchands de Laon enlevés avec leurs chariots, les embûches dressées par lui dans sa forêt sur les pas du roi, la manière dont il fut pris, puis blessé par Raoul de Vermandois, la démarche même de sa généreuse épouse venant demander sa grâce, enfin son genre de mort dans la prison du beffroi à l'insu du monarque, sont des faits qui appartiennent à l'histoire, et que notre récit a reproduits avec une scrupuleuse exactitude.

La fin tragique de ce grand vassal ne fut pas la dernière victoire remportée par Louis-le-Gros contre les entreprises armées de la féodalité; car son règne ne fut qu'une guerre continuelle, durant laquelle, il ne cessa de se tenir toujours à cheval, toujours sur la brèche, toujours l'épée au poing, pour terminer sa laborieuse existence, à l'âge de soixante ans, épuisé par ses fatigues, mais laissant derrière lui un trône redouté des seigneurs turbulents, et entouré du respect et de l'amour de son peuple.

Il fut le premier roi qui tenta de délivrer la monarchie française du joug humiliant de la grande vassalité. Son œuvre fut reprise par Louis XI et Richelieu, mais avec toute la différence d'intentions, de but et de difficultés, qui doit distinguer à jamais son imagination créatrice de celle de ses deux imitateurs : Louis XI trouva la voie ouverte, et il s'y jeta résolûment ; mais en ayant recours, pour étouffer les révoltes, bien moins à la puissance des armes qu'à la politique, dont il sut, le premier, faire une science profonde, qui, par des négociations heureuses, et des traités toujours habiles, lui permit de trouver le moyen de diviser ses vassaux rebelles, et de les rendre même ennemis les uns des autres, afin de les mieux affaiblir; Richelieu sembla trop voir, dans les grands seigneurs dont il fit tomber la tête, des rivaux dangereux, toujours prêts à lui disputer le pouvoir, et dont il lui fallait à tout prix se débarrasser, pour garder en ses seules mains les rênes de l'état. Quant à Louis-le-Gros, il suivit, dans la répression des troubles de son royaume, la marche toute naturelle qui lui était tracée par la franchise et l'intrépidité de son caractère : la politique, chose inconnue de son temps, ne se mêla point à ses actes; ce fut toujours l'épée au poing, et sans prendre de détours, qu'il combattit les grands seigneurs féodaux, joignant au courage et au bras vigoureux de l'homme de guerre les lumières d'un esprit droit, la loyauté, la douceur et la clémence d'une grande âme, n'établissant aucune distinction entre ses intérêts et ceux de son peuple, et versant noblement son sang dans l'arène, non pour son propre salut seulement, mais pour l'indépendance et le repos de ceux que sa couronne lui donnait mission de protéger. Si les esprits, aujourd'hui, s'arrêtent moins sur lui que sur Louis XI et sur Richelieu, cette injustice ou cet oubli de la postérité n'est dû qu'à l'éloignement des temps : la paresse, la routine, naturelle à l'esprit humain, éprouve toujours une répugnance invincible à faire quelque effort pour déterrer la vérité sous la couche épaisse de la poussière des siècles.

Ce qui devrait surtout fixer notre attention sur le règne de Louis-le-Gros, c'est l'établissement des communes. On ne peut voir sans étonnement ce prince, au milieu de l'ignorance qui l'environne, s'élevant, par la force d'une intelligence supérieure et les lumières d'une instruction solide, au-dessus des coutumes, des mœurs et des préjugés de son époque, comprendre même les besoins de l'avenir, et franchir ainsi les abîmes du temps pour enraciner son œuvre dans les constitutions des générations futures ; car, dans les chartres communales dont il fit jouir quelques villes et plusieurs bourgs, il est aisé d'apercevoir les premières traces des principes et du mécanisme des gouvernements modernes. Les priviléges, dont ces chartes étaient remplies, s'agrandissant et se modifiant peu à peu selon le cours des idées de chaque siècle ou les nécessités du moment, devinrent l'arme la plus terrible mise aux mains de la bourgeoisie et du peuple pour battre sans cesse en brèche la puissance féodale, si fortement retranchée dans ses châteaux crénelés et dans ses droits seigneuriaux.

La couronne elle-même, comme on l'a vu par notre récit, trouva, dans ces priviléges, fruits de sa prévoyance et de sa sagesse, un efficace appui pour résister aux tentatives criminelles de ses grands vassaux ; car, tandis que, d'un côté, elle les attaquait par le glaive, elle les forçait, d'un autre côté, à redouter la vigilance du peuple, qui, au moyen de ses tribunaux et de sa milice, était arrivé à balancer leur pouvoir, et souvent même à les combattre avec avantage. Cet état de choses eut un résultat admirable : ce fut l'union étroite, indissoluble, du roi et de ses sujets, faisant cause commune, et agissant toujours de concert dans les mêmes vues et pour la défense des mêmes intérêts.

D'autres bienfaits sont dus au règne de ce monarque éclairé : l'affranchissement des serfs, rendu nécessaire par le besoin d'hommes libres, destinés à remplacer ceux qui allaient mourir en Palestine ; le recrutement et la solde des troupes, naissant de cet affranchissement même, qui obligeait le prince à assurer, sous les armes, le sort de ses défenseurs ; les lois, sortant d'un chaos de règlements sans ordre, sans clarté, et commençant à s'appuyer sur des principes logiques qui en firent une science ; le latin, forcé de ne plus être que la langue des écoles et de la magistrature, pour faire place à la langue des trouvères et des ménestrels, dont s'est formée la nôtre ; telles furent les principales innovations introduites dans le gouvernement et dans les usages sous Louis-le Gros, et qui ont puissamment contribué, les unes à l'affermissement de l'autorité royale, les autres aux progrès de la civilisation.

Louis le Gros n'aimait ni les flatteurs ni les courtisans ; il avait à cet égard une maxime qui montre bien l'idée qu'il s'était faite de l'austérité des devoirs attachés au trône : « Un roi, disait-il, ne doit avoir d'autres favoris que son peuple. »

En mourant, il adressa à Louis VII, son successeur, des paroles qui demeurent à la fois une admirable et éternelle leçon pour les princes, et une preuve de la hauteur de ses vues, de la loyauté et de la moralité de ses actes dans le gouvernement : « Mon fils, lui dit-il, souvenez-vous que la royauté est une charge dont vous rendrez un compte rigoureux à celui qui, seul, dispose des sceptres et des couronnes.

Félix de Servan

FIN

Paris. — Imp. Dubuisson et Cᵉ, rue Coq-Héron, 5.

www.ingramcontent.com/pod-product-compliance
Ingram Content Group UK Ltd.
Pitfield, Milton Keynes, MK11 3LW, UK
UKHW021823190726
13853UKWH00003B/1146

9 782329 612423